그래서 유튜브로 정말 돈 벌 수 있겠어?

그래서 유튜브로 정말 돈 벌 수 있겠어?

1판 1쇄 인쇄 2021년 2월 15일
1판 1쇄 발행 2021년 2월 19일

지은이 안인정
펴낸이 백미옥
펴낸곳 리더북스
출판등록 2004년 10월 15일(제2004-000132호)
주소 경기도 고양시 덕양구 지도로 84, 301호(토당동, 영빌딩)
전화 031)971-2691
팩스 031)971-2692
이메일 leaderbooks@hanmail.net

ISBN 979-11-90616-28-7 03320

• 잘못된 책은 서점에서 바꿔드립니다.
• 책값은 뒤표지에 있습니다.

리더북스는 독자 여러분의 책에 관한 아이디어와 원고 투고를 설레는 마음으로 기다리고 있습니다. 책으로 엮기를 원하는 아이디어가 있으신 분은 이메일 leaderbooks@hanmail.net로 간단한 개요와 취지, 연락처 등을 보내주세요.

그래서 유튜브로 정말 돈 벌 수 있겠어?

왕초보가
가장 궁금해하는
유튜브 알고리즘을
속 시원히
알려드립니다!

안인정 지음

리더북스

추천의 글

미래를 예측할 수 있는 마법의 거울은 존재하지 않습니다. 다양한 방법으로 유행이 아닌 트렌드를 읽고, 단순 지식이 아닌 지혜와 뚝심이 필요한 시기가 되었습니다. 스마트폰이라는 검색 도구와 소셜미디어라는 마법의 절대 권력을 손안에 쥐게 된 소비자들은 결코 기업들이 행하는 광고와 물량 공세에 세뇌되지 않습니다. 소비자들은 신문, 방송 등 전통 미디어보다는 자신들만의 소셜미디어로 일상을 해결하고 있습니다. 최적화, 수익화로 온라인 세상에서 자신의 삶이 더 풍성해지는 방법을 찾고자 하는 사람이라면 부디 이 책을 읽어보기를 권합니다.

-이현식(강릉원주대학교 무역학과 교수)

직업상 창업하는 소상공인과 중소기업을 경영하는 분들을 만나서 기술상담을 자주 하는데, 유튜브나 온라인마케팅을 하고 싶어 하지만 용기를 내지 못하는 것을 봅니다. 이 책은 사용자 입장에서 어떻게 유튜브와 온라인마케팅에 접근하고 활용하는지를 실용적으로 기술하고 있습니다. 유튜브를 시작했지만 영상 콘텐츠를 꾸준히 올리지 못하는 초보 유튜버, 유튜브를 플랫폼으로 이용하여 사업을 확장하고 싶어 하는 창업자 및 소상공인에게 큰 도움이 되는 책으로 추천합니다.

-엄병헌(한국과학기술연구원 책임연구원, 혁신기업사업화 전문위원)

이 책은 이미 성공한 유튜버가 쓴 것이 아니다. 유튜브를 시작하고 성장하는 단계에 있는 저자가 초보자의 마음을 잘 알기에 그 눈높이에 맞춰 쓴 책이다. 특히 아날로그 세대인 40~60대 초보 유튜버에게는 필독서로 추천할 만하다. 유튜브의 알고리즘을 쉽게 설명하는 부분에서는 많은 도움이 되었다. 유튜브 알고리즘은 초보자가 이해하기에는 어렵고 복잡한 내용이다. 하지만 이 책은 누가 봐도 알고리즘의 구조를 쉽게 설명하고 있어서 초보 유튜버라도 이 알고리즘을 빠르게 파악하고 채널을 최적화로 만든다면 단기간에 유튜브 채널이 성장할 수 있을 것이다.

-김시온(피엠인터내셔널 스타그룹 대표)

이 책은 유튜브를 시작하고 채널의 성장을 바라는 초보 유튜버들이 진짜 궁금해하는 내용의 핵심만 골라서 친절하게 설명해준다. 저자는 막상 유튜브를 하고 싶지만 용기를 못 내는 사람들과 걸음 속도를 맞추며 친절하게 함께 걸어준다. 저자 자신이 그 마음을 가장 잘 알고 있기 때문이다. 이 책은 채널의 성장에 목말라 하는 유튜버들의 갈증을 시원하게 해갈시켜 줄 알찬 내용이 총망라되어 있다. 단연코 이 책을 읽고 따라 하기만 하면 채널 성장의 비법을 손에 쥐게 될 것이다.

-박시현(《나는 된다 잘된다》 저자)

코로나 이후의 세계, 어느 누구도 경험하지 못한 미래를 선점하기 위해서는 새로운 변화에 적응해야 한다. 비대면, 언택트 시대가 도래하면서 온라인시스템을 활용한 마케팅은 날이 갈수록 중요해지고 있다. 제4차 산업혁명 융합, 복합 시대에 초연결(HYPER-CONTACTED), 인공지능, 빅데이터, 디지털 첨단기술 개발, 가상현실, 디지털 헬스케어 등의 궁극적 목표는 '사람'을 연결시키는 디지털 리더십 시스템 확충이다. 그중에서도 가장 뜨거운 시장은 유튜브이다. 퍼스널브랜딩, 1인 창업이 필수인 시대에 유튜브는 가장 적합한 플랫폼 비즈니스이다. 이 책에는 유튜브 채널을 단기간에 성공시킬 수 있는 핵심 내용이 가득하다.

-김용기(現 강원대학교 건축학과 교수, 기린건축사사무소 대표건축사, 홍익대 겸임교수 역임)

코로나19 이후에 언택트 시대가 도래하면서 온라인마케팅은 시간이 지날수록 중요해지고 있으며 우리의 일상생활이 되어 가고 있다.
지금은 유튜브 시대이다. 대한민국 국민은 남녀노소를 불문하고 유튜브를 시청하고 있다. 특히 아날로그 세대인 40~60대 초보 유튜버에게는 반드시 시간을 내서라도 이 책을 읽어보시라고 권하고 싶다. 이 책은 유튜브를 시작하는 초보에게 안성맞춤인 실용서다.

-원의식((주)강원수출 전무이사)

우리는 공유 시대를 살고 있다. 이 책은 소통이 일상이 된 초보 유튜버에게 저자가 체험적 지식을 쉽고 간결하게 정리하여 알려주는 입문서다. 유튜버로서 적극적이고 능동적인 삶을 구현하고자 하는 사람들에게 강력하게 추천한다.

-조관홍((사)부산포럼 상임대표, 철학박사)

유튜브 책은 많지만 독자의 눈높이에 맞는, A to Z를 모두 아우르는 책은 거의 없습니다. 이 책은 유튜브로 돈을 벌고자 하는 독자들에게 단단한 지식을 선사합니다.

-이상민(작가, 이상민책쓰기연구소 대표)

Prologue

[너튜브] 말고 [나튜브] 하세요

나는 전형적인 아날로그 타입이었다. 기계는 만지면 고장이 나고 복잡하고 어려운 것은 싫어했다. 눈에 보이지 않는 것은 잘 믿지 않아서 무엇이든 눈으로 직접 보고 사야 만족스러웠다.

내가 하는 네트워크사업은 쉽지 않다. 모든 영업이 그렇듯이 처음에는 지인 찬스로 시작할 수 있지만 결국 뜻하지 않게 인간관계도 정리되고 일의 성과도 잠시뿐이다. 그야말로 일은 일답게 해야 하는데 영업의 현실은 늘 가족과 지인을 활용하라고 쉽게 말한다.

네트워크(Network)사업과 유튜브(YouTube)는 공통점이 있다.

첫째, 진입장벽이 낮다. 네트워크사업이나 유튜브는 누구나 시작할 수 있다. 성인이 된 후에 네트워크사업을 권유받거나 주변에 사업을 하는 지인으로부터 제품을 사용해본 경험은 누구나 있을 것이다. 유튜브도 마찬가지다. 지금 전 세계인은 유튜브에 빠져 있다. 네트워크 회사 제품을 사용하는 소비자가 많은 것처럼 유튜브 유저(user) 역시 너무나 많다. 실제로 유튜브를 하는 사람도 많고, '나도 한번 해볼까' 하며 고민하는 사람들도 넘쳐난다. 유튜브는 계정만 있으면 누구나 할 수 있고, 네트워크사업도 마음만 먹으면 곧바로 시작할 수 있다. 진입장벽이 없기 때문이다.

둘째, 누구나 쉽게 시작할 수 있지만 성공하는 사람은 극히 일부다. 내가 네트워크사업으로 많은 돈을 벌고 있다고 말하면, 대부분은 "네트워크사업으로 돈을 버는 사람은 거의 본 적이 없다"며 놀라워한다. 유튜브는 어떨까? 유튜브 세상에서도 '보람튜브'처럼 어마어마하게 돈을 버는 성공한 유튜버가 많아 보이지만 내 주변에서는 찾아보기 어렵다.

셋째, 누구나 할 수 있지만 거북이처럼 꾸준히 하는 사람은 드물다. 네트워크사업과 유튜브의 세 번째 공통점에서 내가 말하고 싶은 정답이 나왔다. 네트워크사업이든 유튜브든 성실하게 해야 한다. 자신의 일이기에 기획력이 있어야 하고, 모든 것을 혼자 책임져야 성공의 문턱을 넘을 수 있다.

넷째, 네크워크사업이나 유튜브는 무한한 가능성을 발견할 수 있는 플랫폼이다. 나는 네트워크사업을 하면서 나의 지경이 전국구를 넘어 글로벌하게 넓어졌다. 외국에도 많은 사업파트너가 있다. 나는 한 사람으로 시작해 무수히 많은 관계와 연결되는 경험을 했다. 네트워크는 한 사람, 한 사람이 그야말로 플랫폼이다. 유튜브는 어떨까? 유튜브는 글로벌 시대의 대표적인 플랫폼이다. 유튜브를 하면 세상이 마치 지구본처럼 느껴진다. 지구본을 한 바퀴 휙 돌리면 전 세계가 한눈에 보이듯 유튜브에서도 검색만 하면 세상의 모든 영상을 볼 수 있다.

코로나19로 우리는 한 번도 경험하지 못한 세상과 마주하고 있다. 디지털 시대에 적응하지 못하면 새로운 문맹이 될 수도 있다는 무서운 경고에 너도나도 일단 마음이 급하다. 그러나 마음은 초조하지만 대부분 어제와 똑같은 방식으로 하루하루를 사는 게 우리의 모습이다.

매년 새해가 되면 동기부여, 자기계발서를 읽고 운동과 영어공부를 시작한다. 코로나19로 확실히 달라진 것은 이런 새해 결심을 오프라인으로 실행하기는 어렵다는 점이다. 영어공부도 운동도 유튜브에서 수강권 없이 공짜로 할 수 있으니 나쁘다고만 할 수는 없다.

내가 유튜브 마케팅을 시작한 얘기를 해주고 싶다. 나는 네트워크사업을 하면서 수많은 사람을 만났는데, 그 당시에도 유튜브를 보지 않는 사람은 거의 없었다. 연령층이 높을수록 동영상을 많이 시청했고 만족도가 훨씬 높았다. 책을 읽을 시간이 부족해서 오디오북이나 북튜버의 도움을 받아 요약한 책 내용을 듣고 있었다. 슬프지만 노화는 자연스럽기에, 연령층이 높을수록 영상을 많이 보고 듣는 것이 일상이었다.

어설프지만 그때 나는 온라인플랫폼으로 나의 일을 구축하면서 성장하고 있는 상태였다. 그때 나는 지하철을 이용할 때마다 사람들을 관찰하기 시작했다. 그들이 무엇을 하는지 유심히 살펴보았다. 대부분 스마트폰으로 유튜브 영상을 보거나 쇼핑을 하거나 필요한 정보를 찾아보고 있었다.

곰곰이 생각해보니 나는 어느새 모바일 단순 소비자가 아니라 플랫폼을 활용하여 수익을 창출하는 위치에 있음을 깨달았다. 하지만 대부분은 자신의 시간과 비용을 들여 소비하는 사람이라는 것을 알게 되었다. 그야말로 돈을 '버는 자'와 '쓰는 자'로 극명하게 나누어지는 것을 알아차린 순간 전율을 느꼈다. 모바일을 활용해 쇼핑이나 했던 나는 이제 스마트폰으로 수익을 창출하는 생산성 있는 일을 하고 있다. 늘 남의 일만 같았던 디지털 노마드(Digital Nomade)로 살게 되었다.

유튜브는 그야말로 종합예술이자 가장 강력한 동기부여 플랫폼이다. 누구나 10만 구독자를 만들어 광고 수익으로 먹고사는 유튜버가 될 수는 없다. 아니 될 필요도 없다. 나처럼 유튜브를 활용하여 자신이 하는 일이 자연스레 확장되도록 만들면 된다.

나의 소비자들은 99%가 블로그와 유튜브로 연결되었다. 오프라인 모임에서 만나면 온라인마케팅을 알려 달라고 요청했다. 현장에서 3년 동안 많은 사람에게 온라인마케팅을 알려주면서 느낀 점은 일단 시작하기도 전에 두려움에 사로잡힌다는 것이다. 사실 온라인마케팅은 기술적인 부분보다는 하고자 하는 의지가 더 중요하다. 품질을 떠나서 영상을 꾸준히 만들고 업로드하겠다는 각오가 섰다면 누구나 쉽게 시작할 수 있다.

방송에서는 유튜브를 우회적으로 '너튜브'라고 표현한다. 나는 사람들에게 이렇게 말한다. "이제 '너튜브' 말고 '나튜브'를 하세요." 남의 삶이 아니라 나의 삶을 중심으로 기획해보라고 귀띔해준다. 백 번 보는 유튜브보다 내가 한 번 만든 영상이 내 삶을 훨씬 의미 있게 해준다. 그리고 많은 기회와 영감을 준다. 주체가 '너'에서 '나'로 바뀌는 순간 기적이 일어난다. 기적은 스스로 만드는 것이다.

'유튜브를 하긴 해야겠는데 도무지 무엇부터 시작해야 할지 엄두가 나지 않는다.'고 생각했다면 이 책이 분명 도움이 될 것이다. 한 페이지씩 읽다 보면 분명 '나도 할 수 있다'는 자신감이 생길 것이다.

독자들의 잠들어 있는 가능성에 불을 붙여 주는 불씨 같은 책을 쓰고 싶었다. 이 책에는 희망과 가능성이 곳곳에 숨어 있다. 이 책을 읽으면서 희망이 생기고 가능성을 발견했다면 당신은 곧바로 유튜버가 되고 무한한 온라인플랫폼의 가능성을 움켜쥘 것이다.

Contents

PART 01

유튜브를 반드시 해야 한다

LESSON 01

모든 미디어가 동영상으로 바뀌고 있다

••• 일상에 파고든 모바일 동영상

우리나라 스마트폰 보급률은 95%로 선진 18개국 중 세계 1위다. 초등학생부터 실버세대까지 거의 스마트폰을 사용하고 있는 셈이다. 그렇다면 스마트폰에서 가장 많이 사용하는 앱은 무엇일까? 2017년까지는 전국민이 쓰는 카카오 앱이 1위였다. 그런데 2018년부터는 유튜브가 가장 많이 쓰는 앱 1위로 굳건히 자리 잡았다. 예전에는 좋은 정보를 포털 사이트나 블로그를 통해 많이 공유했다. 지금은 유튜브에서 인기 동영상을 링크로 보내줘야 센스쟁이란 소리를 듣는다. 정보 공유에서도 확실히 유튜브가 대세임을 인정하지 않을 수 없다.

우리는 실생활에서 매일 동영상을 통해 필요한 정보를 습득하고 세상의 변화를 자연스레 따라간다. 그 이유는 무엇일까? 당연히 더 편하고 쉽기 때문이다. 스마트폰을 쓰던 사람이 폴더폰을 쓸 수 있을까? 너무 답답하여 아마 하루도 견디지 못할 것이다. 유튜브가 서버 장애로 일시적으로 서비스가 중단된 적이 있었다. 검색 키워드 상위에 '유튜브'가 올라올 정도로 그 불편함을 참기 어려워했다. 우리가 한순간도 손에서 놓지 못하는 스마트폰! 그 스마트폰으로 무엇을 할까? 바로 당신이 생각하는 그것이 정답이다.

언제부턴가 '빅데이터'라는 말이 뉴스에 자주 등장했다. 기업마다 빅데이터 프로젝트에 막대한 투자를 하며 다가올 미래를 준비했다. 이것은 기업들이 더 많은 정보를 모아 고객맞춤형 서비스로 진화하려는 물밑작업이었다. 미래에는 빅데이터를 바탕으로 차별성을 가져야 살아남을 수 있기 때문이다. 그렇다면 기업들은 빅데이터를 기반으로 어떻게 달라진 서비스를 제공하고 있을까?

우리나라 사람들은 궁금한 것이 있으면 네이버와 구글에 검색한다(2020년 2월 기준). 주로 텍스트나 이미지 위주의 정보를 검색했다. 하지만 어느새 사람들은 더 쉽고 편한 것을 발견하고 익숙해지기 시작했다. 더 쉽고 빠른 동영상 콘텐츠가 등장했기 때문이다. 처음에는 우는 아이를 달래기 위해 유튜브에서 재미있는 동영상을 소비했다. 그러던 중에 일상에서 궁금한 것이 있으면 유튜브를 통해 검색하기 시작했다. '드럼세탁기 청소법'이라고 검색하면 텍스트나 이미지 위주의 정보가 아니라 영상으로 쉽고 빠르게 정보를 얻을 수 있었다. 유튜브가 영상 소비에서 검색 기능으로 넘어가는 순간이었다.

이제 빅데이터를 기반으로 확장된 알고리즘은 새로 나온 가전제품 리뷰 영상도 보여준다. 오래된 세탁기를 교체해야겠다고 마음먹었던 소비자는 때맞춰 신제품을 추천하는 영상을 보고 구매를 결정한다. 마치 고객 만족을 위해 만들어진 로봇이 스마트폰에 내장된 느낌이다. 결국 유튜브의 빠른 성장세에 놀란 네이버나 다른 포털사이트도 대응하기 시작했다. 유튜브와 점점 벌어지는 격차를 줄이기 위해 네이버TV, 카카오TV 등의 동영상 서비스를 내놓았다. 이처럼 요즘 트렌드는 글과 이미지에서 영상으로 바뀌었고, 빅데이터를 기반으로 차별화된 서비스를 제공하지 못하면 생존이 어렵게 되었다.

이미 검색 트래픽은 동영상이 확실한 대세로 굳어졌고, 동영상은 대체불가한 콘텐츠다. '유튜브에는 없는 것이 무엇일까?' 의문을 가질 만큼 웬만한 콘텐츠는 다 있다. 유튜브 하나로 전 세계에서 올라오는 영상을 실시간으로 볼 수 있다. 검색 명령을 기다리는 '지니 요정'이 검색한 대로 생생한 영상을 무엇이든 찾아준다. 바쁜 현대인은 잠시도 기다리기를 싫어한다. 정보를 검색할 때 유튜브를 찾는 이유다. 유튜브는 검색하면 한눈에 알아볼 수 있는 섬네일과 함께 곧바로 필요한 영상이 나온다. 자판기가 따로 없다.

유튜브를 시청하다 보면 의도치 않게 시간이 길어지곤 한다. 모든 영상 뒤에는 친절하게 비슷한 맞춤 영상이 대기하고 있기 때문이다. 유튜브 알고리즘은 이미 고객에게 최적화된 서비를 제공하려고 단단히 준비를 하고 있다. 구글은 우리의 작은 흔적도 다 기록하고 데이터화한다. 그리고 우리에게 맞는 서비스를 끊임없이 제공한다. 이렇게 친절한 유튜브를 과연 멀리할 수 있을까? 수많은 앱 중에 유튜브를 가장 많이 터치하는 이유는 거부할 수 없는 서비스를 제공하기 때문이다.

••• 트렌드가 아닌 시대의 반영

2020년은 코로나19로 인해 한 번도 경험하지 못한 새로운 세상을 맞이하였다. 비대면 시대가 열리고 제한된 사회생활에 적응해야 했다. 아이들은 난생처음 온라인 수업을 하면서 선생님과 친구를 만나는 새로운 경험을 하게 되었다. 미래학자들은 코로나19가 미래를 5년 앞당겼다고 말한다. 갑자기 모든 시스템이 변하고 변화의 속도는 더 빨라졌다. 더불어 온라인으로 일상의 문제를 해결하고 소통하는 시대가 본격적으로 시작되었다.

아이들은 학원에 가는 대신 동영상으로 공부와 재미를 자연스럽게 해결하고 있다. 어른이라도 크게 다르진 않다. 시간은 많은데 갈 곳이 없거나, 의미 없이 시간을 보낼 때 혹은 자기계발을 위해 동영상을 본다. 운동조차 집에서 유튜브와 함께 하는 홈트족이 늘어 운동 유튜버들의 구독자 증가세가 뚜렷하다. 취미생활인 그림 그리기, 기타 연주도 유튜브를 보며 배운다. 유튜브의 황금기는 계속 이어질 것으로 보인다.

비대면 시대가 시작되면서 갑작스런 변화를 맞은 우리는 어떻게 해야 할까? 지금은 모든 세대가 온라인에 들어와 살아남기 위한 필수 기술을 배울 수밖에 없다. 내가 아는 지인은 젊지만 인터넷뱅킹을 하지 않았다. 코로나19 이후에는 당연하게 인터넷뱅킹을 시작했다. 유튜브에는 인터넷뱅킹을 이용하는 방법이 친절하게 나와 있다. 복잡한 내용은 글이나 이미지보다 영상을 통해 하나하나 배우는 게 더 쉽다.

안인정 KNOWHOW

나는 사람들이 동영상을 더 좋아하는 것을 일찍이 알았다. 내가 판매하는 건강식품은 제품 특성상 고객층이 50대 이상이었다. 연령대가 높았기에 오래 글을 읽어야 하는 블로그보다 영상과 자막을 보고 듣는 것을 좋아했다. 어느새 고객 유입은 블로그보다 유튜브에서 압도적으로 많아지기 시작했다. 더구나 유튜브는 나의 전체 모습을 있는 그대로 보여주기 때문에 신뢰감이 더 쌓였다. 연결된 고객은 누군가에게 제품을 소개하고 싶을 때 자연스럽게 나의 유튜브 영상을 링크해서 보내주었다.

나는 유튜브를 시작할 때 검색 키워드 하나로 내가 만든 영상이 뜰 거라고는 기대하지 않았다. 본인이 아는 만큼 세상이 보이듯, 전에는 유튜브가 친절하게 추천해주는 영상 위주로 시청했지 검색 기능은 사용하지 않았다. 하지만 이미 많은 사람은 유튜브의 검색 기능을 사용하고 있었다. 80세 가까운 고객이 유튜브로 검색하여 내가 만든 영상을 보았다며 전화를 하셨다. 깜짝 놀랐다. 사람들은 나이와 상관없이 유튜브를 폭넓게 이용하고 있었다.

사람들은 대단한 것을 궁금해하지 않는다. 일상의 사소한 것들을 유튜브로 검색해서 찾아본다. 우리는 영상의 생산자이자 소비자가 될 수 있다. 지금 유튜브에 영상을 올리는 수많은 유튜버들도 평범한 일반인이 대부분이다. 또 그들이 만든 영상을 소비하는 주체도 대부분 평범한 사람들이다. 영상의 수요와 공급은 비대면 시대에 디지털 기기의 진보와 함께 더 폭증할 수밖에 없다. 모든 상황과 여건이 이를 더 부추기고 있다.

이런 현상은 일시적이지 않고 더욱 가속화될 것이다. 기업도 고객을 빼앗기지 않으려고 더 편하고 좋은 서비스를 제공할 것이다. 소비자도 편한 서비스를 원하지 굳이 불편한 서비스를 받으려고 하지 않는다. 영상미디어는 가장 좋은 연인이자 앞으로 계속 만나야 할 매체다.

변화를 맞이할 때는 두려움이 앞서는 것이 당연하다. 하지만 디지털 문맹으로는 생존을 보장받을 수 없다. 두려움을 이겨내야 한다. 디지털 미래 사회는 두렵지만 한편으로는 엄청난 기회로 우리에게 찾아오고 있다. 오늘도 나는 새로운 콘텐츠를 기대하는 고객에게 제공할 영상을 제작하면서 설렘으로 하루를 시작한다.

LESSON 02

유튜브는 최적화된 플랫폼이다

••• 스마트폰과 유튜브는 최고의 궁합

우리나라는 스마트폰 보급률이 95%가 넘었다. 전 세계 1위다. 2위는 이스라엘(88%)이고, 일본은 66%가 스마트폰을 사용하고 있다. 우리나라 성인 중 76%가 소셜 미디어를 사용하고 있다(PER RESERCH CENTER 자료). 이 통계는 우리가 스마트폰으로 소셜 미디어를 잘 활용한다는 의미를 담고 있다. 그 중심 콘텐츠는 단연 영상이고, 모바일 동영상의 최적화된 플랫폼은 유튜브이다.

유튜브가 잘나가는 플랫폼인 이유는 자본주의의 핵심인 돈과 단단한 결속력을 맺고 있기 때문이다. 단순히 검색을 하고 영상을 소비하는 차원을 넘어 비즈니스로 확장되고 있다. 유튜브는 '재미, 돈, 기회' 삼박자를 다 갖춘 시스템으로 돌아간다. 이 삼박자가 균형을 이루어 비즈니스는 더욱 가속도가 붙는다.

유튜브는 스마트폰이 대중화되면서 거대 플랫폼이 될 수 있었다. 스마트폰의 보급률과 유튜브의 성장은 정비례한다. 스마트폰이 없었다면 출퇴근 시간에 만원 버스, 지하철에서 어떻게 동영상을 시청할까? 일반 직장인은 출·퇴근 시간에 스마트폰으로 유튜브를 본다. 유튜브 트래픽에서 그 시간대가 높게 나오기에 영상물이 많이 올라오는 구간이다.

점심시간에 직장인들이 모바일 동영상을 보며 혼밥을 즐기는 모습도 흔하게 볼 수 있다. 식당에서 아이를 데리고 식사할 때 스마트폰은 정말 구세주다. 아이에게 스마트폰만 주면 여유있게 식사를 할 수 있다. 키즈 채널 성장세가 높은 이유는 부모들의 힘든 육아를 스마트폰이 덜어주기 때문이다. 얼마 전 '보람튜브' 가족이 강남에 빌딩을 샀다는 기사를 보았는데, 키즈 콘텐츠의 수요가 그만큼 많다는 방증이다. 장소와 시간에 구애받지 않고 영상을 시청하게 만든 편리한 스마트폰이 유튜브가 성장하게 만든 일등공신이다.

••• 스마트폰이 바꾼 세상

2022년에는 전 세계인의 80%가 스마트폰 유저가 될 것이라고 한다. 1인당 모바일 데이터 사용량은 지난 10년과 비교해 100배 이상 증가했다. 기술의 발달로 LTE시대가 되면서 콘텐츠의 전달 속도는 나날이 빨라지고 있다. '방탄소년단'이 동영상을 올리면 조회수가 폭발하는 이유는 전달이 매우 빠르기 때문이다.

글과 이미지로 된 정보보다 영상은 훨씬 더 자극적이고 직관적이다. 우리 뇌는 즐거움을 주는 정보를 계속 원하는데 이것은 일종의 진화의 산물이다. 유튜브에서도 좋아하는 채널 위주로 시청하기 때문에 생각이 점점 개인화될 수밖에 없다. 특히 밀레니얼 세대라 일컫는 젊은 세대는 이미 개인화된 생각으로 자라왔다. 더는 공중파방송을 보지 않고 스마트폰으로 게임 영상 등 자신이 좋아하는 영역에만 머무르고자 한다. 이 변화는 좋다, 나쁘다가 아닌 그냥 현재의 트렌드이다.

스마트폰 시대에 거실에서 보던 지상파 방송의 인기는 명백히 하락세이다. 많은 사람이 스마트폰을 통해 볼 수 있는 미디어가 더 많아졌다. 보통 가정에 TV는 하나밖에 없지만 스마트폰은 1인 1폰이니 리모컨을 가지고 싸울 필요가 없다. 나만의 공간에서 원하는 방송을 보며 낄낄거리면 된다. 이렇다 보니 방송사 수입 창출의 가장 큰 부분인 광고는 50% 가까이 줄었다.

그렇다면 나머지 50% 광고 시장은 어디로 이동했을까? 요즘 TV 프로그램을 보면 PPL이 상당히 노골적이다. 전에는 방송국이 갑처럼 느껴졌는데 이젠 정반대 입장이 되었다. 자본주의 사회에서 모든 흐름은 돈이 되는 곳으로 자석처럼 끌려간다. 스마트폰은 유튜브 시장을 키웠고 유튜브는 새로운 광고 시장을 키웠다. 평범한 가정이었던 '보람튜브' 가족이 강남에 빌딩을 살 수 있었던 이유다. 지상파 광고의 나머지 절반이 유튜브 시장으로 흘러 들어가면서 1인 방송국인 유튜버가 그 파이를 가지게 되었다.

••• 누구나 PD가 되어 콘텐츠를 생산한다

영상콘텐츠의 소비가 증가한 것만으로 유튜브가 성장한 것은 아니다. 누구나 스마트폰으로 영상을 제작할 수 있는 편리한 앱 기능을 장착했기 때문이다. 늘어난 수요에 맞춰 영상 제작자들이 자연스럽게 유튜브로 몰리고 있다. 전업 유튜버만이 스튜디오에서 콘텐츠를 만들 수 있는 것은 아니다. 전 국민이 스마트폰과 구글 계정만 있으면 곧바로 영상물을 만들어 올릴 수 있다. 한 사람이 소비도 하고 생산도 하는 구조가 되었다.

유튜브로 개인 콘텐츠 공유가 쉬워지면서 바야흐로 1인 미디어 시장이 활짝 열렸다. 평범한 사람이 자신의 콘텐츠를 공유하는 것을 시작으로 '도띠&잠뜰', '대도서관' 등이 탄생했다. 눈뜨면 새로운 유튜버들의 영상이 대박을 치고 구독자가 늘어나는 일이 비일비재하다.

유튜브 영상을 가장 많이 시청하는 세대는 10대이다. 또 주목해야 하는 연령층은 50대 이상이다. 그들의 유튜브 유입 속도는 무척 빠르게 증가하고 있다.

지금의 흐름은 시간이 갈수록 더 가속화될 수밖에 없다. 혹여나 유튜브라는 플랫폼이 사라지더라도 동영상 플랫폼은 지속될 것이다. 우리는 이미 영상 매체와 함께 어제를 보냈고 오늘을 보내고 내일도 그럴 것이다. 특히 60대 이상은 글을 오래 읽는 것이 쉽지 않다. 노화로 불편한 것을 해결하는 것이 기술이다. 그중 하나가 유튜브이다. 유튜브는 직관적으로 쉽게 정보를 탐색하게 만들었다.

••• 이제 '너튜브' 말고 '나튜브' 하자

안인정 KNOWHOW

유튜브를 시청하는 입장에서 유튜버가 되면 세상이 달라 보이기 시작한다. 나 역시 유튜버 입장이 되어서야 어떤 콘셉트(concept)로 영상을 올릴지 기획을 하게 되었다. 노하우라고 하기에도 부끄러운 영상 찍는법과 편집하는 법을 50대 이상의 파트너들에게 가르쳐드렸다. 확실히 나이가 들수록 배우는 속도는 느리다. 하지만 나는 그분들에게서 잠재된 능력을 보았다. 한두 가지 경험만으로 기획을 하여 정말 재치있게 영상을 만들어 올렸다. 자신이 만든 유튜브 영상을 친구들의 단톡방에 올리자 칭찬과 함께 부러움을 샀다고 한다. 그 영상은 어디론가 퍼져 멀리 미국에 사는 친구가 그것을 보고 연락을 해왔다고 한다. 소녀처럼 좋아하는 파트너의 모습에 나도 흐뭇했다.

세상은 내가 경험한 만큼 보인다는 말이 딱 맞다. '언택트(un-contact, 사람을 직접 만나지 않고 물품을 구매하거나 서비스 따위를 받는 일)', '코로나블루(코로나19로 인한 우울증)' 등의 키워드가 막막하다면 유튜브를 주목해보자. 삶의 동기부여를 유튜브를 통해 스스로 만들어보자. 스마트폰과 구글 계정만 있으면 이미 준비된 유튜버이다. 자신만의 콘텐츠가 없다고 생각한다면? 이 책을 끝까지 읽은 후에는 분명 나만의 콘텐츠를 발견할 수 있을 것이다. 누구나 유튜버가 될 수 있다.

LESSON 03

유튜브는 1인 창업, 디지털 노마드에게 필수다

••• 우리가 아닌 '나'에 초점을 맞추다

유튜브 영역에서 30대 이상은 사실 '돈을 잘 버는 법', '재테크' 주제를 선호한다. 밀레니얼 세대에 속하는 90년대생들의 꿈이 퇴사라는 말이 괜히 나온 것이 아니다. 이제 평생직장은 '라떼는 말이야' 시절 추억의 단어다. 영화 채널로 유명한 유튜버 '고몽'은 탄탄한 공공기업의 직장인이었다. 지금은 112만 구독자를 보유한 유튜버로서 1인 창업에 멋지게 성공했다. 유튜버로 성공하는 방법은 여러 가지가 있다. 창업, 나의 사업 확장, 퍼스널브랜딩 등에서 무한한 가능성을 찾아보자.

이제는 직장에 나의 인생을 맡길 수 없는 시대다. 유튜브라는 1인 미디어 세상이 열리며 내가 바로 브랜드가 되는 시대가 열렸다. 더군다나 코로나19로 인해 모든 환경이 1인 창업으로 가는 길을 재촉하고 있다.

사회적 거리를 두는 비대면 시대에 굳이 일정한 장소에서 일할 필요도 없게 만들었다. '디지털 노마드'란 인터넷, 노트북 등 첨단 디지털 장비를 갖추고 프리랜서처럼 자유롭게 일하는 사람 또는 직업군을 일컫는 말이다. 새로운 세상이 만들어 낸 신조어에 기죽을 필요는 없다. 자신감이 없어도 괜찮다. 유튜브 안에서 답을 찾기만 하면 된다.

이미 많은 사람이 유튜브를 통해 퍼스널브랜딩(Personal Branding, 자기 자신을 브랜드화하는 것)에 성공하여 자신의 몸값을 올리고 있다. 퍼스널브랜딩은 쉽게 말하면 이름만으로도 브랜드가 되는 것이다. 일반인은 언론에 노출되기도 어렵고 베스트셀러 작가도 아닌데 브랜드가 될 수 있을까 싶을 것이다. 그러나 이미 유튜브나 인스타그램을 통해 일반인이 유명해진 경우는 너무나 많다. 연예인들도 유튜버를 인정하며 또 다른 연예인처럼 생각한다. 얼마 전 〈포브스 코리아〉에 유튜버 '신사임당'이 표지 모델이 되었다. 남의 이야기라고 생각하지 말자. 그 분야를 전공하지 않은 비전문가라도 유튜브를 통해 얼마든지 나의 가치를 드러낼 수 있는 시대다.

안인정 KNOWHOW

돌이켜보면 나는 그 과정을 자연스럽게 지나왔다. 처음에는 블로그나 SNS를 통해 알려지기 시작했고 유튜브로 정점을 찍었다. 우연히 화장품 가게에 들렀는데, 점원이 나를 보고 "혹시 유튜버 안인정 님 아니세요?"라고 물어서 화들짝 놀란 적이 있다. 나는 구독자가 넘치는 유튜버가 아니다. 특정 타깃을 상대로 하는 채널을 운영한다. 온라인의 힘은 그렇게 대단했다. 회사 세미나에서도 나를 알아보는 사업자들이 정말 많다. 그것도 온라인의 위력 덕분이다. 유튜브를 왜 하는가? 모두 자신만의 목적을 알리기 위함이다. 나는 유튜브를 통해 확실히 인지도가 생겼고 덕분에 하는 일도 잘되고 있다. 평범한 나도 이런 결과를 얻었다면 이 책을 읽는 당신도 충분히 할 수 있는 일이 아닐까?

지금까지의 경험을 바탕으로 나만의 정체성을 브랜딩으로 완성했다. 아날로그와 디지털을 연결하는 다리 역할을 하겠다는 각오로 '디지로그'를 콘셉트로 잡았다. 많은 아날로그 세대를 타깃으로 하여 그들이 디지털 문명에 자연스럽게 유입되도록 도와줄 것이다. 물론 지금까지 해온 일이지만 브랜딩으로 명확하게 자리 잡는 의미가 있다.

이처럼 브랜딩은 특별한 것이 아니고 자신이 하는 일을 정리하고 빛나게 해주는 작업이다. 평생직장이 없는 시대, 모든 것이 빠르게 변해 불안한 시대에는 자신에게 집중하고 투자하는 것이 가장 현명한 방법이다. 퍼스널브랜딩의 가장 좋은 플랫폼으로 역시나 유튜브를 추천한다. 왜냐고? 해보면 그 이유를 알 수 있다.

••• 나만의 고유한 가치

260만여 명의 구독자를 보유한 '장삐쭈'는 더빙의 1인자다. 그는 학창 시절과 군대 시절에 주변의 칭찬을 들었고 더빙을 남보다 잘한다는 것을 알았다. 초창기에는 만화에 본인이 직접 음성을 녹음한 수준의 영상을 제작하였다. 이제는 직접 애니메이션을 제작한 후에 요즘 유행하는 '병맛' 더빙을 입히고 있다. 장삐쭈는 방송국에서 일했거나 그에 관련된 학과를 다닌 것도 아니었다. 사람의 DNA가 전부 다르듯 우리는 각자 나만의 고유한 정체성이 있다. 그 가치를 드러내야 한다.

공중파방송에서 유튜버 '신사임당'은 유재석과 프로그램을 함께 했다. 왜 언론과 많은 대중이 유튜버에 관심이 쏠리고 있을까? 유튜브는 성별, 학력, 나이를 따지지 않고 신세계로 연결해줄 수 있기 때문이다.

'박막례' 할머니는 본인의 인생에서 그토록 강한 반전이 있을 거라고는 전혀 예상하지 못했을 것이다. 박막례 할머니는 '코리안 그랜마'로 명실공히 대표적인 퍼스널브랜딩으로 자리 잡았다. 유튜브를 하지 않았다면 평범한 할머니가 어떻게 스타가 될 수 있었을까? 의도한 것도 아니고 재미로 시작한 유튜브가 인생을 바꾸어 놓았다. 유튜브 방송을 시작했다면 이미 퍼스널브랜딩이 시작된 것이나 다름없다.

"당신의 브랜드는 당신이 없는 방에서 다른 사람들이 당신에 대해 말하는 것이다." 아마존의 CEO 제프 베이조스가 퍼스널브랜딩에 대해 내린 정의다. 1인 창업의 시대가 왔기에 퍼스널브랜딩은 필수라고 할 수 있다. 지금은 나 자신이 기업의 주체이고 콘텐츠가 되는 시대다. 나를 멋진 제품으로 만들고 많은 사람에게 당당하게 알려야 한다. 처음부터 자신의 브랜딩을 목적으로 유튜브를 하는 사람들도 많다. 방향성은 달라도 궁극적 목표는 자신의 발전을 위한 플랫폼 활용이다.

••• 가치를 더하거나, 가치를 창조하거나

유튜브 영상 제작은 특히 전문직인 의사, 약사와 소상공인 등이 자신의 직업을 위해 많이 하는 추세다. 의사, 약사들이 알려주는 건강 상식 등은 조회수가 잘 나오는 편이다. 알려진 만큼 매출과 직결된다고 하니 사업 영역을 자동으로 넓히고 있는 셈이다. 또한 자연스럽게 방송 출연이나 강의 제안도 들어온다. 소상공인 역시 자신이 오프라인에서 판매하는 제품을 유튜브나 SNS를 활용하여 확장하고 있다. 노력하지 않고 제자리에 머물면 보장되는 것은 아무것도 없다.

전문가만이 지식과 경험을 전달하는 것은 절대로 아니다. 대다수 성공한 유튜버들은 평범한 자신의 일상, 취미, 개인기를 콘텐츠로 만들어 성공했다. 또 비전문가지만 전문가 이상의 지식을 가지고 있는 사람들도 많다. 기억해야 할 것은 일반인이 유튜브에서 기대하는 수준은 그리 높지 않다는 것이다. 게임 유튜버 '겜브링'은 자신의 게임 실력이 평범하다고 스스로 인정했다. 그의 게임 실력이 프로게이머처럼 현란하지 않더라도 아무런 문제가 없다. 100만여 명이라는 구독자가 인정해주는 게임 유튜버가 되었으니까.

먹방 콘텐츠는 일반인보다 훨씬 많이 먹어야 하지만 '재미있게 많이 먹는 것'이 먹방의 포인트라 할 수 있다. 여기에 필요한 전문 지식이라면 이영자처럼 맛깔 나는 맛의 표현이 필요하겠다. 소소한 콘텐츠로 대박을 치고 성공한 유튜버들은 모두 퍼스널브랜딩과 1인 창업에 성공했다. 특히 먹방 유튜버들은 맛집에서 카메라를 들고 여행하는 기분으로 일하는 디지털 노마드 족이다. 이 모든 요소가 유튜브 안에서 모두 가능하니 오늘도 많은 유튜버들은 아직도 무한한 가능성의 세상에서 일하고 있다.

안인정 KNOWHOW

평소에 알고 지내던 지인의 자녀가 미국 회사에 좋은 조건으로 취업이 되었다고 연락이 왔다. 코로나19로 인해 경제도 어렵고 힘든 시기에 좋은 곳에 취업되었다는 소식을 듣고 무척 반가웠다. 더 놀랍고 신기했던 것은 우연한 계기로 구인광고를 발견했다는 것이다. 지인이 보내준 유튜브 영상을 시청하던 중에 구인광고를 보고 현지 인터뷰를 한 후 당당히 합격했다고 한다. 지인이 유튜브 영상을 보내주지 않았다면 기회를 놓쳐 버렸을 것이라고 했다.

유튜브는 많은 사람에게 뜻하지 않은 기회를 자주 선물한다. 이런 우연이 그냥 오는 것은 아니다. 유튜브를 많이 보고 활용하는 사람에게 기회가 찾아온다.

유튜브라는 플랫폼을 넘어서 1인 방송 트렌드는 계속 커나갈 것이다. 《세계 미래 보고서》 시리즈의 저자이자 미래학자인 박영숙, 대한민국 대표 강사인 김미경도 유튜브 플랫폼 활용을 잘하고 있다. 그들도 미래를 위해 유튜브를 하라고 강력히 추천한다. 유튜브는 당신이 어떤 사람인지 한눈에 알 수 있는 이력서와 같다. 이제는 유튜브 콘텐츠가 나의 포트폴리오가 된다. 4차 산업혁명 시대에는 개인의 역량을 스스로 증명할 수 있는 능력이 필수이다.

LESSON 04

언택트 시대에 유튜브는 매출 상승에 기여한다

••• 유튜브로 온라인마케팅을 하는 방법

천재지변은 늘 예고 없이 찾아온다. 소상공인은 코로나19로 매출이 급감했다. 특히 매장을 운영하는 소상공인들은 이 사태가 장기화하면 폐업마저도 고려하지 않을 수 없다고 했다. 나는 온라인으로 사업을 하면서 많은 소상공인을 만날 기회가 있었다. 대부분 온라인마케팅(online marketing)의 필요성을 알지만 시작을 두려워하며 다음 기회로 미루고 있었다. 내가 만난 성공한 사람들은 한결같이 첫 번째 원칙이 있었는데, 그것은 "일단 시작하라!"였다. 유튜버 '대도서관' 역시 이런 말을 했던 것으로 기억한다.

소상공인연합회 자료를 보면, 소상공인의 경영비용 부담요소 중 1위는 임대료다. 반면 온라인 플랫폼을 활용하면 임대료는 0원이다. 유튜브 채널에 영상을 올리면서 구글에 내야 하는 돈은 없다. 오히려 구독자와 조회수가 많아지면 구글에서 광고 수익을 나눠준다. 유튜브 플랫폼은 서로 상생하는 구조이다. 유튜버가 활성화되고 콘텐츠를 많이 올려야 시장이 커지기 때문이다. 유튜브 채널을 잘 키워 놓으면 오프라인 매장 이상의 수익이 나온다. 임대료 비싼 매장이 필요 없는 온라인마케팅은 생각보다 훨씬 강력하다.

온라인마케팅은 다양한 채널과 방법이 있지만, 요즘엔 유튜브가 강력한 마케팅 수단이다. 그 이유는 가장 핫하고 영향력이 있기 때문이다. 앞서 언급했듯이 연령층이 높을수록 영상이 주는 정보를 더 쉽게 이해한다.

아직도 영업의 기본은 전단지를 돌리고 발품을 파는 것이라고 생각하는가? 입장을 바꿔서 내가 잠재 소비자라면 어떨지 생각해보면 답이 나온다. 전단지를 배포하는 것은 비용, 시간, 노력에 비해 효율성이 매우 떨어진다. 차라리 편집 앱(app)을 활용하여 이미지를 만들고 카톡과 문자로 보내는 것이 훨씬 효율적이다. 내가 찾아가야 하는 시스템에서 나를 찾아오게 만드는 시스템을 구축해야 한다.

홈쇼핑을 보면 '대체 팔지 않는 상품이 무엇일까' 의문을 가질 정도다. 음식, 자동차 같은 유형상품에서 여행, 보험 같은 무형상품까지 다양하게 판매한다. 유튜브도 홈쇼핑처럼 얼마든지 제품 판매로 이어지게 만들 수 있다.

홈쇼핑 채널은 기업이 하는 것이고, 우리는 유튜브 플랫폼을 활용하면 된다. 홈쇼핑이 판매가 높은 이유는 영상으로 생생하게 보여주기 때문이다. 사진 위주로 올리던 온라인쇼핑몰도 요즘엔 동영상을 올린다. 생동감이 다르기 때문이다.

코로나19 이후에 매출이 급감하자 백화점도 변화의 바람이 불었다. 온라인을 통해 실시간으로 방송하면서 제품을 소개하고 판매를 유도한다. 영상이 주는 생동감에 날것이라는 유튜브만의 장점이 결합하면 강력한 치트키(cheat key)가 되는 것이다. 유튜브는 지금 당장 유용하고 미래의 매출을 담보하는 온라인 플랫폼이다.

••• 트렌드에 발맞추어 가보자

기업이 브랜딩에 많은 투자를 하는 이유는 미래 가치가 분명하기 때문이다. 오늘날 우리는 로고만 봐도 무슨 기업인지 금방 알아본다. 기업이 의도한 브랜드 이미지를 소비자는 그대로 받아들인다.

유튜브를 하면 많은 것을 배울 기회가 있다. 내 채널과 다른 채널을 비교해보면 차이점이 보이고 디테일이 눈에 들어온다. 홈쇼핑에서 쇼호스트(show host)가 제품을 어떻게 설명하는지 그 디테일에서 능력이 판가름 나고 매출도 차이가 난다. 영상 콘텐츠도 결국 편집의 디테일한 능력에서 조회수 차이가 나는 것과 같은 이치이다.

현재 소상공인이거나 예비 창업자라면 바뀌는 트렌드를 알고 준비해야 한다. 기업의 빅데이터처럼 소비자의 데이터를 바탕으로 고객을 이해해야 한다. 트렌드가 바뀌면 사람들의 의식도 변하듯 고객들의 심리도 변한다. 오늘의 고객이 내일도 고객이 된다고 장담할 수는 없다. 무엇보다 잠재고객 확보를 위해 적극적으로 디지털 언어와 시스템에 익숙해져야 한다. 나의 타깃이 전국을 넘어 전 세계가 되는 시대다. 상권에는 제한이 없다.

코로나19로 결혼식, 공연 등의 모든 행사가 미뤄지거나 축소되었다. 예전처럼 청첩장을 주는 문화가 사라졌다. 대신 모바일 청첩장이 그 자리를 대신하게 되었다. 결혼식뿐 아니라 공연 팸플릿, 학원 교재 등을 만드는 인쇄업도 크게 위축되었다. 반면에 영상 콘텐츠를 제작하는 곳은 수요가 계속 증가하고 있다. 교육 시장 역시 비대면 강의 콘텐츠를 만들어 유튜브로 방송하는 강사들이 늘어나고 있다.

이렇듯 앞으로는 공연, 전시 등 예술 분야도 반드시 온라인 플랫폼에 익숙해야 한다. 모 회사의 이미경 대표는 지역마다 예술, 공연을 정착시키는 프로젝트를 진행해왔다. 그분도 코로나19로 사업의 활로를 찾지 못했고, 생계를 어려워하는 예술인들을 안타까워했다. 유튜브를 이용한 랜선 미술관, 음악회 등은 이미 시작되었다. 이미경 대표도 유튜브를 해야 한다는 것은 알았지만 생각만 하고 있었다. 우연히 나를 만나게 되었고 유튜브를 빨리 시작할 수 있었다. 이제는 망설일 시간이 없다. 먼저 실행하고 그 과정에서 고민해야 한다.

물론 유튜브를 시작하자마자 문의가 오고 매출이 발생하지는 않는다. 일단 유튜브를 하면서 온라인 세상에 익숙해지는 것이 첫 번째 목표가 되어야 한다. 새로운 환경에 대한 시장조사는 필수다. 소비자가 원하는 것이 무엇인지 끊임없이 공부해야 한다. 그 과정에서 내가 공부가 되고 스스로 대처해나가는 능력이 생긴다.

안인정 KNOWHOW

나는 많은 사람에게 유튜브 채널 콘셉트를 잡아 주었다. 얼마 전 만난 박소피 갤러리 관장님은 해외에서 인테리어, 디자인, 색채심리를 공부한 그야말로 콘텐츠 부자였다. 비대면 시대가 되면서 갤러리에도 고객이 당연히 줄었기에 나는 유튜브를 적극적으로 추천했다. 누구나 처음 새로운 분야에 도전하면 막막하고 두려움이 앞선다. 나는 관장님께 부(富)를 부르는 색채, 인테리어 콘셉트를 추천해 드렸다. 큐레이터처럼 클래식한 그림 설명보다는 사람들에게 실제 도움을 주는 정보가 낫다고 판단했기 때문이다. 결국 본인 스스로 본질을 찾아야 하지만 누군가의 가이드가 있다면 훨씬 도움이 된다. 현재 관장님은 자신이 가진 콘텐츠를 정리하며 유튜브 공부를 나와 함께 하고 있다.

유튜브를 포함한 온라인마케팅은 자기 자신과 하는 지루한 싸움이다. 모든 것을 혼자 감당하며 이겨 내기에 보상의 스케일이 큰 것이다. 그러나 너무 겁내지는 말자. 처음엔 두렵고 떨리지만 내 안의 무한한 능력을 발견하는 시간이 될 수도 있다.

LESSON 05

재미와 감동을 주면 수익도 생긴다

••• 콘텐츠에 한계는 없다

유튜브 영상을 많이 보면서 느끼는 것은 뭐 이런 콘텐츠가 다 있을까 싶을 정도로 다루는 테마가 다양하다는 것이다. 노래하며 농사짓는 모습을 올리는 '농부' 유튜버는 신선했다. 자신의 공부하는 모습만 올려 대박이 터진 '노잼봇'은 생각지 못한 콘텐츠였다. 유튜브에는 그야말로 신선하고 상상 이상의 콘텐츠가 넘친다.

누군가와 대화하면서 박수하고 초 공감을 할 때는 나와 비슷한 경험을 나눌 때이다. 결국 우리는 소소한 일상 이야기에 공감하고 위로를 받는다. 유튜브 유저라면 '만약 내가?'라는 상상을 했을 때 떠오른 콘텐츠가 있을 것이다. 신은 모든 사람에게 특별한 능력을 마음 안에 심어 주셨다.

유튜브 하면 가장 먼저 떠오르는 유튜버가 있다. 초통령 '도티'다. 시상식에서 끝까지 크리에이터로 살고 싶다는 그의 수상 소감이 인상 깊었다. 유튜브가 도티에게는 어떤 의미인지 짐작할 수 있었다. 우연히 시작한 게임 방송으로 최고의 유튜버가 되었고 현재 샌드박스 대표로 활동하고 있다.

"게임은 직접 해야 제맛이지 다른 사람이 하는 게임을 보는 게 왜 재밌지?" 나는 게임의 재미를 이해하지 못했다. 지구에 79억 인구만큼 취향도 각양각색이다. 나는 게임의 세계를 이해하지 못하지만 누구에겐 참신한 콘텐츠로 느껴지는 것이 바로 유튜브 세상이다.

매일 살아가는 일상이 평범한 것 같지만 비범함은 평범한 일상을 잘 살아낼 때 나온다. 요즘엔 '브이로그(vlog, 자신의 일상을 직접 찍은 동영상 콘텐츠)'가 인기가 많다. 평범한 일상을 꾸준히 올렸을 때 사람들의 작은 공감이 모여 큰 울림을 주기 때문이다. 행복했던 순간, 웃음이 빵 터진 순간, 슬펐던 사건 등을 콘텐츠로 만들 수 있다. 자극적인 소재는 사람들의 관심을 끌 수는 있지만 매번 만드는 주제로는 부담스러울 수 있다. 자극적이고 특별한 것을 찾으면서 시간을 낭비하지 말고 평범하지만 자신만이 가진 숨겨진 재능을 끌어내는 일이 더 중요하다.

구독자가 20만 명인 유튜버 '강과장'이 평범한 일상을 다루는 대표적인 채널이다. 서울에 혼자 올라와 직장 생활을 하며 눈물 나게 아끼고 절약하는 직장인의 모습을 보여준다. 구독자들은 그의 평범하지만 나와 비슷한 삶에 공감하며 댓글 응원도 열심히 한다. 또 그가 소금기 가득한 절약으로 목돈을 마련한 결과는 많은 희망을 주기도 한다. 현재의 행복을 중요하게 여기는 욜로(YOLO)족과는 조금 다른 강과장! 인생은 지극히 주관적이지만 그래도 우리는 본능적으로 열심히 사는 사람에게 박수를 보내고 싶은 마음으로 산다.

갱년기로 힘든 나날을 보내던 어느 중년 여성은 유튜브에 자신의 이야기를 영상으로 만들어 올렸다. 힘들고 답답할 때는 자신의 속마음을 털어놓기만 해도 마음이 한결 가벼워질 때가 있다. 구독자 9만여 명을 보유한 '미라클스토리미팩TV'가 바로 그 주인공이다. 갱년기를 극복하겠다며 자신의 스토리를 올렸다. 그 과정에서 자연스레 위안을 얻었다. 그리고 갱년기로 고생하는 구독자들에게 그녀의 스토리는 큰 공감을 얻었다.

유튜브를 시작할 때는 내 영상을 봐 줄 구독자를 당연히 생각해야 한다. 유튜버 스스로 기쁨을 느끼고 보람이 있다면 금상첨화다.

안인정 KNOWHOW

사람은 누구나 인정받고 싶은 욕구가 있다. 유튜브를 시작했는데 내가 만든 영상에 '좋아요'와 '댓글'이 달렸을 때 그 기쁨은 이루 말할 수 없다. 디지털 플랫폼에서도 얼마든지 감정을 공유하는 시대다. 유튜브는 친한 사이보다 더 솔직하게 자신의 감정을 드러낼 수 있는 공간이기도 하다. 가끔 내가 올린 유튜브 영상에 60대, 70대 구독자들이 감사의 댓글을 남기는 것을 보았다. 그동안 댓글을 남기고 싶어도 나이가 있어 망설였다고 한다. 유튜브에서는 나이에 상관없이 자신을 더 표현하고 삶을 즐길 수 있다. '나이는 숫자에 불과하다'는 말은 유튜브 세상에서는 진리에 가깝다.

••• 모든 콘텐츠가 돈이 되는 세상

결혼한 주부는 모든 분야에 만능 엔터테이너(entertainer)가 된다. 살림을 하면 저절로 경제 전문가가 되고 아이들 교육도 전문가 이상의 콘텐츠를 만들게 된다. 가정주부는 일상 브이로그를 주제로 무한한 콘텐츠 생산자가 될 수 있다. 집에서 공부하는 홈스쿨링, 엄마표 놀이, 엄마표 영어 등 수많은 교육 콘텐츠가 넘친다. 아이를 가르치는데 학위가 필요하지는 않다. 이미 충분한 공교육을 받았고 부모의 사랑이 있기에 가르치는데 전혀 부족함이 없다. 이미 많은 육아 브이로그나 엄마표 교육 콘텐츠들이 증명하고 있으니까 말이다.

해외에서 더 인기가 많은 요리 유튜버 '망치'는 한 번도 요리학원을 다닌 적이 없다고 했다. 어렸을 적에 할머니, 어머니의 솜씨를 곁눈질로 보고 배운 것을 기억하며 요리를 한다. 현재 미국에 거주하면서 김치, 장담그기 등의 토속적인 한식 메뉴를 영어로 영상을 만들고 있다. 그녀의 채널은 케이팝(K-pop) 인기와 함께 한국 음식도 부각되면서 영상이 주목받았다. 그 이후로 구독자가 갑자기 늘면서 구독자가 500만 명이나 되는 초대형 유튜버로 등극했다. 그녀는 요리책도 출간했다. 아마존에서 그녀의 요리책을 보니 정말 자랑스러운 한국인으로 느껴졌다. 조건이나 제한은 스스로 만드는 것이다. 판단은 구독자의 몫이 아닐까?

실버세대 유튜버 '조관일TV'. 조관일은 단기간에 구독자 10만 명을 모았다. 오랜 기간 강사를 한 경력으로 콘텐츠는 자연스럽게 만들어졌다. 그는 실버세대도 돈을 목표로 유튜브를 해보라고 적극적으로 권장한다. 그가 출간한 책《유튜브로 월 500만 원 벌었으면 좋겠다》에서 그의 의중을 알 수 있다. '내가 좋아하는 콘텐츠를 만드는 과정에서 성취감도 맛보며 더불어 수익도 가능하다'는 것을 알려준다. 실버세대에게 조관일TV는 나이 상관없이 유튜브를 할 수 있음을 증명하고 있다. 현재 그는 광고 수익은 기본이고 강의나 기타 다른 제안도 많이 받고 있다고 한다. 제 2의 전성기가 찾아왔다는 표현이 딱 맞지 않을까 싶다.

안인정 KNOWHOW

새로운 도전은 설렘보다 두려움이 앞선다. 이것이 도전을 포기하게 만든다. 성공과 실패는 일단 시작 여부에서 첫 단추가 결정된다. 오늘도 평범한 나의 일상을 올리며 유튜브 시작을 알리는 유튜버가 탄생하고 있다. '밑져야 본전'이란 말처럼 유튜브에 영상을 올려서 손해 날 일은 없다. 미리 자신의 한계를 단정 짓지 말고 유튜브 놀이를 하라고 진심으로 추천하고 싶다. 시작하면서 이미 구독자 수, 조회수를 넘어 광고 수익까지 행복한 상상을 했다면 실행만이 답이다. 행동하지 않는 상상은 아무런 기회를 주지 않는다.

PART 02

내 채널을 빨리 성장시키는 비법

LESSON 06

유튜브가 돌아가는 시스템, 알고리즘의 흐름

••• 알고리즘이 원하는 시간

'알고리즘(algorism)'이란 어떤 문제를 논리적으로 해결하기 위해 필요한 절차, 방법, 명령어들을 모아놓은 것이다(네이버 지식백과 인용). 유튜브 채널을 빨리 성장시키려면 알고리즘을 알아야 한다.

유튜버들이 공통적으로 바라는 게 있다. 바로 '구독자 늘어나기', '대박 조회수 나오기', '광고 수익 내기'다. 이에 공감한다면 당신은 성장하고 싶어 하는 유튜버다. 유튜브에서 비법을 알려주면 좋겠지만 누구나 다 알면 비법이 아니다. 많은 유튜버는 실행과정에서 분석한 알고리즘 자료를 증명하려고 고군분투하고 있다. 이제 서로의 경험을 토대로 좀 더 정확한 알고리즘의 정체가 드러나고 있다.

'지피지기면 백전백승'이라는 말이 있다. 유튜브를 알고 나를 알면 유튜브가 주는 기회를 잡을 수 있다. 먼저 유튜브는 거대한 놀이터라고 가정하자. 놀이터는 많은 사람이 몰려오고, 재밌게 놀며, 오래 머무르기를 원한다. 놀이터라면 응당 재미있는 구경거리가 많아야 한다. 유튜버들이 업로드(upload)하는 수많은 콘텐츠가 바로 구경거리다. 구경거리가 많아도 시시하고 재미없으면 사람들은 다른 놀이터로 떠난다. 오래 머무르게 하려면 반드시 재밌는 콘텐츠가 많아야 한다. 재미있다고 판단하면 그 콘텐츠를 적극적으로 홍보해야 더 많은 사람이 구경하러 온다.

유튜브에서 좋은 콘텐츠란 결국 시청시간이 잘 나오는 영상을 의미한다. 사람들이 오래 시청했다는 것은 당연히 좋은 콘텐츠이기 때문이다. 구독자들이 재미있게 봤다는 느낌만으로는 유튜브 알고리즘이 인정해주지 않는다. 객관적 자료인 '조회수', '좋아요' 등이 있어야 판단할 수 있다. 좋은 콘텐츠는 나를 대신하여 알고리즘이 알아서 여기저기 추천 영상으로 홍보를 해준다. 그 이유는 사람들이 만족해하는 영상을 알려야 할 의무가 있기 때문이다. 지금 보는 동영상 하단에 많은 추천 영상이 대기하게 만든 것은 알고리즘이다.

요즘 유튜브 영상을 보면 비슷한 공통점이 있다. 인기 있는 영상은 길이가 비슷하다. 8분 내외로 20분을 넘지 않는 수준이다. 유튜브는 아직 드라마나 다큐멘터리 주제가 아니기에 쉽고 빠르게 시청 가능한 주제를 선호한다. 재미가 있어도 시청 지속시간이 짧은데, 재미없는 긴 영상을 만들고 있다면 난감하다. 영상의 길이가 중요한 건 시청시간과 함께 광고 끼워 넣기를 해야 하기 때문이다. 매번 영상을 볼 때마다 스킵(skip)하고 싶은 광고지만 광고는 유튜브 수익의 근원이다.

영상의 길이가 만약 8분보다 짧다면 광고를 하나만 넣을 수 있다. 8분 이상일 경우에는 2개의 중간광고를 넣을 수 있다. 당연히 유튜브에서는 광고를 많이 넣을 수 있는 조건을 갖춘 영상을 원한다. 유튜버도 내 영상에 광고를 많이 넣으면 수익을 더 늘릴 수 있으니 좋다. 모든 유튜버는 원하는 추천 동영상이 되기 위해서 유튜브 알고리즘을 이해해야 한다. 광고 한 개가 가능한 영상과 광고 두 개가 가능한 영상 중 어느 것을 알고리즘은 추천할까?

시청자는 한 개의 영상이라고 대답할 수도 있다. 유튜브가 시청자에게 유리한 것을 선호한다면 사회적 기업으로 분류되어야 한다. 이윤추구 목표가 뚜렷한 유튜브는 당연히 광고를 많이 받는 것이 중요하다. 받은 광고비를 독식했다면 오늘날의 유튜브 플랫폼엔 사람이 모이지 않았을 것이다. 광고비를 사이좋게 나눠 갖는 시스템이 유튜브의 매력이다. 광고 수익 매력에 너무 빠진 유튜버들도 존재한다. 영상에 광고를 최대한 다 넣을 때이다. 지나친 광고는 피로감을 주기에 채널 성장을 감안한다면 적당히 넣을 필요가 있다.

••• 알고리즘은 내 영상을 분석한다

계속해서 알고리즘이 좋아하는 조건을 알아보자. 알고리즘은 당신의 콘텐츠를 꼼꼼히 따지고 있다. 매번 추천할 때마다 콘텐츠의 성격이 달라지면 곤란하다. 예를 들어 '방탄TV'에서 어느 날 IT 리뷰 영상을 계속 올리면 알고리즘은 혼란스럽다. 여기서 더 중요한 것은 유튜브가 성의껏 잠재고객에게 추천한 영상을 보지 않았을 때이다. 추천한 영상의 시청 지속시간이 떨어지면 유튜브는 낮은 점수를 매긴다. 그 결과 나의 영상 추천 횟수가 줄어들 수밖에 없다.

유튜버들은 매번 "영상에 좋아요를 눌러 주세요."라는 말을 한다. '엄지척'이 보기 좋아서 '좋아요'를 눌러 달라고 요청하진 않을 것이다. '좋아요, 싫어요' 역시 유튜브 알고리즘이 내 영상을 점수화하는데 하나의 조건이 된다. 알고리즘은 나의 영상을 파악하기 위해 디테일한 정보를 모은다. 알고리즘을 세부적으로 들어가면 얼마나 복잡하고 정교한지 알 수가 있다. 복잡한 알고리즘으로 벌써 기죽을 필요는 없다. 풀지 못하는 문제는 없으니까 말이다.

안인정 KNOWHOW

사람도 기준이 명확해야 판단할 수 있듯이 기계도 마찬가지다. 유튜브 알고리즘은 잘 짜인 맵(map)으로 움직인다. 한 채널에서 달라진 주제의 영상일 때는 어디다 추천해야 할지 고민스럽다. 즉 나의 콘텐츠를 같은 결로 만들어야 결국 채널의 정체성이 나온다. 요리인지, 게임인지, 음악이지 채널 정체성이 형성되어야 한다. 내 채널 정체성이 명확해야 함을 꼭 기억해야 한다. 한 채널에서 일상 브이로그처럼 여러 주제를 올리기도 한다. 만약 구독자가 초라한 숫자라면 알고리즘을 혼란스럽게 만드는 일은 피하는 것이 상책이다.

추천된 내 영상이 만족스러웠다면 사람들은 내 채널에 들어와 어떤 채널인지 점검한다. 일반 구독자들은 쉽사리 구독 버튼을 누르지 않는다. 내 채널의 정체성을 확인하고 자신에게 필요한 정보가 있으면 그제야 구독을 한다. 구독자가 많아야 하는 이유는 먼저 알고리즘으로 플러스 점수를 받을 수 있기 때문이다. 비슷한 주제로 만든 영상이라면 알고리즘은 판단 근거를 더 찾아본다. 시청 지속시간이 비슷하다면 그다음 조건은 구독자가 더 많은 채널이다.

이제 '구독 버튼을 눌러 달라'고 대놓고 영상 초반이나 끝날 때 유튜버들이 유혹하는 이유를 알았다. 구독자가 매일 증가한다고 수익도 같이 늘어나는 것은 아니다. 엄밀히 말하면 수익은 조회수가 더 많이 영향을 미친다. 구독자가 중요한 또 하나의 이유는, 유튜브를 시작했다고 하면 바로 들어오는 질문이 "구독자가 몇 명이야?"이기 때문이다. 구독자는 내 채널이 대기업인지 중소기업인지 스타트-업(start-up)인지 구분하는 가장 큰 지표이다. 내실이 강한 중소기업보다 대기업으로 분류되면 더 선호하게 되는 심리와 같다.

구독자가 구독을 누르는 이유는 무엇일까? 다음부터 편하게 나의 홈에서 구독 채널이 뜨기 때문이다. 구독 채널의 새로 업로드된 영상을 유튜브 홈화면에서 볼 수 있어 편하다. 아울러 구독자가 늘어날수록 내 영상의 조회수가 당연히 올라간다. 노출의 빈도수가 높아졌기 때문이다. 구독자와 조회수는 정확히는 아니지만 비례관계이다. 정석대로 구독자를 모았다면 늘어난 구독자 수만큼 조회수도 따라 올라간다. 조회수는 높은데 구독자가 늘지 않았다면 소수의 영상만이 뜬 것이다. 이는 채널의 방향성을 점검해야 하는 의미가 된다.

••• 알고리즘 확장의 끝은 어디?

알고리즘을 조금 더 확장해 보자. 추천 영상을 구독자 위주에서 확장하여 좋아할 만한 잠재고객을 찾아야 한다. 내 채널의 주제가 '뷰티(beauty)'라면 주로 여성 10~30대 층에 추천 영상으로 뜰 수 있다. 타깃을 넓혀보면 20대 남성도 해당될 수 있다. 근거는 화장하는 20대 남성이 증가하기 때문이다. 유튜브는 내 영상이 여성 10~30대에게 반응이 좋았다면 이제 20대 남성에게 추천 영상을 보낸다. 이런 방식으로 알고리즘이 만들어지고 확장된다.

안인정 KNOWHOW

내 채널이 진짜 제대로 성장한 증거는 검색에서 상단에 뜨는 것이다. 모든 유튜버의 꿈이기도 하다. 예를 들어 검색에 '영화'를 입력하면 내 채널이 맨 위 상단에 뜨는 것이다. 기업으로 비유하자면 이런 과정이다. 스타트-업부터 시작해 규모를 키워 중소기업이 되고 결국 그 산업에서 인정받는 대표 기업이 되는 것이다. 한 분야에서 인정을 받는 것은 노력과 열정이 밑바탕이 되어야 한다. 유튜브는 어쩌면 로또와도 같다. 일부는 정말 운이 좋아 채널이 갑자기 성장하기도 한다. 반면에 대부분의 유튜버는 충실히 콘텐츠를 만들고 시간과 노력을 기울이며 차근히 한 계단씩 올라간다.

알고리즘은 체계적이고 정교하지만 또 도저히 이해가 안 갈 때도 있다. '왜 내게 이런 영상을…' 하며 추천 영상이 전혀 맞지 않기도 한다. 알고리즘의 눈치를 보며 내가 해야 할 일과 피해야 할 일을 구분하는 것은 좋다. 하지만 알고리즘의 원리만 생각하다 오히려 복잡해서 손을 놓게 될 수도 있다. 그리고 가장 중요한 포인트는 결국 사람이 영상을 만든다는 것이다. 그리고 영상 시청도 사람이 한다. 알고리즘도 오류가 발생할 수 있다. 알고리즘은 알아야 할 참고서지만 정답지는 아니다. 결국 이론을 행동으로 옮기는 과정에서 알고리즘을 뛰어넘어야 진정한 채널 성장을 이룰 수 있다.

LESSON 07

나의 강점을 발견하는 시간이 필요하다

••• 유튜브와 마주하는 나

얼마 전 TV 프로그램에서 가수 김종국이 유튜브각으로 운동 예찬을 하며 동영상을 찍었다. 주변 예능 멤버들은 유튜브를 시작했다며 놀리기 시작했다. 김종국은 가수지만 전 국민이 아는 운동 마니아(mania)다. 가상의 시나리오로 찍은 영상이지만 그의 철학이 분명했다. 자신에게 근육이 없다면 전부가 없어진 것이며 운동과 그는 하나임을 강조했다. 건강을 위해 온 국민이 운동해야 하는 이유가 술술 나왔다. 김종국이 정말 '운동'을 주제로 유튜브를 한다면 운동 영상 업로드가 자연스레 상상된다. 이처럼 목적이 분명해야 성공하는 유튜버가 될 수 있다.

전 국민이 유튜브에 빠진 것처럼 유튜브 시청시간이 많은 것은 사실이다. 대부분의 채널의 특징은 일단 개설만 하고 영상 한두 개를 올린 게 많다. 아무 계획 없이 그냥 했기 때문이다. 일단 유튜브를 하기로 마음을 먹었다면 제대로 시작해보자. 그렇다고 거창한 기획서를 쓰라는 것은 아니다. 내가 왜 유튜브를 하는지, 나는 어떤 성향의 사람인지 제대로 고민해볼 필요가 있다. 바쁘게 살면 주어진 일을 해내느라 자신에 대해 깊이 생각할 여유가 없다. 나는 진짜 어떤 사람인지 스스로 묻고 대답해보는 시간을 가져보자.

안인정 KNOWHOW

내 유튜브 영상을 본 사람과 실제로 만났을 때 "영상에서 본 모습과 조금 다르시네요."라는 말을 가끔 듣는다. 그럴 때는 어느 것이 진짜 나의 모습인지 생각해본다. 결론은 모두 다 나의 모습이다. 핸드폰 영상을 열고 녹화 버튼을 누르면 내가 썼던 시나리오와 다른 말을 할 때가 종종 있다. 사람은 매 순간 상황에 맞는 진심이 나온다. 본질이 바뀐 게 아니라 상황에 따라 또 다른 나의 모습이 자연스레 나올 수도 있다. 실제로 방송을 하다가 평소의 나 자신과 다른 말이 툭 튀어나와도 놀라지 말자. 영상을 자주 찍다 보면 자신의 깊은 내면을 만나고 몰랐던 또 다른 나와 마주하기도 한다. 나는 유튜브를 하면서 또 다른 나를 찾는 여정을 즐기고 있다.

••• 취미가 일이 될 때

'덕업일치'라는 말이 있다. 자신이 좋아하는 일이 직업이 되면 더할 나위 없다는 요즘 언어다. 대표적인 게임 유튜버들이 덕업일치의 표본이 될 수 있다. 사실 게임은 내가 하면 로맨스이고 남이 하면 불륜처럼 게이머에 마냥 긍정적이진 않다. 그러나 유튜브 세상에서는 그저 상관없는 일이다. 성공한 유튜버 중에 게임콘텐츠를 다루는 '대도서관', '도티&잠뜰'을 보라. 한국의 대표적인 유튜버들이다. 내가 하고 싶은 콘텐츠가 있는데 남들의 시선 때문에 망설일 필요가 없다. 유튜브 채널을 구상할 때 나름 머릿속에 스쳐 가는 아이디어가 있다면 미리 메모해 두자.

가장 기본적으로 자신이 좋아하는 일과 잘하는 일에서 선택하는 경우가 많다. 적어도 1년은 계속하겠다는 마음으로 시작해야 한다. 1년 치 업로드할 콘텐츠를 고려하여 선택해야 한다. 계속하다 보면 다른 방향이 보일 수도 있고 확장된 영역으로 넘어갈 수도 있다. 처음에는 한 우물을 판다는 마음으로 한 주제로 일관되게 올리는 것이 좋다. 만약 해외여행을 주제로 정했다면? 매달 해외여행을 갈 상황이 아니면 좋은 주제라도 지속하기 어렵다. 꼭 하고 싶은 콘텐츠가 있어도 계속할 수 있는지 판단하는 것이 중요하다.

그래도 나에 대해 잘 모를 때가 분명히 있다. 오히려 남이 나의 잠재된 능력을 발견해줄 때가 있듯이 말이다. 평소에 주변 사람들이 나에게 어떤 주제를 묻는지 생각해보는 것도 좋은 방법이다. 비슷한 주제로 계속 질문을 받고 만족할 만한 답을 주었다면 당신은 그 분야를 잘 아는 것이다. 자신의 가치에 대해 평가절하하는 사람들이 정말 많다. 내가 아는 지식은 남들도 다 아는 것이라고 생각한다. 결론부터 말하자면 전혀 그렇지 않다. 우리가 자주 쓰는 단어 '꿀팁'은 거창한 정보가 아니라 소소하지만 유용한 정보들이다. 은행원이 알려주는 금융 정보, 편의점 알바생이

들려주는 편의점 이용 꿀팁 모두 좋은 콘텐츠다.

유튜버가 되는 것은 내가 가진 무언가를 알려주거나 드러내는 메신저와도 같다. 내가 정한 주제로 영상을 만들면 가치가 더해진다. 그 가치는 상대에게 울림을 주는 메시지와 같다. 자기계발이 중요한 요즘 '성공하는 동기부여' 주제도 인기가 높다. 내가 얼마나 성공했는지 스케일보다 중요한 것이 있다. 작은 성공습관이라도 나만의 경험을 제대로 알리는 것이 중요하다. 동기부여는 좋은 콘텐츠이자 자신의 내공을 만드는 좋은 일이다. 작은 것처럼 보여도 긍정의 눈으로 바라보면 귀한 가치를 발견할 수 있다.

안인정 KNOWHOW

나는 많은 세미나와 교육으로 사람들에게 피드백을 받은 덕분에 나 자신을 다시 생각하게 되었다. 나의 강의는 언제나 쉽고 유쾌하며 이해가 잘 된다는 평가를 받았다. 그리고 어느 순간 깨달은 것은 설득력이란 뛰어난 언변 실력보다 진짜 핵심을 이해하고 전달하는 힘이란 사실이었다. 그런 마음가짐으로 내가 하는 일과 제품을 유튜브에 영상으로 올렸고 사람들은 나의 마음을 정확히 읽어 주었다. 내 안에 있는 '무엇'은 하루아침에 생산되는 복제품 같은 물건이 아니다. 시간을 내어 자신을 살펴보고, 여러 인간관계에서 자신의 모습을 떠올리면 자신이 어떤 사람인지 객관적인 스케치를 하기 쉽다.

••• 나는 유튜브에 맞는 성격일까?

주제를 고민하는 것보다 두려운 것이 사실 자신의 성격이다. 유튜버들은 일단 적극적이고 자기 표현력이 넘치는 개성파들이라 생각한다. 소심한 내가 과연 영상을 만들고 세상에 드러낼 수 있을지 걱정부터 앞선다. 가슴 안에는 열정이 있는데 열정을 표현하기가 어렵다. 물론 끼가 넘치고 활발한 성격이 맞는 캐릭터도 있고 반대의 경우도 있다. 유튜버 '백수골방'은 학창 시절에 친구도 적었고 앞에 나서서 이야기하는 방법도 딱히 몰랐다고 한다. 오늘날 그는 37만 구독자와 소통하는 유튜버가 되었다. 유튜버의 성격도 시청자들에게는 하나의 취향일 뿐이다. 더 좋고 나쁨이 없다.

저세상 텐션(tension)을 자랑하는 아나운서 출신 장성규의 캐릭터도 좋고 차분한 북튜버도 다 좋다. 저마다의 고유성이 다르기에 자기와 결이 맞게끔 연결되기 마련이다. 아무리 대박을 칠 만한 치트키 영상이 있어도 지속성이 가장 중요하다. 방송국에서 히트 친 프로그램 하나 가지고 계속 재탕해 먹을 수는 없다. 계속 새로운 프로그램을 만드는 것이 방송국의 존재 이유다. 유튜버도 마찬가지로 꾸준히 영상을 만드는 지속성이 꼭 필요하다. 나 자신이 하나의 일을 마무리할 수 있는지, 성실성이 있는지 진지하게 물어봐야 한다.

이제 채널을 시작한다면 머릿속에서 구상만 해서는 안 된다. 자신과 대화를 허심탄회하게 해보자. 나와 솔직하게 마주하는 시간에서 또 다른 나를 발견할 수 있다. 내가 진짜로 무엇을 원하고 있는지도 알 수 있다.

현실에서 정말 내가 하고 싶은 대로 사는 사람은 거의 없다. 현실에 순응하며 맞춰 살아가는 모습이 대부분이다.

직장인 중에서 직장 동료의 유튜브 채널을 보고 놀라는 경우가 많다. 평소의 모습과 완전히 다른 모습을 보았기 때문이다. 유튜브는 당신의 진짜 속마음을 표현할 수 있는 놀이터가 되어 준다.

펜을 준비하고 적어보자!

적는 순간 마법이 일어날 수도 있다.

나 ______________ 와 마주하는 시간

1. 나는 무엇을 좋아하는가?

2. 나는 무엇을 잘 하는가?

3. 정말로 해보고 싶었던 일은 무엇인가?

4. 죽기 전에 꼭 해보고 싶은 일은 무엇인가?

5. 롤모델이 되기 위해 어떤 것을 하고 싶은가?

6. 남들이 나에게 자주 했던 질문이나 칭찬은 무엇인가?

7. 유튜브에서 내가 자주 보는 채널은 무엇인가?

8. 그 채널을 좋아하는 이유는 무엇인가?

9. 유튜브에서 얻고 싶은 것은 무엇인가? (돈, 유명세 등 솔직히 쓰자)

10. 만약 구독자가 100만 명이 된다면 어떤 모습일지 상상해서 적어보자.

이미 채널을 가지고 있다면 굳이 작성하지 않아도 된다. 하지만 이제 시작하는 예비 유튜버나 진도가 나가지 않는 초보 유튜버라면 반드시 작성하자. 적는 것은 자신의 흩어진 생각을 정리하는 시간이며 그것을 토대로 더 정확한 계획이 나온다.

이 책을 읽으면서도 '빨리 구독자 늘리는 법'으로 후딱 넘어가고 싶은 마음도 있을 것이다. 하지만 아장아장 걷는 아기가 갑자기 100m 달리기를 할 수는 없다. 속도를 내는 것은 좋지만 반드시 통과해야 할 관문을 차례차례 넘어가야 제대로 된 길이 나온다.

안인정 KNOWHOW

생각을 글로 써야 명확해진다. 생각을 글로 적으면 실행할 확률이 높다. 눈으로 직접 보기 때문이다. 나는 책에 질문지가 있으면 꼬박꼬박 답을 써 내려갔고 내가 원하는 것을 계속 적어 두는 습관이 있다. 읽었던 책을 다시 뒤적이다 예전의 메모를 보면 깜짝 놀랄 때가 많다. 그때 적어 두었던 소원이 이루어진 것이 많았기 때문이다.

언제부턴가 책에 '작가가 된다'는 글을 많이 적어 두었다. 적어 두었던 그 글을 발견한 후로 나는 뭔가에 홀린 듯 책을 쓰고 있는 나를 마주하고 있다. 쉽게 뚝딱 만들 것 같은 유튜버들도 계속 아이디어가 떠오를 때마다 메모를 한다. 글로 적는 힘을 믿어 보자!

LESSON 08-1

먼저 채널 기획을 한다

••• 유튜브의 90%는 기획이라고?

유튜브를 시작한다는 것은 1인 기업 대표가 되는 것이다. 채널을 기획하는 것은 내 채널이 있어야 할 이유와도 같다. 어떤 목적과 주제를 가졌는지 정체성을 드러내는 것이다. 구독자의 대부분은 내 채널에 대해 전혀 모르는 사람들이다. 이들이 한눈에 어떤 채널인지 알아야 나에게 관심을 보인다. 유튜브에서는 썸을 오래 타면 끊어진다. 빨리 내 채널의 매력을 발산해야 한다. 그 모든 것은 기획에서 시작된다.

유튜브의 눈에 드러나는 성공지표는 구독자 수다. 구독자 10만이 넘어가는 소위 잘 되는 채널의 특징은 채널의 정체성이 명확하다는 것이다. 성공한 유튜버 중에는 기획이 90%라고 말하는 사람도 있다. 성격이 급한 한국인은 유튜브 세계에서도 속도전을 좋아한다. 구독자 수에 목표를 두고 단기간에 성공한 유튜버들도 많다. 기획을 통해 자신의 목표를 정확히 세웠기에 당연히 더 빠른 결과가 나온 것이다. 성공한 대다수의 유튜버는 기획의 중요성을 가장 많이 언급했다. 기획은 유튜브 세계의 길라잡이 역할을 하기 때문이다.

기획의 중요성을 잘 보여주는 사례는 박막례 할머니다. '박막례' 그 자체가 엄청난 캐릭터이자 콘텐츠지만 손녀의 기획이 없었다면 한계가 있었을 것이다. 단단한 콘텐츠를 어떻게 이용하고 활용해서 더 좋은 결과를 만들지 결정하는 것이 바로 기획이다. 기획이 빛을 발하는 순간은 단기간의 결과로도 증명되지만 장기전일 때 더욱 빛을 발한다. 유튜브는 마라톤과도 같다. 시작을 했다면 멈추지 않고 계속 가는 것이 중요하다. 정확한 목표와 방향성이 없으면 거대한 유튜브 세계에서 길을 잃고 헤맬 수밖에 없다.

요즘에는 연예인들도 유튜브에 많이 유입되고 있다. 연예인이 유튜브를 하면 인지도 덕분에 쉽게 관심을 끌 수는 있다. 연예인들이 유튜브를 하는 이유는 오히려 연예인 활동에 연장선이라 볼 수 있다. 특별한 기획이 없어도 하던 일로 콘텐츠를 만들기 쉽다. 반면에 일반 유튜버는 참신한 콘텐츠와 기획력으로 무장하고 나가고 있다. 일반인 유튜버와 연예인 중에 누가 더 잘나가는가? 일반인 유튜버가 더 잘 된다. 그 이유는 바로 기획력에 몰입하기 때문이다.

구독자 10만 이상의 성공한 유튜버가 되었다고 해도 거기가 끝이 아니다. 기획은 유튜브를 하는 내내 함께해야 할 숙명이다. 크게는 채널의 정체성도 기획이고, '오늘 어떤 아이디어로 영상을 만들어볼까?' 이런 생각도 다 기획이다. 하루를 살아가는 것도 하루 기획이 있어야 알차게 시간을 활용할 수 있듯이 말이다. 유튜브를 하는 동안 기획이라는 단어는 늘 머릿속에 있어야 한다. 성공한 유튜버들은 기획의 달인이다. 익숙해지면 아무것도 아니니 미리 걱정하지 않아도 된다.

••• 달라진 유튜브 세계에 중요한 메시지

지금은 유튜브 역사 이래 1세대와 2세대로 구분하고 있다. 1세대는 아프리카TV 등에서 건너온 VJ 출신들이 성공한 경우가 많다. 별풍선을 많이 받으며 이미 스타였던 아프리카 VJ들은 그 팬들이 자연스레 함께 건너왔다. 톱(top) 유튜버들의 결혼으로 화제가 되었던 '대도서관'과 '윰댕' 부부는 모두 VJ에서 유튜버가 된 사례다. VJ의 특징은 콘텐츠가 정보성이 아니라 캐릭터 위주였다고 볼 수 있다. 지금과 확연히 다른 환경이었다. 여자 VJ는 여배우의 인기 급이었으니까 말이다.

지금은 2세대의 구분 경계에서 달라진 점이 있다. 유튜브에는 실제 연예인도 많아서 일반인이 등장부터 캐릭터화가 되긴 어렵다. 지금은 탄탄한 콘텐츠가 밑바탕이 되어야 한다. 쉽게 말하면 전보다 당연히 유튜브 콘텐츠들이 발전했다는 것이다. 콘텐츠의 마이크로화 즉 더 세분화되었다는 의미다. 구독자는 좀 더 취향 저격인 채널을 원하고 있다. 뉴스로 예를 들자면 9시 뉴스에서 경제, 문화, 연예 등 더 세분화된 영역을 원한다. 더 나누면 경제에서 주식, 부동산 등 자신이 지금 관심 있는 영역으로 좁혀 들어간다.

2세대 유튜버들은 확실히 기획을 철저히 하고 시작한다. '자청TV', '리섭TV', '대학생김머신' 등은 유튜브의 알고리즘을 철저히 파악했다. 분석한 후에 자신의 채널 기획을 제대로 하니 10만 구독자를 몇 달 만에 달성했다. 구독자 10만이 달성됐을 때 그들이 어떻게 기획했는지 올린 영상을 보면 놀랍다. 틈이 없게 준비하고 바로 실행하여 100m 구간을 미친 듯이 달린 결과물이나 마찬가지다. 인기 주제도 아니고 자기계발과 정치 분야에서 성장이 빠른 이유는 바로 기획이었다. 이들의 전략은 후반에 따로 설명했으니 꼭 참고하자.

1세대든 2세대든 변하지 않는 것이 있다. 철저히 기획하느라 시간을 보내며 정작 시작을 못 하는 것이다. 아무리 획기적인 기획이라도 시작하지 않으면 무슨 소용이 있을까. 주변에 늘 생각과 아이디어가 무궁하지만 생각으로 끝내는 사람이 더 많다. 유튜브는 변수가 많기에 모든 것을 미리 준비할 수가 없다. 반드시 변수가 생기므로 시작을 하면서 수정하고 보완하며 가는 것이다. 모든 일에는 시작과 끝이 있다. 당연한 사실이지만 많은 사람이 시작이 없기에 끝도 없다.

••• 나만의 차별성이 기획이다

1장에서도 언급했듯이 유튜브는 이제 검색 기능으로 인정받고 있다. 전문적인 정보가 많다는 의미다. Z세대는 전문적인 정보성 콘텐츠가 유리하다. 누누이 이야기했듯이 이미 존재하는 정보, 콘텐츠라도 누가, 어떻게 전달하느냐가 중요하다. 사람들은 최근의 정보부터 보기 때문에 지금 시작하는 유튜버에게도 기회는 많다. 법도 시대에 따라 바뀌는데 정보성 콘텐츠는 두말할 나위도 없다. 시대의 흐름에 맞게 가면서 차별성에 중점을 두고 내가 남들보다 잘 할 수 있는 포인트를 찾아야 한다.

사실 유튜브에는 웬만한 주제는 이미 다 들어왔다. 사소한 것부터 나사(NASA)에서 만든 게 아닐까 싶은 수준의 콘텐츠도 많다. 내가 하고 싶은 큰 주제에서 나만의 서브 키워드를 찾으면 차별성을 충분히 가질 수 있다. 아무리 생각해도 남들과 차별될 만한 것이 없다고 벌써부터 걱정이 앞서는가? 다시 강조하지만 같은 말도 누가 전달하느냐에 따라 달라진다. 회사 동료가 전해준 '카더라' 소문은 믿지만 같은 말을 저녁에 남편이나 아내가 말하면 '글쎄'라고 생각할 때처럼 말이다.

유튜브뿐만 아니라 모든 분야에서 기획은 매우 중요하다. '기획' 하면 회사의 기획부서에서 만든 기획서를 떠올린다면 정말 곤란하다. 시대가 바뀌어도 정말 많이 바뀌었다. 1인 미디어는 혼자 하니까 편하고 좋아 보이지만, 사실은 회사의 모든 업무를 나 혼자 다 처리한다고 생각해야 한다. 모든 것을 혼자 해야 하는 유튜버는 기획을 습관화해야 한다. 나의 관점이 아니라 구독자의 입장에서 일상을 관찰하며 소위 먹힐 만한 소재인지 늘 생각해야 한다.

이제 사람들은 유튜브의 중요성을 알고 있다. 가장 많이 고민하는 것은 주제와 콘셉트의 선택이다. 나는 해오던 일을 동영상으로 만들어 올렸기 때문에 주제 고민은 하지 않았다. 목표가 정확했기 때문이다. 하지만 최근에 오히려 고민이 생겼다. 주제를 확장하고 또 다른 나를 표현하고 싶어졌기 때문이다. 대부분 주제와 콘셉트를 정하기 어려운 이유는 목표가 무엇인지 명확하지 않기 때문이다. 막연히 하고 싶다는 마음은 기획에 아무런 도움이 되지 않는다. 정확한 목표가 있어야 그에 걸맞은 기획이 나온다.

••• 좋은 기획을 위해 반드시 할 일

안인정 KNOWHOW

기획을 잘하고 싶다면 다음의 세 가지를 반드시 기억하자.

첫째, 창의적인 사고력을 키워라. 기획은 뻔한 것이 아니라 새로운 것을 찾기 위해 필요한 일이다. 항상 다른 각도로 생각하는 연습을 하자.

둘째, 공감하는 마음을 가져라. 나만 잘난 기획은 의미가 없다. '내가 만든 영상이 사람들에게 어떤 공감을 끌어낼까?' 이런 생각을 하고 사람들의 눈높이로 바라보는 연습이 필요하다.

셋째, 자신의 철학이나 신념이 녹아든 방향성을 만들어라. 중심이 흔들리면 나무도 뿌리째 뽑힐 수 있다.

다음 장에서는 채널 기획의 더 자세한 방법을 제시할 것이다. 가장 기본이 되고 근본인 채널 기획이 정말 중요하므로 이 부분을 단단히 짚고 넘어가야 한다.

유튜브는 오늘 구독자가 1,000명 늘었다고 내일도 똑같은 일이 생기는 요술 단지가 아니다. 변수가 많고 이해할 수 없는 일들이 생기기 때문에 기획이 중요하다. 내가 고집하는 스타일로 계속 영상을 올려도 반응이 없다면 다시 기획을 해봐야 하는 것처럼, 기획은 당신이 문제와 마주하는 순간 다시 시작하는 힘을 준다.

LESSON 08-2

채널 기획을 하는 구체적인 방법

••• 채널의 방향성

먼저 내 주제가 어느 방향성과 일치하는지 점검하자. 유튜브의 4대 방향성이 있다. '재미, 위로, 대리만족, 정보성'이 그것이다. 사람들이 유튜브를 보는 이유는 바로 이 4가지가 핵심이다. 사람들이 관심을 보이지 않는 영상을 만드는 것은 시간 낭비다. 자신이 정한 주제를 일관성 있게 나아가야 방향성이 생겨난다. 주제가 명확해야 구독자가 믿고 보는 채널이 된다.

예를 들어보자. '먹방'은 다름 아닌 재미와 대리만족을 주기 때문에 사람들이 본다. 다이어트를 하는 여성은 현실에서는 먹을 수 없으니까 먹방 영상으로 대리만족을 한다. 그런데 어느 날 인간극장에 나올 법한 잔잔한 감동과 위로를 주는 영상이 자꾸 올라온다. 과연 다이어트 중인 여성의 마음은 어떨까? 먹방 채널에서 기대했던 영상과 다른 영상이 올라온다면? 곧바로 다른 먹방 채널로 갈아탄다. 이것이 방향성이 잘못된 채널의 극단적인 예시다.

안인정 KNOWHOW

나도 비슷한 경험을 했다. 나의 채널은 특정 제품을 설명하는 동영상이 가장 조회수가 높다. 주제를 좀 더 확장해서 다른 시도를 해본 영상은 조회수가 낮았다. 하지만 조회수 만으로 방향성을 함부로 판단하지 않기를 바란다. 하나의 콘텐츠로만 굳어지면 그 범위가 지나치게 국한될 수 있다. 주제를 좀 더 확장해서 채널을 키우고 싶다면 살짝 다른 콘텐츠를 시도할 수도 있다. 먹방 유튜버가 일상 브이로그도 가끔 올리는 것은 매일 같은 반찬만 먹으면 질리기 때문이다. 방향성과 조회수를 꼭 비례관계로 정의하지 말자. 더 멀리 보는 안목도 필요하다.

방향성이란 일관된 주제로 콘텐츠를 지속적으로 올리면 자연스레 생기는 정체성이다. 아이들이 좋아하는 '겜브링TV'는 그야말로 건전한 게임 방송이다. 같은 주제로 계속 영상을 올린 과정에서 생긴 정체성이다. 게임 종류가 바뀐다고 정체성이 달라질까? 먹방에서 A 치킨만 먹다 B 치킨을 먹었다고 먹방이 아니라고 하진 않는다. 하지만 정말 완전히 다른 주제로 유튜브를 하고 싶을 때가 있다. 구독자가 많다면 상관없다. 채널을 새로 만드는 것도 방법이다. 그러나 초보 유튜버는 정해진 주제로 몰입해야 정체성이 명확해진다. 이것은 알고리즘에서 이미 준 힌트다.

••• 채널명의 중요성

주제가 잡히고 콘텐츠도 나왔다면 채널명을 정해야 한다. 채널명이 채널의 정체성을 다 말해준다. 채널명은 신중히 지어야 한다. 직관적으로 채널명만 봐도 어떤 채널인지 짐작할 수 있게 만드는 것이 좋다. 예를 들어 유튜브에 관한 모든 콘텐츠를 다루는 '유튜브연구소', 쉬운 요리를 다루는 '하루한끼'는 모두 좋은 채널명이다. 채널명에 정체성이 잘 드러나면 구독을 누르게 하기가 쉽다. 중요한 것은 채널명이 퍼스널브랜딩과 아주 밀접함으로 여러 측면에서 고민해야 한다는 것이다.

안인정 KNOWHOW

얼마 전 나는 채널명을 '디지로그 마담앤TV'으로 변경했다. '마담앤TV'에 '디지로그'라는 나의 정체성을 넣었다. 고백하자면 내 채널은 단순한 목표만 있던 채널이었다. 늦은 사춘기를 겪는 아이처럼 혼돈의 시기를 겪은 후 변화를 시도하고 있다. 처음부터 100% 완성품은 없다. 누구나 그런 과정을 겪으며 성장하고 발전한다. 디지로그 콘셉트처럼 나의 채널은 아날로그에서 디지털로 자유롭게 넘나들며 트렌드와 함께 가는 채널을 만들 것이다. 나처럼 아날로그 방식에서 디지털 방식으로 함께하고 싶은 사람들에게 도움을 주는 채널을 기획하고 있다. 지금 이 책을 읽는 독자들은 처음부터 기획을 하고 접근하면 나처럼 늦은 사춘기는 피할 수 있을 것이다.

••• 인기 높은 콘텐츠 만드는 방법

유튜브 내 검색 순위, 유튜버 구독자 수 등을 보면 인기 있는 콘텐츠는 여전히 음악, 게임, 먹방이다. 압도적으로 인기가 높고 꾸준히 잘 되는 콘텐츠다. 영상만 보고도 이해도가 높기 때문에 국내를 넘어 국외의 구독자도 많이 유입된다. 포화 시장 같아도 점점 커지는 시장이기 때문에 늦은 진입이란 없다. 불과 2년 전에 키즈 먹방과 일상으로 시작한 '쌍둥이루지'는 현재 구독자가 923만 명이다. 인기 있는 주제와 좋은 콘텐츠는 언제나 무한한 가능성이 있음을 보여준다.

일반적인 유튜버들은 본인의 일상을 많이 올리며 우리는 그것을 '일상 브이로그'라고 부른다. 여기서 육아를 다루면 '육아 브이로그', 직장인이면 '직장인 브이로그' 등으로 나눌 수 있다. 응용에는 한계가 없으니 일상도 콘텐츠가 무한하다. 대체의학, 운동, 민간요법 등을 다루는 '건강 콘텐츠', 요리사나 일반인이 간단한 레시피부터 전문가급 요리까지 볼 수 있는 '요리 콘텐츠'도 인기가 높다. 분야별 전문성을 갖춘 정보성 콘텐츠, 경제·정치 콘텐츠, 영화, 책을 소개하는 문화 콘텐츠 등 그 종류는 무수히 많다.

외국의 유튜브 채널 중에 'Primitive Technology'가 있다. 우리 말로는 '원시사회의 기술' 정도로 해석할 수 있다. 문명사회의 기술은 1도 없이 원시적인 방법으로 일상생활이 가능함을 보여준다. 독특한 분야의 콘텐츠라고 할 수 있다. 우리나라에서는 TV 프로그램 중 '자연인'이 유사한 콘텐츠다. 자연의 모습과 소리까지 그대로 녹음한 힐링을 위한 콘텐츠도 있다. 공부하는 학생, 직장인을 위한 백색소음도 하나의 콘텐츠다. 여기서 놀라운 점은 이런 콘텐츠는 복잡한 현대인에게 정신적 디톡스 효과가 있다는 것이다. 할리우드 영화처럼 화려한 효과로 무장한 콘텐츠보다 더 뺄 것이 없는 담백한 것이 끌릴 때가 있다.

••• 콘텐츠를 잘 만드는 꿀팁

유튜브에 올릴 콘텐츠를 나름 정했다면 조금 더 세분화 작업을 해야 한다. 요리도 한식, 양식, 밑반찬 등으로 세분화해 놓으면 콘텐츠를 더 단단하게 만들 수 있다. '요리'라고 하면 방대하지만 내가 잘하는 주 종목이 밑반찬이면 콘텐츠가 바로 10가지는 줄줄 나온다.

모방은 창조의 어머니다. 내 콘텐츠와 비슷한 채널을 보고 난 다음에 어떤 방법으로 만들었는지를 분석한다. 볼 때는 쉬워도 막상 내가 같은 방식으로 만들려고 하면 잘 안 된다. 여러 채널을 보면서 비교 분석하고 나만의 차별화된 방식으로 재창조해야 한다.

영상은 결국 보는 사람이 있어야 만드는 의미가 있다. 내가 만들고자 하는 콘텐츠가 시청자들이 원하는 것인지 늘 생각해야 한다. 수요와 공급의 법칙에서 공급자는 늘 시장 흐름을 파악해야 한다. 유튜브에서 시장조사는 연관검색어를 활용하면 된다. 유튜브는 기본 정보를 늘 공지사항으로 등록해 놓지만 이용자가 활용을 안 할 뿐이다. 회사는 수시로 새로운 내용을 업데이트하며 알려주는데 이용자는 자신의 것만 알려고 한다. 유튜버는 공급자이므로 늘 시장에 관심을 기울여야 한다.

••• 하우투(how to) 콘텐츠에 주목하라

지금은 유튜브가 검색 기능으로 트래픽(traffic)이 높이 나오는 것을 알 수 있다. 우리는 궁금한 것, 문제 해결을 찾기 위해 검색을 한다. 유튜브에도 스테디셀러처럼 꾸준히 사랑받는 콘텐츠는 하우투 콘텐츠다. 영상 제목이나 섬네일에 〈 ~하는 방법〉 식으로, 돈을 많이 버는 법, 살을 빼는 방법 등은 유행과 관련 없이 늘 필요한 정보다. 정설은 아니지만 유튜브는 how to 콘텐츠를 도움을 주는 유익한 콘텐츠라 판단한다. 그 의미는 추천 알고리즘에 유리하다는 것이다. 콘텐츠를 구상할 때 하우투를 이용하여 영상을 만들면 무난하면서 조회수가 높게 나올 수 있다.

••• 타깃층이 중요한 이유

타깃층에 따라 콘텐츠가 달라질 수 있다. 타깃층을 정해두는 것은 기획에도 유리하다. 요리로 예를 들면, 일반요리에서 반찬이라고 할 때 20~30대 엄마를 타깃으로 하면 아이 반찬이 될 수 있다. 20~30대 싱글이 오래 먹는 반찬이 나올 수도 있다. 타깃에 의해 콘텐츠의 변화가 따라온다. 영상을 제작할 때는 보는 사람을 위해 만들어야 한다고 했다. 시청자를 조금 더 세분화하면 그것이 타깃층이다. 정확한 눈높이에서 만들면 사람들의 이해와 공감을 얻을 수 있어서 나의 의도가 잘 전달된다.

구독자 48만 명의 '단희TV'는 타깃층이 아주 명확했다. 같은 부동산 주제라도 은퇴 후 안정적인 삶을 위한 재테크로 콘텐츠를 세분화했다. 거기에 맞게 연령층 타깃이 자연스레 잡혔다. 은퇴하거나 은퇴를 준비해야 할 40~60대가 구독자가 되었다. 주제가 명확하고 타깃층도 정해져 있으니 그의 콘텐츠는 공유가 잘 된다. 분명 같은 고민을 하는 또래의 지인들에게 추천하고 싶은 채널이 된다. 구독자의 충성도가 높은데 이 충성도는 바로 시청시간에서 나온다. 단희TV가 시청률이 높게 나오는 이유는 콘텐츠가 타깃층에 꼭 필요한 내용이기 때문이다.

유튜브 알고리즘에서 본다면 이해가 빨리 된다. 단희TV는 은퇴할 시점의 40~60대를 위한 추천 동영상으로 확장될 수 있다. 타깃이 명확하기에 가능한 일이다. 또 주제가 누구나 필요한 은퇴 후의 재테크이므로 관심 영역이다. 타깃층이 명확하면 경쟁력이 매우 높다. 유튜브를 운영하는 놀이터가 제대로 만들어졌기 때문에 운영과 유지가 수월하다. 은퇴 후 노년의 삶은 누구나 맞이해야 할 일이다.

안인정 KNOWHOW

내가 운영하는 '디지로그 마담앤TV' 채널은 연령대 타깃을 40~60대로 잡았다. 그 이유는 40대는 나와 공감대를 형성하기 쉽고 50, 60대는 내가 주는 에너지와 정보력이 필요하기 때문이다. 나보다 어린 타깃층을 겨냥하면 디지로그 콘셉트가 맞지 않는다. 20~30대는 누가 가르쳐 주지 않아도 디지털이 삶의 일부니까 말이다.

LESSON 09

떠오르는 콘텐츠는 곧바로 시작한다

••• 시작해야 유튜브가 다르게 보인다

내가 유튜브를 시작하게 된 계기는 해오던 일을 홍보하기 위해서였다. 처음에는 블로그로 시작해 좋은 성과를 냈는데 얼마 뒤에 경쟁자들이 생겨나기 시작했다. 나를 찾는 고객들의 전화가 뜸해지고 마침 아이들 방학이라 제대로 일을 할 수 없었다. 이미 나는 온라인의 위력을 알았기에 전단지를 돌리거나 일일이 찾아가는 마케팅은 할 마음이 없었다. 그때 문득 떠오른 생각이 바로 '유튜브'였다. "그래, 유튜브를 시작하자. 아직 유튜브에는 경쟁자가 없으니까!"

나는 유튜브 마니아 중의 마니아였다. 하지만 영상을 만들어 볼 생각을 해본 적이 없어서 매우 난감했다. '일단 동영상을 찍으면 되겠지'라고 생각하고 스마트폰 카메라 앞에 앉아 보았다. 세상에! 어수선한 집이 그대로 배경으로 나왔다. 그다음 날 대충의 시나리오를 구상하고 동영상 버튼을 눌러 말을 해보았다. 말문이 막혀 여러 번 촬영을 해야 했다. 편집을 할 줄 몰라서 그냥 생방송처럼 10분 이상 촬영하고 거의 날것으로 영상을 올렸다.

유튜브에 처음으로 영상 하나를 올렸다. "영상을 보고 누가 연락을 하겠어?" 크게 신경 쓰지 않았다. 그런데 까맣게 잊고 있던 유튜브를 보고 사람들이 문의 전화를 하기 시작했다. 얼굴을 보니 상담을 받아 보고 싶다는 말을 많이 들었다. 분명히 블로그와 피드백이 많이 달랐다. 그 후 나는 급한 대로 간단한 편집 앱을 배우며 영상을 조금 더 올렸다. 어느새 구독자가 아닌 유튜버 시각으로 유튜브 영상을 보게 되었다. 관점이 달라지니 보이는 것도 달라졌다.

나의 파트너 사장님들은 영상에 나온 본인의 모습이 실물보다 더 나이 들어 보인다고 속상해하셨다. 하지만 기술로 해결되지 않는 것이 있던가. 영상에 예쁘게 나오는 기능을 찾을 수 있는 동기부여가 되었다. 녹화된 자신의 음성을 듣고 난 후에 사투리를 덜 쓰려고 노력하는 모습이 내게는 그저 귀엽게(?)만 느껴졌다.

••• 처음부터 프로는 없다

처음 시작하는 유튜버는 남의 눈치를 본다. 상대방을 배려하는 게 아니라 분명 눈치다. “내 영상을 보고 남들이 뭐라고 하면 어쩌지? 혹시 아는 사람이 보면 어쩌나?” 이런 말을 많이 한다. 유튜버 중에 유튜브를 공부하거나 완벽하게 배워서 시작한 사람은 극소수였다. 영상편집을 전혀 할 줄 모르고 유튜브를 시작한 사람의 비율은 절반이 넘는다. 유튜브가 누구를 위한 플랫폼인지 생각해본다면 답이 나온다. 누구나 구글 계정이 있으면 무엇이든 올릴 수 있게 만든 플랫폼이 유튜브다.

동네 놀이터에는 동네 사람들이 와서 놀면 된다. 테마파크형 놀이동산처럼 전문적인 놀이기구가 아니어도 상관없다. 흔히 B급이라고 하면 부정적인 의미가 강하지만 유튜브는 B급 영상이 올라오는 것이 상식이다. 주변에 영상 촬영전문학원에서 배울 법한 프로그램을 다루고, 작가 수준의 시나리오를 쓰는 사람이 있는가? 사실 거의 없다. 전문직 종사자가 아니면 그런 기술을 아는 일반인은 드물다. 유튜브는 많은 사람에게 공유의 장을 열어 준 것이지 전문가 수준을 원하지 않는다.

••• 과정을 즐겨야 오래간다

과정이 기술이라면 기술은 몸소 체험해야 실력이 늘어난다. 직접 해봐야 생각과 다른 부분이 있다는 것을 알게 된다. 나처럼 부족한 부분을 직접 체험하면 누가 시키지 않아도 배우게 된다. 완벽히 갖추고 시작할 수는 없다. 시작하면서 배워 나가면 된다. 셰프가 완벽한 맛을 낼 때까지 일하지 않고 집에서만 만든다면? 음식 맛이 완벽하지 않으면 손님이 적더라도 그 과정을 통해 스스로 발전한다. 내가 동영상을 올리자마자 ‘좋아요!'를 눌러주는 것을 기대하지 마라. 기분 나쁜 댓글이 달리지 않은 게 다행이다. 나쁜 댓글이 달렸더라도 그것은 초보가 감내할 일이다.

유튜브를 시작하는 사람은 "어떻게 편집을 하나요?"라는 질문을 가장 많이 한다. 주제나 콘텐츠는 어려워도 결정했는데 편집이란 녀석과 마주할 때는 두려워한다. 그 이유는 편집은 어깨너머로 배우기엔 부담스럽고 어려운 영역이라는 생각이 강하기 때문이다. 처음 스마트폰이 나왔을 때 지나치게 앞선 기술로 터치도 힘들었던 기억을 떠올려보자. 지금 스마트폰을 사용하면서 어려워하는 사람은 별로 없다. 이렇게 인간은 적응력이 뛰어나다. 편집 앱도 직접 다루다 보면 직관적으로 쉽게 잘 만들어져 있다는 것을 알 수 있다.

안인정 KNOWHOW

나는 유튜브로 온라인마케팅을 시작하는 40~60대 분들에게 내가 사용하는 키네마스터 앱으로 편집 방법을 알려주었다. 조그마한 스마트폰으로 편집을 하니 처음에는 화면을 터치하는 것조차 마음대로 되지 않아 답답해하는 분들이 많았다. 안타깝지만 눈이 침침하여 한참을 보아야 기능을 찾을 때도 있었다. 하지만 대부분 조금씩 익숙해졌다. 중요한 것은 배우려는 의지다. 연습을 하면 누구나 편집 앱을 잘 다룰 수 있다. 안 되는 것은 머리가 아니라 바로 마음이다.

유튜버는 1인 창업자와 같다고 했다. 기획은 물론 편집도 본인이 직접 해야 하는 이유는 영상의 메시지와 포인트를 가장 잘 알기 때문이다. 비용을 지불하고 편집 전문가에게 맡길 수도 있다. 하지만 내가 어느 정도 알아야 원하는 것을 제대로 전달할 수 있다. 편집하는 과정에서 자신의 장단점을 객관적으로 볼 수도 있다. 무엇보다 촬영과 편집 자체가 정성이다. 만질 수 없는 무형의 존재지만 콘텐츠가 모이면 나만의 지적 재산이 된다. 나의 재산을 갈고 닦아 불리는 마음으로 편집을 대하자.

아무리 말려도 처음부터 고가의 장비, 스튜디오, 편집자 등 모든 것을 갖추고 시작하는 유튜버가 있다. 보통 전문직 종사자나 처음부터 유튜브에 올인하는 사람들이다.

내 채널에 이제 막 유튜브를 시작했다며 댓글을 남긴 유튜버를 찾아간 적이 있다. 그는 일본에서 맛집브이로그를 시작했다. 누가 봐도 DSL 카메라로 찍었고, 편집 등을 봤을 때 단단히 작정하고 시작한 사람이었다. 초반에는 아무리 영상이 뛰어나도 조회수와 구독자가 생각한 것처럼 늘어나지 않는다. 조금 지나면 인내의 시점이 찾아온다. 많은 비용과 시간을 투자했는데 왜 조회수와 구독자가 늘지 않을까. 조바심이 난다. 유튜브를 계속해야 할지 말아야 할지 고민이 된다. 처음 시작하는 유튜버는 대부분 이런 모습이다.

가뭄에 분무기로 물을 뿌린다고 해야 할까? 강렬한 등장도 좋지만 매번 무대에 사람이 없는데 신이 나서 연기를 할 수는 없다. 그것은 독백에 가깝다. 언젠가 화려하게 데뷔할 날을 고대하며 연습시간을 늘려야 한다. 매번 실전처럼 100% 에너지를 다 쓴다면? 결과는 뻔하다. 대부분 지쳐 버린다.

맛집브이로그 유튜버도 의욕이 넘쳐 시작했지만 막상 해보니 기대치가 달라서 금방 실망했다. 영상을 자주 올려야 하는데 뜨문뜨문 올렸다. 노력한 것보다 조회수는 여전히 낮았다. 유튜브로 돈을 벌겠다며 작심하고 시작했다면 계속 뛰어야 한다. 제대로 하는 것을 보여주어야 하기 때문이다. 그런 경우가 아니라면 힘을 빼고 시작하자. 정해진 콘텐츠 10개의 대략적인 시나리오를 써놓고 첫 번째 촬영부터 시작해보자. 제발 시작하고 그다음 얘기를 하자.

••• 영원히 어려운 것은 없다

막상 촬영을 해보면 생각보다 말이 느리거나 전달력이 떨어지고 스스로가 어색해 참기 어렵다. 이렇게 한 번은 실패해야 한다. 이제 도전의식이 제대로 생긴다. 머릿속에 시나리오가 더 구체적으로 그려지고 내가 전달할 메시지도 정리가 되기 시작한다. 실수하거나 다소 이상해도 우리에겐 편집이라는 구세주가 있다. 포기하지 말고 생각한 메시지를 끝낼 때까지 촬영하자. 정말 그렇게 2~3번 촬영하면 자신감이 생기며 '방송인이 이런 느낌이구나' 생각이 든다.

우리는 톱배우가 아니다. NG 없이 한 번에 OK는 불가능하다. 다행히 편집이란 마술이 있으니 실수해도 마무리가 중요하다. 그렇게 첫 동영상 촬영에 성공하면 머릿속에 2번째 촬영에 필요한 더 나은 아이디어가 나온다. 처음부터 완벽한 기획은 없다. 실행하며 발전하는 것이다. 마음에 썩 들지 않아도 시작하면 용기가 생긴다. 첫 촬영을 무사히(?) 마쳤으면 바로 그다음 영상을 더 구체적으로 계획하고 며칠 안에 다시 촬영을 하는 것이 좋다. 시간이 지날수록 모든 것이 원점으로 돌아간다. 하고자 하는 의지마저 꺾인다.

안인정 KNOWHOW

이렇게 한 번을 제대로 경험하면 생기는 변화가 있다. 내가 평소에 즐겨 보던 유튜버의 채널을 다시 들어가 보게 된다. 왜 조회수가 잘 나오는 영상인지 그 이유를 알 수 있고 어떤 편집프로그램을 썼는지 궁금해진다. 현실적인 눈으로 바라보며 내가 직접 따라 해보기 시작한다. 그리고 스스로 찾아본다. 사실 편집프로그램조차 유튜브에 다 있다. 영상으로 처음부터 배울 수 있게 기능을 다 설명해준다. 마음만 먹으면 금방 배운다. 잘 안 보게 되는 이유는 아직 급하지 않기 때문이다. 정말 배우려는 의지가 있으면 "막상 배우니 쉽다"는 말이 저절로 나온다.

일단 시작은 하되 가볍게 걸어보자. 뛰다 멈추는 것보다 꾸준히 걷는 게 낫다. 같은 페이스를 유지해야 습관화가 되기 쉽다. 다시 말하지만, 유튜브는 장기전이다. 적어도 1년 정도는 해야 콘텐츠가 쌓이고 내 채널에 객관적인 평가를 할 수 있다. 또 1년은 해봐야 내가 후회 없이 최선을 다 했다고 할 수 있다.

나의 유튜브 채널도 초기에는 업로드된 영상이 적고 구독자 수도 적었다. 하지만 포기하지 않고 시간을 더 많이 투자했다. 언택트 시대에는 온라인플랫폼이 더 커질 수밖에 없음을 직감했기 때문이다. 지금 운영하는 채널의 구독자나 영상 개수가 중요한 것이 아니다. 지금부터 다시 시작해도 늦지 않다. 기회의 문은 언제나 열려 있다. 특히 온라인플랫폼을 잘 활용하면 돈을 벌 수 있는 가능성이 높다. 아직 나의 콘텐츠를 다 보여주지 않았는데도 이 정도 구독자가 생기고 조회수가 나온다면, 이제 소맷자락을 걷어붙이고 나서면 어떨지 상상만 해도 가슴이 설렌다.

유튜버의 길은 힘들어서 그만하고 싶고, 조회수가 안 나와서 그만두고 싶다. 하지만 처음부터 마음을 비우고 시작하면 '좋아요!'만으로 감동이다. 또 영상을 만들게 하는 동기부여가 된다. 이 모든 여정은 다름 아닌 시작이 있어야 플레이가 된다.

LESSON 10

최소한 영상물 100개를 업로드한다

••• 질보다 양, 누적의 힘

유튜브 놀이터에서 최종 목표는 '구독자 수' 증가이다. 영상물을 누적해서 100개까지 만들라고 많은 유튜버가 조언하는 이유는 채널의 무게감 때문이다. 누적된 콘텐츠가 있어야 알고리즘의 추천을 받을 수 있고 조회수가 늘어나기 때문이다. 내 채널에 아직 올라온 영상물이 얼마 없다면 사람들은 스치듯 지나쳐 버린다. 초라한 채널을 알고리즘도 좋아하지 않으니 내 채널은 망망대해에 혼자 떠 있는 셈이다. 일단 덩치가 커야 눈에 띌 수 있다. 벽돌 쌓듯이 영상물을 차곡차곡 쌓다 보면 보상을 받는 날이 찾아온다. 당신에게도 대박 조회수가 터지는 날이 반드시 올 것이다.

••• 영상의 퀄리티는 올리는 양만큼 좋아진다

본격적으로 유튜브를 시작하면 영상을 만들고 올리는 과정을 반복하게 된다. 유튜브는 진정 자기와의 싸움이다. 더 좋은 아이디어를 고민하는 것은 좋지만 반응이 없는 것에 크게 신경 쓰지는 말자. 내 채널의 몸집을 불리는 기간이므로 양이 절대적으로 필요하다. 처음부터 질도 높고 양도 많으면 당연히 좋지만 우리는 프로가 아니다. 양을 늘려가는 과정에서 질이 높아진다. 내가 영상을 하나씩 만들고 올리는 과정에서 셀프 훈련을 할 수 있다.

안인정 KNOWHOW

누구나 성장하고 싶은 욕망이 있다. 유튜버라면 누구나 공감할 것이다. '어떻게 하면 영상을 잘 만들 수 있을까?' 이런 생각을 하면서 자신의 콘텐츠를 돋보이게 하려고 자료조사를 끊임없이 한다. 나 역시 편집을 할수록 다음 레벨이 자연스럽게 눈에 보였다. 요즘은 배경음악에 더 신경을 쓴다. 그러다 보니 어느 순간 다른 채널의 세련된 배경음악이 들리기 시작했고 브금대통령이 많이 쓰이는 것을 알 수 있었다. 이렇듯 스스로 감각이나 실력이 좋아지면 마음이 정말 흐뭇하다.

양을 늘려가는 과정은 좋은 습관을 만드는 것이기도 하다. 태어나서 한 번도 자신을 촬영하고 편집을 해본 적이 없는데 어떻게 곧바로 습관이 만들어지겠는가? 새로운 습관을 만드는 것은 야생동물을 집에서 키우는 것과 마찬가지다. 자꾸 예전의 나로 돌아가고 싶을 것이다. 유튜브를 하는 것은 내가 온라인으로 창업을 한 것과 똑같다. 매일 문을 열고 B급 상품을 진열하는 가게와 A급 상품을 팔지만 매일 불만 켜놓고 주인은 부재중인 가게가 있다면 어느 가게 제품을 사고 싶은가? 근면과 성실은 무엇을 하든 기본자세이다.

••• 누적 영상이 100개가 되면 어떤 일이?

'100일'도 아니고 '100개'의 콘텐츠를 올리라고 얘기하는 이유는 무엇일까? 매일 콘텐츠를 올리는 유튜버도 있지만 사실상 전업이 아니면 불가능에 가까운 일이다. 보통 일주일에 2~3개 정도 업로드가 적당한 주기라고 한다. 일주일에 2개씩 올리면 대략 1년이면 100개에 가깝다. 유튜브를 처음 시작할 때 1년을 해보라고 추천한 시간과 서로 맞아 떨어진다. 물론 유튜브처럼 변수가 많은 영역에서 이것은 절대적 조건은 아니다. 하고자 하는 마음이 있다면 이 정도는 해보라는 선배 유튜버들의 경험에서 나오는 조언이다.

정말 콘텐츠를 100개 올렸는데 댓글이 하나도 없을까? 해로운 영상을 올려도 악성 댓글이 달리기 마련이다. 100개를 올리는 과정에서 분명 피드백이 온다. 콘텐츠에 대한 질문이거나 자신의 문제점을 해결해 달라고 남기기도 한다. '다음엔 이런 걸 만들어 주세요'라는 요청형 댓글도 생긴다. 영상을 멈추면 소통이 멈추고 영상을 계속 올리면 소통이 이루어진다. 꾸준한 업로드만이 콘텐츠의 방향성과 내 채널에 대한 평가를 받을 수 있다.

혹여 100개의 콘텐츠를 올려도 아무런 소식이 없다면 정말 유튜브를 접어야 하는 걸까? 세상에 100% 가능성은 없다. 그렇게 노력해도 결과가 없다면 지금 잘못된 방향으로 가고 있다는 뜻이다. 지금 가장 핫한 유튜버 '신사임당'도 4개의 채널을 망해봤다고 했다. 실패해도 문제가 없다. 그는 마지막 채널 '신사임당TV'에서 대박 결과가 나왔다. 실천으로 옮기는 과정에서 가능성을 발견하고 길이 아니면 다른 길을 가도 된다. 성공이든 실패든 단번에 판단하지 말고 정말 최선을 다했다면 세상도 당신을 알아주는 때가 있을 것이다.

••• 영상을 만들 때는 에너지를 분산투자 해라

과연 업로드는 얼마나 해야 할까? 유튜버마다 다르지만 보통 꾸준히 하는 유튜버는 일주일에 최소 2~3회를 올린다. 완성도가 높은 영상을 만든다고 너무 많은 시간을 촬영, 편집에 투자하지는 마라. 초반에는 그 에너지를 적당히 분산하여 규칙적으로 업로드하는 것이 더 중요하다. 결국에는 구독자가 늘어야 하므로 구독에 유리한 전략이 좋다. 시청자는 처음에 관심 영상만 시청하려 한다. 채널이 마음에 들고 주기적으로 업로드가 되면 구독으로 이어질 확률이 높다.

영상을 만들 때 이 점을 기억하면 업로드에 좋은 팁이 나올 수 있다. 바로 시리즈물로 만드는 것이다. 드라마에만 시리즈가 있는 것이 아니다. 유튜브에도 얼마든지 콘텐츠를 나누어 호기심을 유발하는 시리즈를 만들 수 있다. 콘텐츠를 만들기에도 좋고 구독자를 늘릴 수도 있으니 일거

양득이다. 그러니 가벼운 마음으로 과정을 즐겨야 한다. 콘텐츠를 하나 올리고 매일 조회수를 체크하지 말자. 양이 찰 때까지 인내하며 기다리는 시간이 필요하다. 성공한 사람들은 넘치는 호기심만큼 인내심도 강하다.

••• 누적이 기적을 부르는 순간

처음엔 방향성을 정하지 못해 혼란스럽더라도 묵묵히 영상을 만들면 길이 보이기 시작한다. 시청자들의 댓글에서 갈 길이 보일 때도 있다. 점차 긍정적인 댓글이 자신감을 주고 더 완성도가 높은 콘텐츠를 만들게 한다. 드디어 모든 것이 완벽하게 일치하는 순간이 온다. 그때가 바로 하늘이 주신 기회다. 알고리즘이 내 영상을 적극 추천해주며 '떡상'이 되게 한다. 로또도 사야 1등에 당첨되듯 유튜브도 조회수에 연연하지 말고 일단 계속하는 것이 중요하다.

경제용어에 '스노우볼 효과'라는 말이 있다. 장기적인 안목으로 투자하면 눈덩이가 점점 굴러가며 불어나는 것을 의미한다. 눈사람을 만들 때처럼 작은 눈덩이를 굴리고 굴리다 보면 어느새 내 몸집만 하게 커지는 것이다. 유튜브에 콘텐츠가 누적되어 많아야 하는 이유는 무게감이 있을수록 내 채널이 커질 확률이 높아지기 때문이다. 콘텐츠의 양은 유튜버의 성실성을 보여주고 알고리즘도 원하는 일이다. 이 과정이 반복될수록 더 자주 추천 영상으로 올라가고 조회수, 구독자 수가 늘어난다.

이것은 유튜버들이 한결같이 하는 말이다. 처음부터 조회수나 구독자 수가 몰리는 것이 아니라 꾸준히 업로드하는 과정에서 터지는 영상이 나온다. 나 역시도 영상 하나가 갑자기 조회수가 올라가며 상단에 뜨게 되었다. 그 이유는 알고리즘 등의 여러 원인이 있겠지만 가장 중요한 것은 실행이었고 포기하지 않은 인내 덕분이었다. 하늘은 스스로 돕는 자를 돕는다고 했다. 자신이 원하는 것을 얻기 위해 해야 할 일은 행동이다. 1년에 영상 10개를 올려놓고 대박을 기원한다면 과연 '유튜브의 신'이 들어줄까? 우리가 해야 할 일은 유튜브의 신이 떡상이라는 축복을 내릴 때까지 영상을 올리는 일이다. 그야말로 누적이 기적을 부른다.

LESSON 11

구독자 100명까지는 가족과 지인을 동원하라

••• 채널 홍보는 내가 한다

영업을 처음 시작하게 되면 교육 후에 영업사원은 대부분 누구를 먼저 떠올릴까? 바로 가족과 지인이다. 유튜브를 처음 개설하고 영상을 몇 개 만들어 올린 후에 저절로 구독자가 나타나길 기다려서는 안 된다. 영업사원이 파는 제품은 돈을 주고 사지만 유튜브는 구독료가 없다. 주변에 떨어진 감이 많은데 왜 줍지 않는가?

초보 유튜버일수록 유튜브가 영상을 노출해주는 첫 기준은 구독자 수다. 서둘러 주변에 떨어진 감을 바구니에 담아라. 내가 유튜브를 시작했다는 것을 자랑스럽게 알리고 당당하게 구독과 '좋아요'를 부탁하자.

••• 왜 100명을 빨리 모아야 할까?

보통 쇼핑을 하거나 식당에 갈 때 안에 사람이 없으면 들어가기가 망설여진다. 가게 안에 사람들이 많다는 것은 맛집이거나 좋은 제품이 많다는 증거다. 아직도 바람잡이라는 용어는 영업의 세계에서 엄연히 존재한다. 내 채널에 구독자가 하나도 없다면 낯선 사람이 구독을 누르기까지 시간이 걸린다. 지인의 부탁으로 구독을 누르는 것과 스스로 채널 구독을 결정하는 것은 차원이 다르다. 어느 정도 구독자가 있어야 구독자를 더 빨리 모으기가 쉽다. 스노우볼 효과와 마찬가지다.

안인정 KNOWHOW

나는 어떤 경로든 연락이 된 고객에게는 잊지 않고 나의 유튜브 링크를 보내주었다. 유튜브 구독자 수를 늘리려는 의도가 아니라 내가 다 말하지 못한 내용을 전달하고 싶었기 때문이다. 그렇게 꾸준히 고객에게 유튜브 채널의 영상을 링크해서 보내주자 신기하게도 구독자가 늘어나기 시작했다. 아주 미미하게 늘어나던 구독자 수의 증가세가 확연히 나타나는 것이 보이기 시작했다.

구독자 100명이 되면 유튜브에서 보낸 축하 이메일이 도착한다. 많은 유튜버가 축하 메일에 숨겨진 의미가 있다고 했다. 유튜브가 상금을 주지는 않지만 기회를 주는 것이다. 알고리즘을 열어주어 내 영상을 추천해주는 기간이 있다고 한다. 회사로 비유하면 우수사원에 선정되어 홍보물에 나의 실적이 알려지는 것과 같다. 세상 어디에도 가만히 앉아서 되는 일은 없다. 마음을 굳게 먹고 가족, 지인, 직장 동료, SNS 팔로우들을 총동원하면 100명이라는 숫자는 아주 가벼운 허들 정도이다.

••• 기본 마인드 세팅

유튜브를 하는 것을 주변 사람들이 거의 모른다고 얘기하는 유튜버들이 종종 있다. 주변에 알리지 않는 심리는 주로 2가지다. 첫째는, 자신을 드러내는 일이 아직 낯설고 어색하기 때문이고, 둘째는, 언제 관둘지 모르니까 나 혼자 조용히 하는 경우이다. 나 역시 잠시 망설였으니 충분히 이해가 된다. 누구나 다 하는 유튜브 방송 같지만 현실에서는 얼굴을 공개하는 부담감 등 이런저런 고민이 생긴다. 나 역시 초기에는 어떤 고객으로부터 "어떻게 여성이 과감히 얼굴을 공개하고 유튜브를 하느냐"라는 질문을 받고 당황스러웠던 적이 있었다. 도마 위에 올라앉아 있는 것처럼 사람들의 피드백에 걱정도 있었다. 그럼에도 불구하고 모든 것이 하나의 과정이다. 지나고 나면 아무것도 아니다.

초기에는 별것 없는 내 채널을 자랑한다는 것이 창피할 수도 있다. 그렇다고 마음가짐부터 포기할 이유를 찾는 것은 아닌지 스스로 자문해보자. 처음부터 완벽하게 갖추고 잘하는 사람은 드물다. 성공의 기본 요소는 끈기다. 나를 드러내고 알리는 과정에서 더 잘할 수 있는 힘이 생긴다. '주변에 정식으로 유튜버라고 공표했으니 잘해야지'라는 마음이 든다. 부담감은 나쁜 것이 아니다. 오히려 더 잘하게 만드는 성장촉진제가 될 수 있다. 시작했다면 다른 것은 생각하지 말고 모든 가능성을 열어두고 최선을 다하면 된다.

••• 우리에겐 오프라인을 넘어 온라인 인맥이 있다

스마트폰이 있고 사회생활을 하는 사람은 카페나 밴드에 하나쯤은 소속되어 있을 것이다. 만약 없다면 이제 가입하면 그만이다. SNS 활동도 요즘엔 기본이다. 홍보는 어렵지 않다. 알릴 수 있는 곳에 알리는 것이 홍보다. 길거리에서 낯선 사람에게 "저기, 유튜브 보시죠? 제 채널 구독을 부탁해도 될까요?" 하면 정신 나간 사람 취급을 받기 쉽다. 그런데 희한하게도 온라인상에서는 자주 있는 일이다. 블로그를 생각해보자. 댓글에 '좋은 포스팅 감사합니다. 제 블로그에도 놀러와 주세요'라고 대놓고 부탁한다. 블로그 이웃은 엄연히 낯선 사람이지만 그렇다고 이상한 사람으로 취급하지 않는다.

유튜브를 시작했다면 온라인 세상에 익숙해져야 한다. 플랫폼이 하나만으로는 충분하지 않다. 유명 유튜버를 보면 각종 SNS 활동도 활발히 한다. 유튜브는 그야말로 동영상 위주고, 블로그, 인스타그램, 페이스북은 다 고유한 장점의 기능이 있기에 병행하는 것이다. 유튜브 채널이 중심이라면 다른 플랫폼을 구독자 모으기 도구로 활용해 봄직하다. 모든 것은 다 연결되어 있다. 여러 플랫폼에서 구독자가 모여든다면 당연히 더 빨리 구독자를 모을 수 있다.

안인정 KNOWHOW

온라인 세상은 정말 예측 불허다. 나는 국내뿐 아니라 해외에서도 제품 문의를 많이 받는다. 처음에는 온라인으로 사람과 사람이 연결되는 것이

낯설었고 한편으로는 신기했다. 곰곰이 생각해보니 나 역시도 좋아하는 유튜버가 하는 강연에 가서 혼자 친숙함을 느끼고 마치 오래전부터 알고 지내던 관계인 것처럼 착각하던 때가 있었다. 그래서인지 나의 블로그나 유튜브 영상을 본 사람들이 나를 친숙하게 생각하는 것이 느껴졌다. 물리적으로는 거리가 멀어도 영상과 글로도 얼마든지 사람들끼리 통하고 비즈니스도 할 수 있음을 직접 몸으로 경험했다.

••• 공유의 힘

이제부터 공유의 힘을 보여주겠다. 나는 친한 친구 5명에게 내 채널을 알려주고 구독을 부탁했다. 직접 만나지 않아도 카카오톡이나 문자로 알려줄 수 있다. 내 유튜브 채널은 링크를 걸어 보내주면 된다. 그런 다음 친한 친구에게 가족이나 친구 5명씩만 같이 공유해달라고 부탁한다. 공식대로 되었다면 5명이던 나의 구독자가 25명으로 금세 늘어난다. 나의 콘텐츠가 정말 유익하면 사람들이 알아서 공유에 공유를 낳아 빨리 퍼진다. 쉽게 말하면, 한때 연예인 가십거리 뉴스를 링크 주소로 많이 주고받았던 것처럼 말이다.

안인정 KNOWHOW

네트워크마케팅은 직접 추천하여 서로 득이 되는 결과를 낳는다. 공유와 관련하여 재미있는 에피소드가 있다. 김옥희(가명)라는 분이 좋은 제품을 멀리 사는 지인에게 소개해주고 싶은데 제대로 설명을 할 수가 없었다. 우연히 유튜브에서 내 영상콘텐츠를 보고 그것을 지인에게 보내주었다. 그 영상을 받은 분이 나에게 전화를 했고 상담을 받은 후에 가입을 하려고 했다. 나는 양심에 걸려서 "김옥희라는 분이 추천하셨으니 그분에게 한번 이야기를 해보세요."라고 권유했다. 그분은 이렇게 말했다. "그렇게 친한 사이는 아니에요. 영상을 보내줘서 무언가 하고 보다가 궁금해서 전화하게 되었어요. 친절하게 설명해준 분께 가입하는 게 맞죠." 이런 경우를 우리는 주워 먹는다고 한다. 물론 지인에게 내 영상을 링크해서 보내준 김옥희 님에게는 미안했지만 말이다.

알고리즘에도 공유의 힘이 작용한다. 유튜브 자체 검색과 외부로의 유입(예를 들어 링크된 주소를 타고 온 경우) 점수가 있다. 외부 유입의 비중이 높다는 것은 이 콘텐츠가 공유할 만큼 좋은 콘텐츠라고 알고리즘이 판단하는 것이다. 검색과 유입의 포인트는 유튜브 알고리즘 점수화에 긍정적인 조건이다. 초창기에는 유튜브 내 검색으로 들어올 확률이 낮기에 외부 경로 유입을 살펴보는 것이 좋다. 우리가 지금 영끌(영혼까지 끌어들임)까지 하며 최대한 구독자를 모으는 이유는 알고리즘이 자동으로 알려줄 때까지 물밑작업을 해야 하기 때문이다.

••• 구독자를 모으는 노력

유튜브에서 댓글은 영상이 도움이 되었거나 유튜버가 좋았을 때 남긴다.

댓글도 잘 활용하면 구독자를 늘릴 수 있다. 댓글은 영상을 끝까지 보고 정성껏 달아주어야 한다. 나의 댓글이 공감할 만한 내용이면 그 댓글을 쓴 사람이 누구일까 궁금해서 내 채널로 넘어오기도 한다. 용감한 초보 유튜버는 정성스럽게 댓글을 쓰고 자신의 채널 주소를 살짝 걸어 둔다. 자기 채널에도 방문해 달라는 글과 함께 말이다. 이런 행동은 오프라인에서는 영업 방해로 큰일 날 소리지만 온라인에서는 흔히 있는 일이다.

안인정 KNOWHOW

나는 뒤늦게 구독자 수에 눈을 떴다. 구독자를 늘리려고 스마트폰을 산 아이들에게 구글 계정을 만들게 하고 엄마의 채널을 구독하고 '좋아요'를 누르라고 했다. 고객과 파트너에게도 본격적으로 유튜브 구독을 해달라고 강요 아닌 강요를 했다. 내 유튜브 채널을 알리지 않으면 아무도 모른다. 유튜브를 시작했다면 나의 콘텐츠를 많은 사람이 볼 수 있게 적극적으로 알려야 한다. 나보다 뛰어난 홍보 담당자는 없음을 기억하자.

내 채널의 성향과 비슷한 카페 같은 커뮤니티를 이용하여 홍보도 해야 한다. 이때에는 요령이 필요하다. 커뮤니티 활동을 하면서 내 주제와 유사한 글이나 댓글에 나의 의견을 달아 준다. 이때 도움이 될 만한 관련 동영상을 추천한다며 나의 채널을 링크해 줄 수도 있다. 여기서 조심해야 할 점은 내 채널이라고 밝히면 절대 안 된다는 것이다. 강퇴 당할 수 있으니 내 채널이 아닌 듯 슬며시 할 수 있는 센스가 필요하다.

이 과정을 보며 혼잣말로 "쉽지 않네."라고 말할 수도 있다. 물론 초반에는 어렵고 힘들 수 있으나 어느 순간 탄력이 붙는다. 장사가 잘 되는 가게도 초반에는 전단지도 돌리고 매출을 높이려고 노력을 기울였다. 어느 순간 자리를 잡게 되고 그 후에는 본질에만 집중한 것을 알 수 있다. 유튜버 세계도 똑같다. 구독자 수가 서서히 늘어나면 어느 순간 콘텐츠를 만드는 일에만 신경을 쓰면 된다. 그때까지는 수고스러움을 감내하고 이겨내자.

안인정 KNOWHOW

'구독과 좋아요, 알림 설정'을 부탁할 때 잊지 말아야 할 것은 영상을 끝까지 시청해 달라는 것이다. 클릭만 하고 나와 버리면 내 영상의 점수가 내려간다는 것을 명심하자!!

LESSON 12

시청자가 원하는 것을 고민한다

••• 하고 싶은 말 VS 듣고 싶은 말

영업의 고수는 자신이 하고 싶은 말을 하지 않고 고객이 듣고 싶어 하는 말을 한다. 유튜브 세계도 다르지 않다. 유튜버가 만든 콘텐츠를 보는 사람은 구독자다. 가장 이상적인 것은 유튜버가 하고 싶은 것과 구독자가 원하는 것이 일치할 때이다. 유튜버는 콘텐츠를 만들기 전에 구독자 입장에서 생각해야 한다. 출발점이 구독자라면 만족도가 높은 콘텐츠를 만들 수 있다. 늘 자신만의 오류에 빠지지 않도록 조심해야 한다.

유튜브 채널의 구독료는 없다. 시청자들에게 가장 중요한 건 무엇일까? 바로 시간이다. 시간이 많아도 내가 보고 싶은 채널을 종일 보는 것은 현실적으로 어렵다. 사실, 출퇴근 시간이나 근무 중 쉬는 시간에 짬짬이 보는 경우가 많다. 시간이 한정된 만큼 더 효율적인 콘텐츠를 찾게 된다. 유튜버도 콘텐츠 제작자이자 동시에 소비자이다. 내가 유튜브 시청을 할 때의 마음으로 콘텐츠를 만들어보자. 객관적인 눈으로 나의 콘텐츠를 볼 수 있으면 구독자를 계속 참구독자로 남게 할 수 있다. 그것이 성공하는 유튜버의 비결이다.

••• 시청자는 무엇을 원할까?

처음부터 구독자를 위한 채널이 있다. 바로 '진용진' 채널이다. 유튜버 진용진은 궁금해하지만 굳이 검색하지 않는 사람들을 위해 직접 나서 준다. 하나 예를 든다면 '라면 스프는 도대체 뭐로 만들까?' 같은 것이다. 이렇듯 일반인이 궁금해하는 주제를 다룬다. 당연히 출발점이 시청자의 궁금증, 의문점이기에 구독자의 만족도가 높다. 아울러 주제에 대한 고민이 거의 없다는 것도 장점이다. 수많은 제보자가 자신의 궁금증을 해결해 달라며 먼저 요청하기 때문이다. 꿩 먹고 알 먹고는 바로 이런 경우가 아닐까?

안인정 KNOWHOW

나처럼 영업 혹은 사업을 하고 있다면 사람들이 원하는 것을 자연스럽게 말하게 된다. 건강식품에서도 소비자는 공급자에게 전문가 수준의 지식을 기대하지 않는다. 너무나 당연한 얘기지만 사람들은 어떻게 먹는지를 가장 많이 문의한다. 이렇게 자주 받는 질문을 영상으로 만들면 된다. 가려운 곳을 긁어 주어야지 가렵지도 않은 데를 예상해서 긁어 주면 상처만 난다.

공공기관도 유튜브 채널을 운영한다. 이 사실을 알고 있는 사람이 얼마나 될까? 채널의 존재는 의미가 없다. 시청자가 많거나, 콘텐츠가 이슈화되거나, 무언가 관심거리가 있어야 우리는 기억한다. 그렇기에 기억에 남는 공공기관 채널이 없는 것이다. 공공기관 채널 중에서 유일하게 구독자가 가장 많고 TV 프로그램까지 출연한 유튜버가 있다. '충TV'를 운영하는 홍보맨 김선태 주무관이다. '충TV'를 보면 일반 공공기관 채널과는 달라도 너무 다르다. 유튜버 홍보맨은 그야말로 시민들을 위한 콘텐츠를 만든다.

충주시 시장님이 "유튜브를 해!"라고 했고, 그 한마디에 오늘날 홍보맨이 탄생했다. 출발은 공무원으로서 일의 연장선이었다. 김선태 주무관은 일명 '보여주기' 식의 업무가 아니라 진짜 필요한 콘텐츠를 만들어 대박이 났다. '충TV'의 영상은 재미, 콘텐츠, 공감, 위로가 다 들어 있다. 결국 모든 콘텐츠는 충주시에 연결되고 그 중심에는 충주시민이 있다. 시민의 입장에서 필요한 영상이 있고, 충주시 발전을 위해 노력하는 공무원의 애환도 어필하는 영상이 함께 나온다.

시민 중에 시(市)의 행정 처리에 100% 만족하는 사람은 없다. 시에서도 행정 업무를 하면서 할 말이 당연히 있을 것이다. 양쪽의 의견을 절충하고 융합하여 더 좋게 시를 발전시키려는 방향성이 느껴진다. 비교 아닌 비교를 해본다면 형식적인 홍보영상만 있는 다른 기관은 모델하우스의 느낌이 난다. 반면 '충TV'는 살아있는 전통시장 같다. 모델하우스는 회사가 보여주고 싶은 것만 보여주는 것이고 시장은 고객이 원하는 제품을 재빨리 준비해 놓는다. 다른 공공기관도 시민의 의견이 적극적으로 반영된 영상물이 나오길 기대해본다.

자본주의 사회에서 대표적인 플랫폼 유튜브는 역시나 돈이 가장 큰 이슈다. 돈 하면 지금은 '신사임당'을 빼놓을 수가 없다. 신사임당보다 더 유명하고 소위 금융전문가도 많은데 왜 신사임당이 가장 주목받을까? 바로 자신의 콘텐츠를 구독자를 생각하며 출발했기 때문이다. 우리나라는 돈에 대해서 솔직하게 표현하기보다는 돌려 말하는 편이다. 하지만 신사임당은 '월 300만 원 버는 법' 등 현실적으로 돈을 버는 방법을 직설적인 제목으로 선택했다. 시청자는 나를 위한 주제라고 느껴서 조회수가 높다.

경제 흐름을 읽고 공부하는 이유는 돈을 벌고 싶기 때문이다. 시청자의 마음을 신사임당은 시원하게 뻥 뚫리게 말해준다. '월 300 버는 법', '월 1,000 버는 법'으로 말이다. 사람들이 원하는 것을 하나로 통합해서 만들어 놓은 느낌이다. 시청자는 이런 느낌을 받는다. 레스토랑에서 애피타이저(appetizer), 메뉴, 후식까지 고르려면 선택의 어려움이 찾아온다. 하지만 모든 것을 다 차려서 한 상 가득 나오는 한정식을 보면 마음이 놓인다. '신사임당'은 어렵고 복잡한 경제 분야를 돈을 버는 방법 하나로 만든 것이다. 철저히 고객 맞춤 서비스를 갖춘 셈이다.

••• 시장은 계속 변한다

세상이 변하듯 모든 것은 계속 변하고 있다. 시청자의 사고도 계속 변할 수밖에 없다. 변화를 반영해야 하는 것이 유튜버의 몫이지만 자신의 본질이 바뀌는 것은 아니다. 핵심 주제는 자신의 정체성과 연결되므로 변하기는 쉽지 않다. 치열한 유튜브 세상에서 살아남을 수 있는 이유 역시 변화의 흐름을 읽고 같이 변했기 때문이다.

안인정 KNOWHOW

코로나19의 특수한 상황이 유튜브의 장점을 더 빛나게 해주고 있다. 현재 60~70대의 소비자들은 나에게 SNS를 가르쳐 달라는 요청을 많이 한다. 혼자 집에 머무르는 시간이 많아져서 세상과 소통하고 싶은 욕구는 더 커졌기 때문이다.

SNS를 하려면 먼저 거기에 올릴 재료가 필요하므로 나는 사진을 찍는 방법부터 알려준다. 이왕이면 다홍치마라고 내가 판매하는 제품 사진을 찍고 간편하게 편집하는 방법을 친절하게 안내한다. 그러면 PPL처럼 각자의 SNS에 자연스럽게 제품 사진이 업로드되고 노출이 될 수밖에 없다. 이것이 단순 소비자에서 마케터가 되는 단순한 방법이다.

하나를 만족하면 하나 더 원하게 되어 있다. 메뉴가 하나인 식당이 차츰 메뉴가 추가되면서 다양한 메뉴를 구성하는 것과 같다. 차츰 소비자가 원하는 것을 하나씩 들어주면 된다. 시청자가 원하는 것에 귀를 기울이면 저절로 트렌드를 따라가는 것과 마찬가지다. 시청자는 자신이 원하는 것을 먼저 힌트를 주는데 유튜버들이 받아들이지 못하는 경우가 많다. 흐름을 읽지 못하면 안주하게 되고 결국 채널은 성장하지 않는다.

••• 공감을 넘어 초공감으로

시청자가 원하는 것을 만들라는 말은 다름 아닌 공감이다. 주부들이 대화할 때 박수하며 공감하고 매일 만나는 이유는 절대적인 공감이다. 육아, 살림, 가족 험담까지 다 이해가 된다. 유튜브에서도 좋은 콘텐츠, 나쁜 콘텐츠는 없다. TV 프로그램에서 가족 험담을 대놓고 해도 시청률이 높은 이유는 공감이다. 자극적인 콘텐츠를 만들라는 의미가 아니다. 내 영상을 보는 타깃층과 공감대를 만들어야 한다는 뜻이다. 그래야 구독자는 한 번도 만난 적 없는 유튜버를 보며 공감하고 구독 버튼을 눌러 줄 것이다.

유튜버는 유튜브 채널을 자신이 만들었지만 어느 순간 콘텐츠는 시청자와 함께 만들어 간다는 것을 깨닫는다. 시청자가 원하는 것에 촉각을 세우는 것은 초심을 잃지 않게 만든다. 내 채널의 성장이 빠르고 구독자가 많아지면 유튜버 생각이 강해지는 순간이 있다. 초심이 흔들리기 시작하면 최근 뒷광고 논란처럼 시청자를 기만하는 일도 벌어진다. 카메라를 응시하는 순간 나의 양심을 바라보는 자세라면 초심을 잃지 않는다. 시청자는 내 채널이 존재하는 가장 근본적인 이유임을 잊지 말자.

PART 03

유튜브 구독자를 빨리 늘리는 방법

LESSON 13

최적화 로직을 알면 구독자 수가 빠르게 올라간다

••• 최적화를 위한 조건을 맞춰라

최적화란 주어진 범위 안에서 가장 최고치의 결과를 내는 것이다. 유튜브가 아주 방대해도 유한한 플랫폼 안에서 최고치의 결과를 내는 방법이 있다. 그렇다면 유튜브에서 가장 좋은 결과는 무엇인가? 당연히 조회수, 구독자 수가 올라가는 것이다. 최적화는 유튜브가 좋아하는 스타일로 내 채널을 만드는 것이다. 무명이던 내 채널이 슈퍼스타로 떠야 한다. 어디에? 검색 상단에 떠야 한다. 검색에 뜨는 채널은 구독자 확보의 지름길이다.

최적화는 크게 두 가지로 나눌 수 있다. 하드웨어, 소프트웨어이다. 더 쉽게 풀어보면 외부와 내부의 조건이라고 할 수 있다. 내부 조건은 영상을 올릴 때 최적화를 맞추는 것이다. 반면 외부 조건은 영상을 시청자가 시청하면서 최적화를 만들어 내는 것이다.

먼저, 내부의 최적화 조건은 무엇인지 알아보자. 눈에 드러나야 할 내부 조건은 바로 '키워드(key word)'다. 영상을 올리고 키워드가 없다면 이름 없는 사람과 마찬가지다. 주제에 맞는 제목 키워드라는 연결선이 꼭 있어야 한다. 그다음엔 눈에 확 띄는 섬네일에 주제와 어울리는 제목을 붙여야 한다.

둘째로, 외부 조건은 시청자가 오래 내 영상을 보도록 만들어 시청시간을 늘리는 것이다. 시청시간이 늘어나면 구독 버튼을 누르지 않고 영상만 살짝 보던 시청자를 구독자로 만들 수 있다. 사실 시청시간은 콘텐츠가 좋아야 자동으로 늘어난다. 하루아침에 될 수 있는 조건은 아니고 시간이 지나면서 자연스레 만들어진다. 이런 과정으로 내 영상을 최적화로 만드는 이유는 구독자를 많이 확보하기 위함이다. 손님이 많은 식당이 결국 맛집이고 더 많은 손님을 끌어당기는 것과 같은 이치다.

왜 이렇게 구독자가 중요한 걸까? 유튜브는 절대적으로 '구독자 수가 갑'이다. 보이는 조건에서는 구독자 수가 가장 큰 지표가 되기 때문이다. 최적화는 알고리즘이 좋아하도록 만드는 것이다. 구독자 수가 획기적으로 늘어나는 것은 바로 알고리즘의 도움이 절대적으로 필요하기 때문이다. 내 영상을 스스로 몇천 명에게 추천할 수는 없다. 알고리즘은 다듬어진 최적화된 영상부터 추천한다는 것이 포인트다.

일반적으로 구독자를 늘리는 것은 똑같다. 정기적으로 좋은 콘텐츠를 꾸준히 올리면 알고리즘으로 대박이 터지는 영상이 생긴다. 하나가 터지면 관련된 영상도 같이 조회수가 올라가며 구독자 수가 아주 빠르게 증가한다. 대박이 터지는 영상을 최적화로 풀어보면 공통점이 있다. '영상에 알맞은 제목, 한눈에 알아보는 섬네일, 좋은 콘텐츠' 등 모든 것이 맞았기 때문이다. 이제 왜 최적화를 해야 하는지 이해했다면 실적이 초라한 구독자 채널의 유튜버는 감이 오기 시작했을 것이다.

내 채널이 이제 슬슬 알려지기 시작한다. 인지도가 생기는 것이다. 구독자도 늘어나고 영상의 조회수도 오르고 말이다. 알고리즘의 최고의 경지에 올라가면 이제 마지막 관문은 바로 검색 상단에 오르는 일만 남았다. 내 채널이 게임이라면 게임만 검색해도 내 채널이 맨 상단에 뜬다. 자료조사를 위해 구글, 네이버에 검색해도 뜨지 않는 정보는 아무런 소용이 없다. 검색에 나오지 않는 것은 금덩어리라도 일반인에겐 아무런 의미가 없다. 검색 상단에 뜬다는 것은 유튜브가 인정한 최상위 채널이라는 의미다.

••• 최적화의 기본 법칙

내 영상을 최적화로 만들기 위해서는 다음의 세 가지와 각각의 수치를 기억해야 한다.

첫째, **노출 클릭률**이다. 노출 클릭률이란 알고리즘이 내 영상을 잠재 구독자에게 추천했을 때 클릭하는 확률을 의미한다. 알고리즘이 100명에게 추천했다면 5명 이상이 내 영상을 클릭해서 봐야 좋은 성적을 받는다.

노출 클릭률을 올리는 방법은 섬네일 활용 전략과 같은 맥락이다. 지금 유튜브에서 보고 있는 영상 하단에 추천 영상을 볼 수가 있다. 여기서 내가 선택한 영상을 본 다음 추천한 영상을 볼 때 어떤 기준으로 클릭하는지 생각해보자. 대부분 눈에 띄어 끌리는 것부터 클릭해서 본다. 이게 바로 노출 클릭률이다. 많은 추천 영상에서 내 영상이 선택되려면 먼저 눈에 확 들어와야 한다.

둘째, **영상의 길이**다. 앞에서도 얘기했지만 영상의 길이가 8분 이상 되어야 광고를 더 많이 넣을 수 있으므로 짧은 영상보다 8분 이상이 더 좋다.

셋째, **시청 지속시간**이다. 영상의 콘텐츠가 얼마나 좋고 유익한지는 시청시간에서 답이 나온다. 정말 재밌고, 감동적이며, 정보가 가득한 영상을 1분도 안 보고 나온다면 말이 안 된다. 시청 지속시간이 평균 45% 이상 되어야 하는데 10분 영상이면 4분 30초 이상을 시청해야 되는 것이다.

••• 홈화면 구성은 어떻게 최적화되어 있나?

유튜브를 열면 홈화면이 있다. 오늘도 알고리즘이 알아서 나에게 수많은 영상을 추천해 놓았다. 내 홈화면에 뜨는 영상은 어떻게 나를 알고 찾아왔을까? 내가 구독한 채널의 새로운 영상과 구독하진 않았지만 자주 보던 채널의 영상이다. 그리고 내가 검색해서 보았던 영상과 관련된 영상이 추천으로 나에게 올 수 있다. 어떠한 이유든 내가 봤거나 검색했던 연결고리가 있어야 한다. 유튜브 알고리즘은 주인이 마음에 드는 것만 골라 더 많이 클릭하게끔 최적화를 만들어 홈화면을 꾸며 놓는다.

그렇다면 내 영상은 잠재 구독자에게 어떻게 전달될까? 반드시 나와 연결고리가 있어야 한다. 내 영상을 추천받았을 때 클릭을 해보아야 한다. 또 키워드를 잘 써야 하는 이유가 여기서 또 나온다. 잠재 구독자가 며칠 동안 '강원도 여행'을 검색했다고 가정하자. 내 영상 키워드가 '강원도', '여행'이라면 잠재 구독자에게 추천으로 보내줄 수 있다. 다시 강조하지만 구독이 가장 중요하다. 가장 강력한 결속을 만들어주는 것이 구독이다.

••• 최적화를 위한 더 많은 꿀팁

보통 유튜버들은 영상 콘텐츠에만 몰입한다. 영상을 최적화시켜 줄 부수적인 액세서리에는 소홀하다. 주제와 맞는 제목을 반드시 올리고 설명에도 부가적인 내용을 정리해 놓는다. 섬네일에도 호기심을 유발하는 제목을 만들어 놓자. 시청 지속시간을 위해 결론을 꽁꽁 숨겨 맨 뒤에 놓으면 어떨까? 바로 이탈하거나 맨 뒤로 이동하여 볼 수 있다. 눈치채지 못하게 핵심 주제를 영상 앞부분과 중간, 끝에 적절히 배분하는 것도 중요하다. 영상을 끝까지 보게 만드는 하나의 방법이다.

이 모든 과정은 구독자 늘리기의 여정과도 같다. 어떤 유튜버는 먼저 최적화 시스템인 영상 시간, 간단한 편집기술로 만든 섬네일로 통일한다. 그다음에는 콘텐츠에만 초집중한다. 그야말로 콘텐츠로 중무장해 거의 하루건너 하나씩 영상이 올라온다. 자신의 전문분야거나 오랜 경험으로 콘텐츠의 양과 질을 다 만족시킨다. 어떤 방법이든 구독자를 모으기 위한 일이다. 뜻이 있으면 길이 보이듯 구독자를 모을 마음만 있다면 당장 할 수 있는 팁을 찾아 실천해보자.

안인정 KNOWHOW

최적화를 위한 꿀팁

1. 유튜브 슈퍼스타가 되기 위해선 검색 최상단에 떠야 한다.
2. 검색에서 중요한 것은 키워드다.
3. 섬네일은 제목을 잘 만들어야 한다.
4. 콘텐츠의 퀄리티(quality)를 높여 시청시간을 늘린다.
5. 구독자는 최적화 알고리즘에서 매우 중요한 지표이다.
6. 최적화의 핵심은 알고리즘이 내 채널을 좋아하도록 만드는 것이다.
7. 구독자의 폭발적 증가는 알고리즘의 도움 때문이다.
8. 알고리즘은 다듬어진, 최적화된 영상부터 추천한다.
9. 최적화는 노출 클릭률, 영상의 길이, 시청시간이 작용한다.
10. 섬네일을 잘 만들면 노출 클릭률이 올라간다.
11. 유튜브 영상은 8분 이상이 좋다.
12. 유튜브 시청시간은 평균 45% 이상 나와야 하며 길수록 좋다.
13. 내 홈화면에 뜨는 유튜브 영상은 나의 검색과 관련이 있다.
14. 내 영상이 최적화되는데 구독이 중요하다.
15. 주제에 맞는 제목 외에 부가적인 설명도 잘 써야 한다.
16. 핵심 메시지는 영상 맨 앞과 중간, 끝에 적절히 배분해야 한다.

LESSON 14

구독자가 시청한 시간이 중요하다

••• 오래 머무르게 하려면 이것이 필요하다

초보 유튜버라면 영상을 올린 후 조회수에 따라 기뻐하거나 실망하기 마련이다. 이제부터 전문가 포스(force)로 유튜브를 탐구해야 한다. 유튜브 알고리즘은 조회수만 보고 판단하는 저차원의 프로그램이 아니다. 가짜와 진짜를 가리기 위해 수많은 알고리즘으로 거르고 또 거른다. 좋은 콘텐츠를 가려내는 핵심 조건은 바로 시청시간이다. 시청자들이 내 영상을 얼마나 오래 보고 있는지를 알아야 한다.

유튜브 놀이터는 언제나 사람들이 오래 놀다 가길 원한다. 재미가 없으면 오래 놀 수가 없다. 유튜브의 목적은 사람들이 영상을 오래 보게 만드는 것이다. 유튜브에서는 좋은 영상을 선별하기 위해 가장 따지는 조건이 평균 시청 지속시간이다. 사람들이 지속해서 오래 보는 이유는 만족도가 높기 때문이다. 유튜브는 이런 영상을 원한다. 과장된 섬네일로 클릭 후 바로 이탈했다면 좋은 영상이 결코 아니다.

일단 시청자의 간택을 받아야 내 영상을 본 후 판단을 받을 수 있다. 아무리 좋은 영상을 만들어도 굳이 클릭해서 들어가고 싶은 마음이 없는 영상들이 있다. 바로 섬네일도 제목도 없는 경우이다. 보기 전에는 금덩어리 콘텐츠인지 아무도 알 수 없다. 그래서 제목과 섬네일이 중요하다. 영상 시청시간이 잘 나오면 이제 누가 나설 차례인지 짐작할 것이다. 알고리즘이 찾아와 내 영상을 추천 영상으로 홍보해주기 시작한다.

••• 내 영상의 시청 지속시간을 알고 있는가?

이제 시청자를 생각해보자. 우리도 유튜브를 열어 홈 영역에 뜬 영상 중 마음에 드는 것을 하나 클릭해서 본다. 아직 1분도 안 지났는데 끌리는 무언가가 없으면 곧바로 나와서 다른 영상을 또 뒤진다. 한 번 클릭했다고 이유 없이 끝까지 보는 사람은 거의 없다. 한정된 시간에서 보는 유튜브는 킬링 타임용이라고 해도 신중히 선택한다. 유튜브 영상은 8분 내외이고 TV 프로그램은 훨씬 더 길다. 하지만 유튜브는 영상을 끝까지 안 볼 이유가 10가지도 넘을 것이다.

10분 영상에서 평균 시청시간이 45%가 나와야 좋은 영상으로 판단된다고 앞에서 언급했다. 대부분 영상의 시청시간이 45% 이하가 많다는 의미다. 유튜브 스튜디오에서 시청시간을 확인해 볼 수 있다.

유튜브를 하고 있어도 자신의 채널을 분석하지 않는 경우가 많다. 유튜브 스튜디오는 내 채널을 객관적으로 평가해 주므로 부족한 부분을 알면 훨씬 도움이 된다. 시청시간이 낮게 나오는 것을 알았다면 영상 기획을 다시 고민해보거나 여러 각도로 생각해야 한다.

영상 시간은 업로드 후 특정 기간에만 측정이 되는 것이 아니라 계속 누적으로 측정된다. 예를 들어 업로드 후 초반에는 시청시간이 낮게 나와도 갑자기 시청시간이 올라갈 수도 있다. 그것도 역시나 떡상과 연결되는 부분이다. 그 주제가 갑자기 뜨는 키워드가 되어 조회수가 올라가면서 시청시간도 덩달아 올라갈 수 있다. 하지만 평균 지속시간을 높이기 위해 일부러 영상을 짧게 만들지는 마라. 영상은 평균 지속시간과 누적 시청시간도 같이 측정되기 때문이다. 8분 이상의 영상 길이가 여전히 유리하고 콘텐츠가 좋다면 15분 이상 긴 영상도 좋다.

평균 시청 지속시간 x 전체 조회수 = 절대 시청시간 총합

(유튜브 이야기 '고몽' 참조)

••• 시청 지속시간이 잘 나올 때

시청 지속시간이 높은 경우를 알아보자. 당연히 방탄소년단처럼 완전한 팬덤(fandom)이 있는 음악은 높을 수밖에 없다. 5분 내외 영상 음악을 1분만 듣고 나올 팬은 없다. 또 정보성 콘텐츠가 많을 때도 그렇다. 부동산을 주제로 타깃층이 40대 이상인 '단희TV'도 평균 시청시간이 길다고 했다. 부동산처럼 전체 맥락을 다 들어야 정보를 얻을 수 있는 주제는 당연히 끝까지 들을 수밖에 없다. 부동산을 '오른다 또는 안 오른다' 이 결론만 듣고 나가지는 않는다는 얘기다. 전반적인 상황을 다 들어야 내 상황과 연결할 수가 있기 때문이다.

콘텐츠 중 게임, 먹방, 음악 등이 평균 시청시간이 잘 나올 수밖에 없는 이유가 있다. 재미를 위해 만들고 몰입할 수 있게 편집했기 때문이다. 한참 맛있게 먹고 있는 먹방을 보면 중간에 끊고 나오기 힘들다. 먹는 소리와 압도적인 비주얼이 자꾸 빠져들게 만든다. 게임은 두말하면 잔소리다. 아이들의 눈을 보면 얼마나 흥미진진한지 이제 그만 보라고 잔소리하면 늘 똑같은 변명을 한다. "엄마 제발, 이것까지만!!" 중간에 끊지 못하겠다는 의미다.

••• 시청 지속시간에서 발견한 장기전의 미학

시청 지속시간이 의미하는 것이 또 있다. 유튜브를 1년 이상 해보라는 선배 유튜버들의 조언과 '스노우볼 효과'를 앞에서 언급했는데, 기억하는가? 유튜브는 누적된 시간으로 영상이 빛을 발할 수도 있다. 지속적인 콘텐츠를 만들며 1년이라는 시간을 투자하면 좋은 결과가 나오는 영상이 꼭 있다. 유명 유튜버들은 대표적인 영상을 최근 것이 아니라 가장 조회수가 높게 나온 것을 보여준다. 대표 영상으로 올린 이유는 누적 시청시간을 계속 얻을 수 있기에 알고리즘에 더 유리해지기 때문이다. 유튜브는 장기전이 맞다!

알고리즘은 꼭 최신 업로드한 영상만 추천하지 않는다. 1년 전의 영상도 좋다고 판단되면 추천을 해준다. 알고리즘 입장에서는 누적된 시청시간이 잘 나왔기에 좋은 영상으로 추천하는 것이다. 나 역시 자주 보는 유튜버의 영상이 추천으로 떴을 때 '이건 내가 언제 본 건데?'라고 짐작하고 클릭해서 보았다. 오래전에 봤던 내용이었고 업로드 날짜가 1년 전이었다. 그때 다시 정확히 알았다. 알고리즘은 정말 다양한 방법으로 돌아가고 있다는 것을.

안 보는 영상은 만들 이유가 없다. 평균 시청시간이 낮으면 재미가 없다는 것을 알아야 한다. 유튜버는 늘 개발자의 마음으로 실행해야 한다. 자신만의 세계에 빠져 혼자만 좋은 것을 해서는 안 된다. 같이 소통하고 나누는 자세로 영상을 만들어야 의미가 있지 않을까? 시청시간은 내 영상을 객관적으로 냉정히 평가해 주는 지표다. 우리가 영상을 만들어 올리는 이유는 누군가가 봐주길 원하기 때문이란 것을 잊지 말자.

LESSON 15

검색해서 보게 하려면 키워드를 잘 활용하라

••• 키워드는 어디에 어떻게 넣어야 하나?

여기까지 달려왔으니 이제 '키워드'라는 말은 익숙해졌을 것이다. 키워드는 블로그나 검색을 많이 하는 플랫폼에서 더 중요하다. 현재 유튜브는 검색 기능이 점점 확대되고 있으나 아직까진 추천을 받아 영상을 보는 확률이 더 높다. 그 이유는 매일 새로운 주제를 검색할 만큼 사람들의 관심 범주가 넓지 않기 때문이다. 유튜브를 보면 자신만의 성향에서 크게 벗어나지 않는다. 유튜브에서 키워드란 검색 용도는 기본이다. 더 중요한 역할은 알고리즘과의 탄탄한 결속을 만들기 위함이다.

키워드는 알라딘이 지니에게 소원을 말할 때의 상황을 상상하면 쉽게 이해된다. 소원을 정확히 말해야 이루어지듯이 키워드가 정확해야 그 목표물을 찾을 수 있다. 유튜브에는 하루에도 엄청난 양의 콘텐츠가 쏟아져 나온다. 알고리즘은 키워드로 정리하여 폴더별로 분리하여 정리한다. 예를 들어 건강-면역력-비타민C 등 이렇게 키워드별로 나누어 정리된다. 도서관의 수많은 책이 어떻게 정리되어 쉽게 찾을 수 있는지 생각해 보면 알 수 있다.

먼저 사람의 이름이 있어야 하듯이 영상 제목에 키워드가 있어야 한다. 예를 들어 먹방에서 오늘 주제가 치킨이면 치킨 단어가 제목에 들어가야 한다. 섬네일 제목에도 역시 치킨이란 단어가 들어가야 한다. 이렇게 구성하면 치킨을 검색할 때 알고리즘이 치킨으로 최적화된 영상을 상위에 노출한다. 이 알고리즘을 타기 위해 우리는 키워드를 잘 넣어야 한다는 사실을 꼭 기억하자! 너(영상)와 나(검색)의 연결고리가 바로 키워드다!

같은 영상이라도 키워드에 따라 노출에 차이가 난다. 먹방에서도 치킨 먹방 그리고 후라이드, 마라 치킨, 짜장 치킨 등 범주를 좁혀 나갈 수 있다. 그리고 지금 유행하는 아이템을 다루면 노출이 잘될 수 있다. 예를 들어 짜장 치킨은 최근에 나온 제품이니 관련 영상이 아무래도 일반 치킨보다는 적다. 범주가 넓은 키워드는 상위에 노출이 쉽지 않지만 하위 키워드를 잘 사용하면 노출에 더 유리하다. 평소에 관련 키워드를 정리해두자.

••• 트렌드 공부는 키워드로

유튜브는 트렌드에도 민감하다. 다시 치킨으로 예를 든다면 먹거리에도 당연히 트렌드가 있다. 시장에는 항상 신제품이 쏟아져 나오기에 새로운 것에 촉각을 세워야 한다. 유튜버는 마케터의 눈을 가져야 트렌드 감각을 익히며 활용할 수 있다. 트렌드를 앞서가는 게 아니라 어떤 이슈, 아이템이 뜨는지는 기본으로 알아야 한다. 제품을 다루는 것을 떠나 모든 유튜버는 트렌드와 밀접하게 관련되어 있음을 기억하자.

인기 키워드는 당연히 트렌드를 반영한다. 최근 가장 많이 검색하는 단어들이기 때문이다. 당연히 인기 키워드는 유튜버에게 좋은 영감을 준다. 나의 주제와 관련된 이슈가 뜨고 있다면 그 키워드를 사용할 때 영상이 노출되기 쉽다. 키워드를 전문적으로 볼 수 있는 사이트를 활용해 보자. '단희쌤'은 관련 키워드를 미리 공부한 후 정리해두고 영상을 만들 때 활용한다고 했다. 떡상의 비결은 인기가 급상승한 주제로 영상을 만들고 관련 키워드를 제대로 넣은 것이다. 활용할 가치가 충분하지 않은가!

①구글 트렌드(구글에서 구글 트렌드 검색)

검색어를 직접 입력하여 검색해 보기

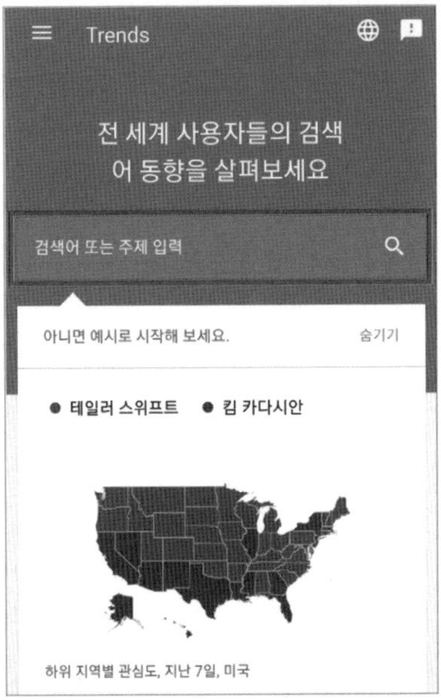

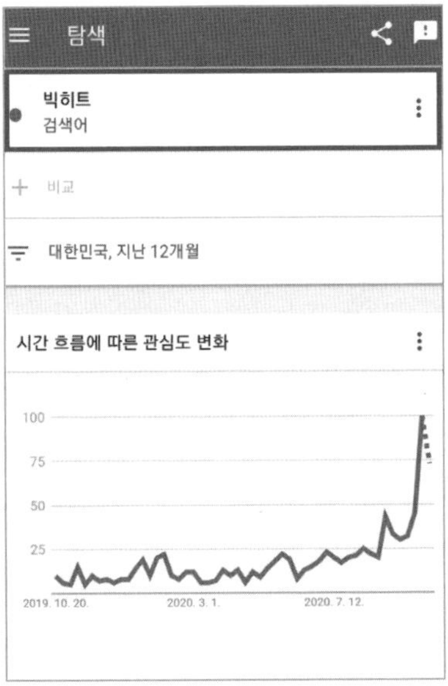

인기 검색어인 '빅히트'를 검색해 보았다. 빅히트는 방탄소년단의 소속사로 주식공모로 인기검색어에 오른 경우다. 그렇다면 이 키워드를 어떻게 응용할 수 있을까? 당연히 경제를 주제로 하는 채널은 주식과 연관 지어 제목이나 설명란에 태그로 활용할 수 있다. 주식과 상관없어도 이슈나 화제 혹은 방탄소년단의 성공 스토리에도 얼마든지 응용하여 연결고리를 만들 수 있다.

하단에는 최근 인기 검색어가 업데이트되어 계속 올라오고 있다. 인기 검색어로 떴다면 왜 떴는지 한 번 생각해보자. 그리고 직접 검색을 그 키워드로 연관검색어 등을 분석하면 좋다. 빅히트의 예처럼 키워드 하나를 여러 각도로 풀어서 해석해보자. 사람들이 지금 어떤 것을 궁금해하는지 생각해보는 관심을 가진다면 분명히 당신은 좋은 콘텐츠를 만든다. 키워드 하나로 많은 단서를 발견하는 당신의 채널은 분명 좋은 결과가 나온다.

②네이버 데이터 랩

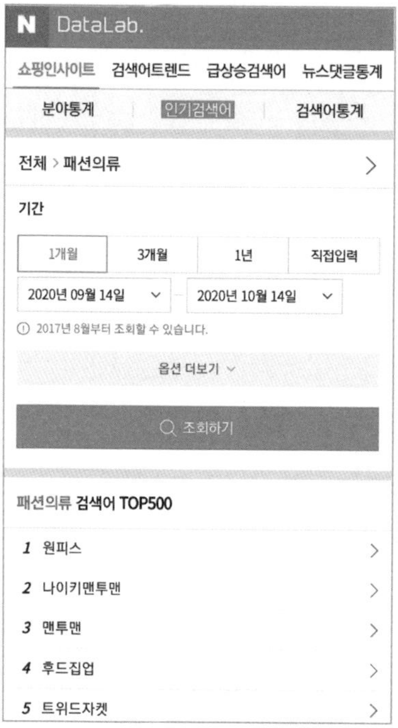

네이버에서 만든 데이터 랩은 좀 더 세분화되어 볼 수 있다. 네이버는 스마트스토어 비중이 높고 쇼핑의 키워드가 잘 정리되어 소상공인에게 큰 도움이 된다. 검색어 트렌드에는 직접 검색어를 입력하여 결과를 볼 수 있다. 급상승 검색어는 연령대별로 구분되어 있어 타깃층이 정확한 채널에서는 활용하기에 좋다. 구글보다 데이터 랩이 더 세분화되어 핵심 키워드, 하위 키워드로 폭을 좁혀 정리하는 데도 유리하다.

사람이 자주 하는 말이 성향을 말해주듯이 유튜브는 자주 쓰는 키워드가 정체성이 된다. 핵심 키워드는 이미 알고리즘에 도장을 찍은 채널이 많다. 초보 유튜버는 하위 키워드를 정리하고 꾸준히 사용하면 하위 키워드로 노출이 유리해질 수 있다.

검색하는 것은 쉽지만 검색이 되도록 하는 것은 만만치 않다. 세상에 나의 존재가 검색으로 드러나는 순간 온라인의 힘이 얼마나 위대한지 알 수 있다. 그날을 위해 우리는 '킵 고잉(keep going)'이다. 계속 전진하라!!

LESSON 16

내 영상이 추천되는 방법을 알아야 한다

••• 추천 영상은 어떤 연관으로 뜰까?

'추천 영상'이란 내가 보고 있는 영상 하단에 나오는 영상을 말한다. 내가 선택한 영상이 끝나면 다음 영상이 대기하는 것은 누구나 다 아는 사실이다. 내가 선택한 영상이 끝나고 더 많은 정보를 원할 때 우리는 추천 영상도 거의 본다. 여기 '이상한리뷰의앨리스' 채널은 내가 선택해서 본 것이고 하단에는 '신사임당', '김미경TV', '행크TV', '북튠 사이언스'가 추천 동영상으로 올라와 있다. 바로 초보 신생 채널에서 벗어날 수 있는 가장 큰 관문은 추천 영상으로 뜨는 일이다.

시청 중인 '이상한리뷰의앨리스' 영상 제목은 '사업의 성공률을 100배 높이는 행동경제학'이다.

추천 영상 ❶

신사임당(구독 채널): 경제 채널로서 주제가 관련되고 현재 구독 중인 채널 등의 연관성이 있다.

추천 영상 ❷

김미경TV(구독 채널): 경제 전문은 아니지만 경제 주제도 많이 다루며 구독 중인 채널이므로 연관성을 찾을 수 있다(확실히 추천 영상이 될 때 알고리즘상 구독 여부, 구독자 수가 중요함을 보여줌).

추천 영상 ❸

행크TV(비구독 채널): 구독 채널은 아니며 미래의 아이템에 관한 사업이기에 주제와 관련도가 높다.

추천 영상 ❹

북툰 사이언스(비구독 채널): 구독 채널이 아니며 행동경제학이라는 제목에서 관련도가 높다.

••• 원리가 궁금하면 늘 본질로

유튜브는 결국 추천 영상을 볼 확률이 더 높다고 앞서 얘기했다. 추천 영상이 되기 위해서는 다시 본질로 돌아가야 한다. 추천 영상은 내 영상을 본 시청자가 결정하는 것이다. 더 많은 요인이 있지만 알고리즘은 시청 지속시간으로 콘텐츠 공유 가치를 판단한다.

선배 유튜버들이 좋은 콘텐츠를 꾸준히 만들면 채널이 뜬다는 말을 하는데, 거짓말이 아니다. 무엇보다 시청자가 오래 머무르게 만들 탄탄한 영상을 만드는 것이 급선무다.

그다음 해야 할 일은 나의 영상을 상업화로 만드는 것이다. 제품명도 만들어야 하고 멋진 제품 사진 그리고 설명서까지 필요하다. 앞에서 예시를 든 4개의 영상도 모두 제목, 섬네일을 훌륭하게 잘 만들었고 클릭하고 싶은 마음이 든다. 유튜브 세계에서는 직관적으로 알 수 있는 제목과 섬네일이 최고다. 영화 미리보기처럼 섬네일을 만든 후 적절한 제목도 붙여야 한다. 제목보다 섬네일을 보고 클릭할 확률이 높기에 섬네일에 이미지와 글을 함께 넣기를 추천한다.

나의 영상 제품을 잘 나가는 상품으로 만들면 알고리즘이 분류해서 추천하기가 훨씬 편하다. 아무리 좋은 영상도 알고리즘이 판단할 근거가 부족하면 발견되기 어렵다. 상품성이 없는 제품을 만들어 놓고 왜 안 팔리는지 물어보는 것과 같다. 알고리즘을 바꿀 수는 없지만 조금만 요령을 알면 이용할 수 있다. 추천 영상이 되기 위해 이 작업은 기본이니 업로드할 때 반드시 활용하자. 나의 영상이 퀀텀점프(quantum jump)하는 것을 기대하며 말이다.

••• 추천 영상의 반열에 오르는 꿀팁

주제가 비슷한 채널을 활용해보자. 제목과 섬네일을 어떻게 만드는지 보고 따라 할 수 있다. 설명란에 태그로 유명한 유튜버 이름을 넣어 볼 수도 있다. 유튜버 김미경처럼 독서와 경제 등 다방면의 주제를 다룬다면 #김미경TV나 그녀의 책을 읽고 #리부트 이런 식으로 하면 관련 영상이 될 수 있다.

유치할 수 있지만 댓글 활용법도 있다. 비슷한 주제 채널 영상에 댓글을 정성스럽게 달면 좋은 일이 생긴다. 바로 잠재 구독자가 내 채널을 방문하여 관심 있는 영상을 클릭해 볼 확률이 매우 높다.

댓글에 대놓고 내 채널에도 놀러와 달라고 하는 유튜버도 있다. 심지어 자신의 채널을 링크를 걸어 두기도 한다. 이미 많은 구독자를 보유한 유튜버는 초보 유튜버의 작은 홍보를 눈감아 주지 삭제하지는 않는다. 악성 댓글이 아니라면 문제 될 이유는 크게 없다. 그런 댓글도 유명해져야 받을 수 있다. 또 유튜브라는 시장이 커지려면 나와 같은 유튜버가 많이 생기는 일은 좋은 것이다.

많은 노력을 해서 클릭을 한 번이라도 받아야 알고리즘이 기록한다. 구독자가 아니라도 내 영상을 클릭한 잠재 구독자에게 무엇이든 연결고리를 만들어야 한다. 조회로 유인하는 전략이라고 생각해도 좋다. 조회수는 구독으로 넘어가기에 무엇보다 추천 영상으로 가기 위해 꼭 필요하다. 예시에서 보았듯이 추천 영상에는 내가 구독하는 채널을 먼저 추천해주는 경향이 있다. 왜 초반에 구독자를 모으는 데 힘을 써야 하는지 이제는 더 이해가 되었을 것이다. 모든 것은 결국 하나로 이어지게 마련이다. 모든 조건이 선순환되면 나의 롤모델인 유튜버처럼 되는 날이 반드시 온다.

LESSON 17

지금 뜨는 핫 키워드를 다뤄야 떡상이 된다

••• 떡상은 이렇게 찾아온다

떡상은 앞에서 다루었던 검색과 키워드 모두 관련이 깊다. 성공도 노력, 타이밍, 운 등 모든 것이 조화로워야 하듯 유튜브 세계에서도 마찬가지다.

'떡상'은 특정 영상이 대박이 터지는 것을 의미하는 신조어다. 철저히 준비하고 기회를 노린 한 방에서 우연한 성과까지 모두 가능한 일이다. 운칠기삼처럼 운도 있어야 하고 평소에 운을 부르는 행동을 해야 한다. 나만 아는 비밀정보가 뜨는 것이 아니라 누구나 알며 검색하는 키워드가 대박의 영감을 준다.

떡상의 비결은 단순 키워드만이 아니라 알고리즘의 영향이 크므로 복합적인 요소들이 있다. 꾸준히 인기 있는 주제들, 예를 들어 재테크, 부동산, 다이어트에도 시기마다 트렌드가 있기에 하위 키워드를 바꿔 주면 좋다. 예를 들어 부동산 ○○대책, ○○ 다이어트 등등. 누적으로 알고리즘이 확장되어 추천 영상에 뜨며 조회수가 터지는 경우도 있다. 업로드한 후에 한참 지나서야 갑자기 조회수가 터져 유튜버 본인도 의아해할 때가 있기도 하다. 분명한 것은 대중이 찾았다는 의미며 검색 키워드와 관련이 깊을 수밖에 없다.

'소사장소피아 SoSoTV'의 유튜버 소사장은 육아, 살림 위주의 유튜버로 인기가 높다. 어느 날 우연히 만든 영상에서 그녀에게 떡상의 기회가 찾아왔다. 은행에 근무한 경력이 있었던 그녀는 인스타그램에 재무설계사가 변액보험의 잘못된 정보를 올린 것을 보고 급히 영상을 만들었다. 여담이지만 그녀의 순수한 의도가 축복의 이유 중 하나가 아닐까 싶다. '전직 은행원이 말해주는 재테크를 할 때 피해야 할 5가지' 주제로 영상을 만들어 대박이 터졌다. 그 후 재테크나 금융 영상을 추가 업로드하여 구독자 수가 빠르게 증가했다.

'KIMDAX킴닥스' 채널을 운영 중인 유튜버 킴닥스는 우리나라에도 열풍이었던 겨울왕국 캐릭터로 터진 영상이 나왔다. "처음 영상을 올렸을 때 유튜브를 많은 사람이 한다는 걸 의식하지 못했어요. 그냥 외국에서 많이 본다는 정도만 알았어요. 그러던 어느 날 겨울왕국 캐릭터들이 한복을 입고 새해 인사를 하는 영상을 올렸어요. 그랬더니 갑자기 조회수가 확 오르면서 10만 명이 넘게 본 거예요. 언어장벽이 없는 콘텐츠다 보니 외국에서도 많이 본 것 같아요."(유튜브로 인생역전에서 인용). 킴닥스는 타이밍과 소재가 잘 맞아 떨어져 떡상의 선물을 받았다.

2020년은 유튜버들의 뒷광고 논란으로 긴장의 연속인 해였다. 늘 사건이란 동전의 양면성이 있다. 뒷광고 논란으로 지목된 유튜버는 검색에 뜨지 않기를 바라는 마음이었을 것이다. 반대로 뒷광고 논란의 실체, 뒷광고 유튜버를 소재로 기회를 노리는 영상도 많았다. 바람직하다고 할 수는 없지만 세상이 돌아가는 자연스러운 일이기도 하다. 이런 사례 또한 시의성을 제대로 반영한 경우라 할 수 있다.

아예 처음부터 없는 새로운 콘텐츠를 만들어 대박이 난 경우도 있다. '유라야놀자' 채널의 유튜버 유라는 '집에서 해보는 모래 놀이' 동영상을 올려 조회수가 제대로 터졌다. 이 영상으로 1개월 만에 조회수가 100만 회를 넘었다. 그때 유라야놀자 채널의 구독자는 1만 명이 겨우 넘었을 때였다. 그야말로 대박 영상이다. 4년 전 그 영상은 2021년 2월 기준으로 1,300만 회를 기록하고 있다. 대박 이후 꾸준히 조회수가 나오니 알고리즘과 계속 친할 수밖에 없다.

'MrBeast' 외국 유튜버의 사례도 살펴보자. 미스터 비스트는 독특하게 유튜브 알고리즘을 알아내기 위한 실험 콘텐츠로 성공한 유튜버다. 세계에서 가장 구독자가 많은 '퓨디파이'나 돈을 많이 벌고 있는 다른 유튜버들을 주제로 영상을 만들어 올렸다. 알고리즘에 유리한 주제를 미리 파악하고 콘텐츠를 만들어 알고리즘의 반응을 본 것이다. 알고리즘에서 가장 중요한 시청 지속시간을 늘리기 위해 반복 영상을 올려 구독자가 기하급수적으로 늘었다. 정말 다양하게 도전한 결과 떡상을 연타로 친 대단한 유튜버다.

••• 떡상이 단타로 끝나지 않으려면

우연히 한 번 조회수가 터지더라도 계속 조회수가 상승되지는 않는다. 그럴 때는 요령이 있다. 대략 한 번 조회수가 터지면 알고리즘도 더 확장되어 추천 영상으로 밀어준다. 유튜버는 반드시 떡상이 된 영상과 관련된 주제로 후속 영상을 재빨리 준비해서 올려야 한다. 한 번의 히트 영상으로 구독 버튼을 마구 누르지는 않는다. 두 번째 안타를 준비해 날리면 알고리즘의 도움과 함께 채널이 가파르게 성장한다.

유튜브를 운영하다 보면 조회수가 나오지 않을 때 주제를 바꿔 영상을 만들게 되어 있다. 좋다, 나쁘다 할 수 없는 것이 초보는 자신에게 맞는 주제를 찾아가는 과정이기 때문이다. 다행히 빨리 감을 잡았으면 그 주제로 밀고 나가야 한다. 중요한 점은 여러 가지 영상 중에 대박 친 영상이 결국 시청자가 원하는 것이다. 많은 유튜버가 처음과 다른 주제를 하고 있는 이유 중에 하나이기도 하다. 떡상의 의미는 유튜버, 시청자, 알고리즘이 합을 찾은 지점이기 때문이다.

••• 유튜브가 주는 트렌드 팁

유튜브를 열면 맨 하단에 탐색 기능이 있다. 탐색 기능을 열면 인기, 음악, 게임, 영화, 학습, 스포츠의 탭이 보인다. 여기서 인기 탭은 영상 업로드를 한 후 그야말로 빠른 조회수로 인기가 많은 영상이 자동 추천된다. 인기 탭을 자주 확인하면 유튜브에서 가장 핫한 영상을 한눈에 볼 수 있다. 범위가 좁지만 간편하게 매일 인기 탭만 살펴보더라도 유튜브의 트렌드를 익힐 수 있다. 인기 탭에서도 아이디어와 영감을 얼마든지 얻을 수 있으니 꼭 모니터링을 하자.

안인정 KNOWHOW

떡상의 원인은 정말 다양하게 있지만 공통점은 같다. 떡상이란 기회가 찾아오면 놓치지 않고 활용하여 채널 성장을 만들었다는 것이다. 기회를 만들기 위해 트렌드를 읽고 활용한 결과이다.

'미스터 비스트' 역시 게임콘텐츠 위주였을 때는 1,000명 남짓한 구독자였다. 알고리즘 콘텐츠를 업로드한 이후 대한민국 인구 수만큼 구독자를 만들게 되었다.

불가능해 보이는 일도 작은 일에서 시작된다. 오늘 인기 탭에서 혹은 급상승 키워드에서 얻는 영감이 어마어마한 영상을 만들게 해줄 수도 있다. 다시 말하지만 모든 가능성에 안테나를 세우고 있어야 촉이 온다.

LESSON 18

유튜브 스튜디오를 활용하면 성공이 따라온다

••• 채널 키워드 넣기

모바일로 시청하는 유튜브 앱은 동영상을 시청하거나 영상 업로드를 위한 앱이다. 유튜버라면 유튜브 스튜디오에서 내 채널을 분석해야 한다. 유튜브 알고리즘에서 여러 번 강조한 시청 지속시간 등 중요한 지표가 다 여기에 있다. 나의 채널을 모니터링해야 성공으로 가는 조건을 따라가고 있는지 알 수 있다. 유튜브 스튜디오는 모바일 앱도 가능하다. 일부 기능은 모바일을 PC 버전으로 바꾸어야 가능한 경우도 있으니 참고해두자.

내 채널의 대표적인 키워드를 넣어야 채널 정체성이 명확해진다. 내 채널의 핵심 메시지라고 생각하는 키워드를 넣어본다. 키워드 정하기가 어려울 때는 구글 트렌드에서 검색해 보며 하위 키워드를 나름 정리한 후 결정한다. 좌측 끝에 [설정] → [채널]을 클릭하면 아래 그림과 같이 된다. [키워드]란에 나의 채널에 맞는 키워드를 넣고 저장한다. 욕심을 부려 너무 많은 키워드를 넣지 말고 5개 내외로 넣어보자.

••• 분석 보기: 시청시간과 인기 동영상은 꼭 체크한다

분석에서 시청시간은 누적 시간을 의미한다. 누적 시간이 중요한 이유는 유튜브 광고 수익 조건 때문이다. 구독자 1,000명, 누적 시간이 4,000시간이므로 이 조건이 충족되면 광고 수익을 신청할 수 있다. 조회수는 상승과 하강 여부만 체크해 보는 것으로 충분하다. 가장 중요한 지표는 평균 시청 지속시간이다. 평균 지속시간이 알고리즘에 가장 큰 영향을 주므로 자주 점검하면서 시간이 늘어나도록 노력해야 한다.

내 영상에서 가장 시청시간이 높은 영상이 시청자가 원하는 영상이다. 내 채널에 검색 등으로 유입된 주요 영상인 것이다. 현재 여러 주제를 만들어 올렸다면 제일 인기가 많은 영상과 비슷한 콘텐츠를 꾸준히 업로드하길 추천한다. 인기 영상의 제목과 섬네일 등은 반드시 시청자의 눈으로 분석해야 한다. 반대로 인기가 없는 영상을 분석해 보면 같은 실수를 두 번 하지 않을 것이다

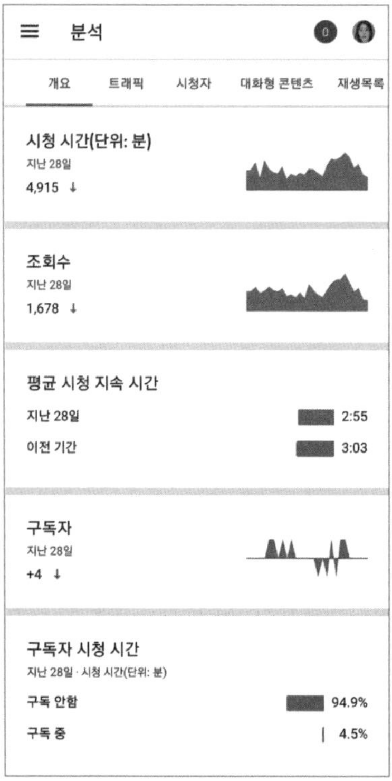

••• 트래픽 활용하기

❶ 노출 클릭률

노출 클릭률은 내 영상이 노출되었을 때 얼마만큼 클릭을 했는지 보여

주는 지수이다. 노출 클릭률은 섬네일과 관련이 깊다. 클릭률은 영상 시청시간과 상관없이 섬네일을 보고 클릭한 수치이다. 보통 2~7% 내외가 많고 10%가 넘으면 아주 훌륭한 성적이다. 여기서 중요한 포인트가 있다. 노출 클릭률은 높은데 시청 지속시간이 낮다면 알고리즘의 판결은 어떠할까? 판결문은 이렇다. “당신은 어그로성 섬네일로 현혹만 시키지 콘텐츠는 부실하군요. 앞으로 추천 영상 횟수를 줄이겠습니다.”

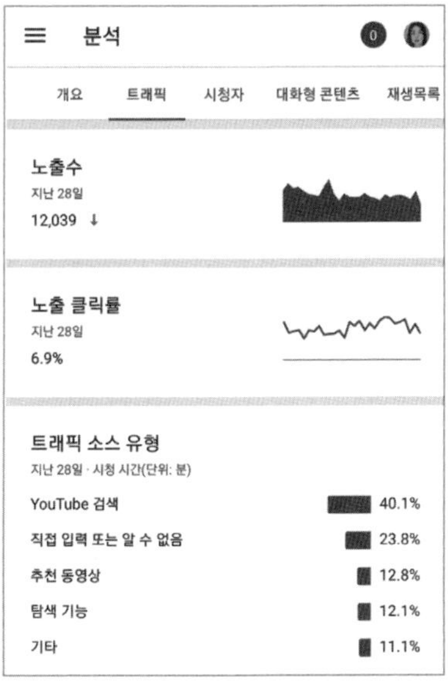

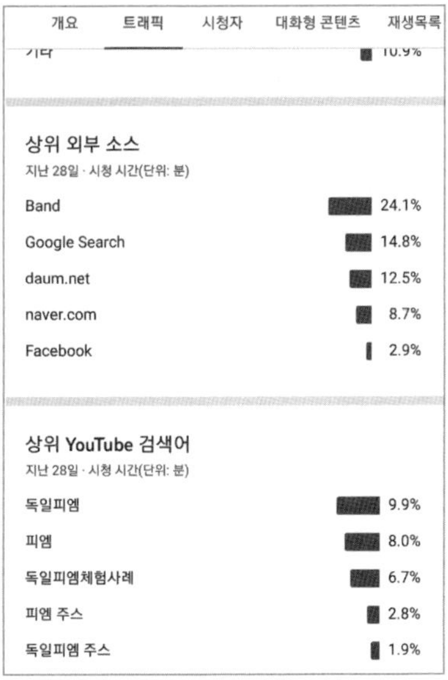

❷ 트래픽 소스 유형

‘모든 길은 로마로 통한다.’ 여기서 로마는 내 채널이며 모든 길은 어떤 검색 경로로 내 채널을 찾아왔는지를 뜻한다. 5가지 유형에서 유튜브 검색과 추천 동영상을 합쳐 높은 수치가 나와야 한다. 이유는 검색과 추천 영상은 아직 구독자가 아니므로 나의 잠재 구독자들이 될 수 있기 때문이다. 잠재 구독자를 구독하게 만들게 하기 위해 전략을 만들어야 한다는 뜻이기도 하다.

❸ 상위 외부 소스

다른 어떤 플랫폼으로 내 채널로 들어왔는지 보여주는 지표이다. 앞에서 외부 소스로 유입이 높아도 알고리즘에 높은 점수를 받을 수 있다고 했다. 여러 곳에서 유입된다는 것은 나의 콘텐츠가 공유가 잘 되며 신뢰도가 높다는 의미다. 상위 외부 소스가 낮다면 '단희쌤'처럼 각종 SNS나 카페, 밴드 등을 이용하여 적극적으로 알려야 한다.

❹ 상위 유튜브 검색어

상위 유튜브 검색어는 핵심 키워드라고 볼 수 있다. 상위 유튜브 검색어로 검색했을 때 내 영상이 검색되었다는 의미다. 다른 관점에서 본다면 내가 더 노출이 잘 되는 키워드를 사용하는지 확인할 수 있다. 또는 나의 상위 유튜브 검색어가 가장 노출이 잘 되는 검색어는 아닐 수도 있다는 의미다. 키워드를 점검하며 노출이 더 잘되는 포인트를 찾을 수 있는 항목이다.

유튜브 스튜디오를 보면 내 채널의 성적표가 너무 초라한 것 같아 답답할 수 있다. 하지만 더 답답한 일은 보이지 않는 길을 계속 걸어갈 때가 아닐까? 문제를 알아야 답을 찾을 수 있다. 유튜브는 혼자 하는 작업이므로 주관적인 성향이 강해지기 쉽다. 유튜브 스튜디오는 유튜버가 길을 제대로 가고 있는지 알려준다. 수많은 유튜버가 스스로 가이드라인을 보면서 성공으로 찾아올 수 있게 만들어주는 셈이다. 성적표라 생각하지 말고 길을 알려주는 등대로 생각하면 마음이 편해진다.

LESSON 19

영상을 꾸준히 업로드해야 구독자가 늘어난다

••• 걸작이 아니어도 괜찮다

우리는 신상품을 알리는 홍보 마케팅의 홍수 속에 살고 있다. 편의점에서도 신메뉴가 계속 출시되고, 계절마다 유행 디자인이 고객을 유혹한다. 이렇게 빠르게 돌아가는 세상과 같은 속도를 내는 곳이 바로 유튜브다. 오늘도 봐야 할 영상이 줄을 서서 기다리고 있다. 당신이 업로드를 미루는 사이 구독자는 다른 채널의 유혹에 넘어간다는 것을 기억하자. 주인이 부지런하여 먼지 없는 가게에 단골이 생기게 마련이다.

'이상한리뷰의앨리스'의 구독자들은 영상의 퀄리티가 월등히 높아 그의 직업이 궁금했었다. 이리앨은 영상 관련 일을 하고 있다고 했다. 마침 그가 영상 관련한 일을 한다는 말에 구독자들은 '역시나'를 외쳤다. 하지만 그는 오히려 직업병이 있어 욕심을 부리면 영상을 만들 수 없다고 했다. 유튜브는 걸작이 필요한 세계는 아니기에 그도 욕심을 내려놓을 수밖에 없었다고 했다. 적정선에서 타협한 후 영상을 꾸준히 업로드하는 것이라고 말했다.

잘 만들려고 하면 끝이 없다. 그런 영상은 방송국이나 영화에 필요한 것이다. 우리는 콘텐츠에 메시지가 담긴 영상을 만드는 것이 포인트다. 또 하나는 만들어 바로 올리는 실시간에 가까운 방송이라는 점이 매력이다. 뉴스 속보처럼 신속히 트렌드가 반영되는 곳이 유튜브의 세계다. 콘텐츠를 기획하고 편집에 몰입하여 완성도를 높이기 위해 시간을 많이 할애하지 마라. 구독자들은 업로드가 자주 있어야 반가워하며 시청한다.

••• 느려도 괜찮으니 멈추지는 마라

유튜브는 규율이 없는 곳이니 내적 갈등이 늘 존재한다. 나의 업로드 주기가 뜸하다고 구글이 이메일로 충고를 해주거나 구독자가 내 안부를 묻는 것은 아니다. 유튜브는 혼자 끈기를 가지고 해야 하는 셀프 훈련소와 같다. 스스로 업로드 주기를 정하고 자신과의 약속을 지키면 그것이 성공의 바탕이다. 자신과의 약속을 잘 지키는 유튜버는 구독자와의 약속도 잘 지킨다.

안인정 KNOWHOW

나는 전업 유튜버가 아니라서 시간이 나면 콘텐츠를 겨우 만들어 올렸다. 업로드 주기가 뜸하기는 했지만 관두지 않은 이유는 명확했다. 온라인마케팅을 하기 전에는 수도 없이 전단지를 뿌려보았지만 아무런 소용이 없었다. 그것은 시간과 비용의 낭비였다. 하지만 유튜브나 온라인플랫폼의 콘텐츠는 다르다. 한 번 보고 버리는 전단지와는 다르게 누적된 콘텐츠가 모두 유용하게 쓰인다. 가끔은 깜짝 놀라기도 한다. 이미 없는 제품인데 오래전에 올린 글이나 이미지를 보고 문의가 오기 때문이다. 유효기간이 없고 보관이 자유로운 온라인 전단지를 만들어야 하는 이유다.

업로드는 자주 하면 좋지만 전업 유튜버가 아니면 자주 올리는 것이 만만치는 않다. 너무 초반에 달리면 뒷심을 발휘해야 할 순간에 지칠 수 있다. 자신만의 페이스를 유지하며 1년간 해보는 것이 중요하다. 떡상이라는 과녁을 향해 계속 던져야 명중하는 날이 온다.

진정한 구독자는 확률적으로 적다는 것을 기억하자. 우리가 업로드를 하며 구독자를 늘리는 과정에서 진짜 구독자가 나와야 한다. 진짜 구독자들이 나를 방탄소년단처럼 탄탄히 지지해주는 팬덤이 되어 준다.

••• 소통은 꾸준한 업로드에서

성공한 유튜버들은 구독자와 꾸준히 소통하라고 조언한다. 소통은 어떤 경로로 하는가? 유튜버에게 이메일을 보내거나 직접 연락하지는 않는다. 영상이 업로드되었을 때 댓글로 서로 의견을 나누며 소통을 하는 것이 가장 기본이다. 영상을 자주 올려야 하는 이유는 굳이 말하지 않아도 다들 알 것이다. 구독자는 유튜버를 지켜보고 있다. 내가 계속 구독할 가치가 있는 채널인지 주변에 추천할 정도인지 말이다.

••• 콘텐츠를 꾸준히 만들라

영상을 만들 때마다 새로운 소재(素材)의 부담 때문에 영상을 찍지 못할 때가 있다. 내가 자주 보는 유튜버들은 비슷한 내용을 계속 올리는 경우가 많다. 유튜버의 정체성이 주제와 같기에 매번 중복되는 내용이 많다. 신기한 것은 똑같은 시나리오를 읽는다 해도 매번 다르게 들리고 해석된다. 사람은 매 순간 같은 주파수를 가진 게 아니기 때문이다. 영상을 만들다 보면 비슷한 내용이라도 다른 부분이 분명히 있다. 창작하는 고민보다 계속 영상을 만들어야지 하는 마음이면 충분하다.

비슷한 주제를 반복하면 나의 정체성을 구독자에게 확실히 심어줄 수 있다. 시청자 역시 아무리 좋은 정보도 한 번에 입력하진 못한다. 학원 강의처럼 꾸준한 업로드로 원하는 정보를 주는 유튜버를 더 신뢰한다. 그 과정에서 지켜만 보던 시청자에서 구독자로 바뀌는 순간이 찾아온다. 영상 하나로 바로 구독 버튼을 누르는 경우는 드물다. 구독료를 내는 것은 아니지만 내가 구독 버튼을 누를 때까지 나름 고집이 있다. 그 마음을 얻기 위해서는 여러 번의 대시가 있어야 한다.

또 다른 방법은 콘텐츠를 나누어 시리즈로 만드는 것이다. 주제가 광

범위하다면 당연히 나누어 만들어야 할 필요가 있다. 간단한 콘텐츠라도 1, 2부로 나누어 영상을 만들어보자. 1편을 본 시청자는 다음 편이 궁금해서 다시 찾아온다. 호기심 유발은 인간이 가장 끌리는 마케팅의 방법 중 하나이다. 영상도 추가로 만들 수 있고 구독자도 늘리는 방법이니 한 번은 꼭 해보길 추천한다.

••• 유튜버 루틴 만들기

앞에서 '기획'에서 언급했듯이 영상을 만들기 위해 자신의 스케줄을 구상해야 한다. 막상 시작하면 회사일, 집안일 등 장애물이 생긴다. 일단 유튜브를 하기로 했으면 힘들더라도 문제를 바로 해결해야 한다. 주 2회로 결정했으면 어떤 조건에서도 만들려고 하면 문제는 해결된다. 스스로 목표의식이 명확하지 않으면 자꾸 미루게 된다. 조회수가 잘 나오면 저절로 동기부여가 되지만 아닐 경우는 정한 목표를 세워서 해야 한다.

자신만의 루틴을 만들었다면 채널 정보에 업로드하는 요일과 시간을 올리자. 강제성을 두면 유튜버도 책임감 때문에 업로드를 미루지 않는다. 더불어 업로드 요일을 규칙적으로 정하면 구독자가 더 늘어난다. 유튜버가 안정된 방송을 하는 모습으로 보여지므로 구독자의 마음을 사기에 충분하다. 인생에서도 적절한 강제성이 있어야 발전의 계기가 된다. 나 혼자 보려고 하는 채널이 아니라면 원칙을 정하고 지키도록 노력하자.

'업로드'란 하나의 업무와도 같다. 직장이라면 싫어도 출근해야 하듯이, 내가 기분이 좋을 때만 영상을 만들 수는 없다. 절대적인 콘텐츠의 양과 구독자의 신뢰를 확실히 얻었을 때만 투정이 이해가 된다. 유튜브를 계속하기 위해 적성선의 업로드 주기를 정하라는 이유는 바로 그런 것이다. 어느 순간 업로드는 나의 일상이 되어 구독자와 안부를 묻는 순간이 온다. 그렇다면 이제 당신은 매일 구독자를 부르는 유튜버가 된 것이다.

여기까지 왔다면 즐기면서 하는 방법이 최고라는 것을 알았을 것이다. 즐겨야 이 과정을 다 헤쳐 나갈 수 있다. 사람의 마음은 다 비슷하다. 처음엔 즐겁다가도 책임감이 생기면 즐기지 못할 때가 많다. 내가 좋아서 아무 때나 올렸던 영상을 주기적으로 계속 올려야 된다면 부담감이 생길 수밖에 없다. 자율적인 유튜브 세상에서 나만의 룰을 만들어 유지하는 것은 실로 대단한 일이다. 이런 고민까지 하는 당신은 이미 좋은 유튜버이다.

LESSON 20

구독자가 늘 때 오는 구글의 편지가 기회다

••• 유튜브가 주는 힌트를 활용하는 지혜

구독자가 명시된 숫자를 넘어서면 구글에서 축하 이메일이 온다. 아무리 내가 좋아서 유튜버가 되었다지만 축하 메일 말고 다른 선물을 받으면 더 좋지 않을까? 유튜버 사이에는 특정 구간의 구독자를 돌파했을 때 알고리즘이 확장된다는 설(說)이 있다. 명시된 숫자의 구독자를 넘어서면 특정 기간 동안 알고리즘이 내 영상 추천을 더 많이 해준다. 이메일에 이런 힌트를 명시했다면 좋겠지만 이것은 하나의 추측이다. 하지만 많은 유튜버의 경험담에서 나온 설이니 믿고 따라 할 만한 가치가 충분하다.

❶ 100명이 되었을 때

구독자가 100명이 되면 감사 영상을 올리는 유튜버들을 보았을 것이다. 구독자들 덕분이라는 일종의 감사함을 전달하는 영상이다. 하지만 알고리즘의 선물을 알았다면 감사 영상을 올릴 때가 아니다. 알고리즘이 확장되어 내 영상 추천을 많이 해주겠다는데 감사 영상을 올리면 난감하다. 이때 올려야 할 영상은 바로 내 채널을 증명할 수 있는 치트키 영상이다. 구독자가 100명이 되기 전에 대박 영상을 미리 기획하길 추천한다.

❷ 1,000명이 되었을 때

구독자가 1,000명이 되면 준비해야 할 것이 대박 영상 말고 하나가 더 있다. 광고 수익 준비하기와 유튜브에서 커뮤니티 탭 활용도를 꼭 알아두는 것이다. 커뮤니티 탭은 블로그처럼 글을 쓸 수 있는 탭이다. 이벤트나 공지사항을 올리는데 많이 이용되니 알아두자. 라이브 영상도 구독자가 1,000명이 달성되어야 모바일로 사용할 수 있다(PC 버전은 1,000명 이하도 가능하다). 구독자가 증가하면서 유튜브에서 받는 추가 서비스 역시 기회로 만드는 유튜버가 되어 보자.

좀 더 구체적인 데이터를 분석하기 위해 유튜브 스튜디오를 활용하자. 가장 조회수가 많은 영상 위주로 보며 키워드를 정리해보고 트렌드를 자주 살핀다. 인기 탭도 자주 살피며 어떤 콘텐츠가 뜨는지도 모니터링을 해야 한다. 트래픽 소스를 보며 많이 유입되는 경로를 확인하고 집중적으로 올리는 것도 좋다. 알고리즘이 도와줄 때 유튜버도 같이 힘을 내어 홍보하면 좋은 결과가 따라온다.

꼭 주제와 관련한 영상이 아니더라도 괜찮다. 구독자가 1,000명이 달성될 즈음 굉장히 크게 터진 이슈가 있다면 관련된 영상을 만들어보자. 포인트는 노출되었을 때 사람들이 얼마나 클릭하고 들어올지를 생각해야 하는 것이다. 성공한 유튜버들은 이렇게 계획적으로 영상을 만들었다고 한다. 주어진 기회를 최대한 활용하기 위해 많은 노력을 기울인 것이다. 1,000명 이상 구독자가 생겼을 때 제대로 떡상 맞은 영상이 나온다면? 그다음 10,000명은 더 빨리 달성할 수 있으니 힘들어도 그만한 가치가 있는 노력이다.

❸ 1만 명이 되었을 때

구독자가 10,000명이 된 것은 실로 놀라운 결과다. 이때에는 정말 칼을 갈고 대박을 칠 수 있는 영상을 꼭 준비해야 한다. 알고리즘 추천이 확장되더라도 특정 기간이므로 제대로 활용해야 한다. 그 이후에 감사 영상은 얼마든지 올릴 수 있다. 이벤트도 금상첨화가 아닐 수 없다. 감사 영상에 이벤트를 넣고 댓글로 선정된 구독자들에게 선물을 주는 것을 보았을 것이다. 커뮤니티 탭을 활용하여 이벤트 공지를 올리는 것도 잊지 말자.

••• 커뮤니티 탭 예시

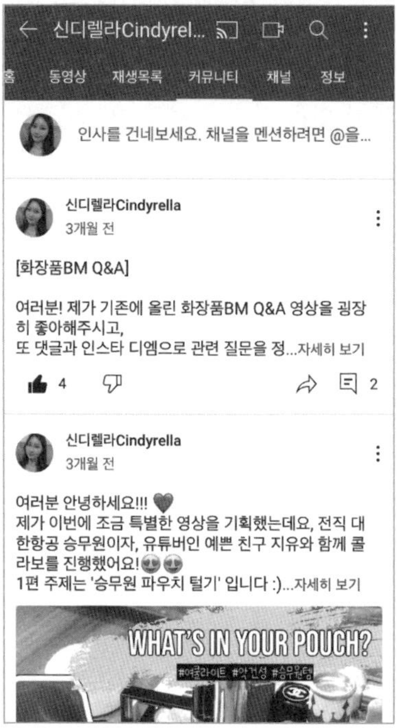

이벤트로 유튜버의 Q&A 영상을 만들어보는 것을 추천한다. 구독자가 늘어날수록 유튜버의 캐릭터가 자리 잡혀 가야 한다. 자신을 더 드러내며 친근한 이미지를 만들면 좋다. 유튜버의 정체성이 뚜렷할수록 구독자 중에서도 마니아층이 형성된다. 사람이 가진 매력이 캐릭터에 녹아들어야 퍼스널브랜딩이 제대로 된다. 영상 중에도 유튜버가 아닌 본인 정체성이 자연스레 나타난다. 특별한 구독자 10,000명 달성 이벤트로 유튜버를 더 돋보이게 만들자.

선물 이벤트를 하면 더 각인될 수 있다. 곳간에서 인심 난다는 말은 여전히 진리다. 구독자 이벤트에 선물이 있으면 구독자 증가 수가 빨라지고 댓글도 엄청나다. 이벤트로 소통이 활발해지는 모습에 더 많은 구독자를 불러오는 효과까지 있다. 이벤트를 위해 협찬을 받는 것도 좋다. 자신의 주제와 연관된 제품이면 더 좋고 적극적으로 DM 제의 이메일을 업체에 보내자. 변경된 유튜브 정책에서 이벤트 금지라는 오해가 있는데, 잘못된 해석이다. 문제가 될 조작 등 편법적인 문제이지 이벤트는 얼마든지 해도 된다.

많은 유튜버가 구글이 주는 기회를 놓치고 있다. 유튜브의 축하 메일 속에는 '당신을 도와줄게요.'라는 암묵적 메시지가 분명 있다. 알고 준비하는 것과 알고 난 후에 준비하는 것은 큰 차이가 있다. 사소한 것이라도 챙기는 습관은 유튜브에서도 통한다. 구독자가 잘 늘어나지 않을 때 한 명 한 명이 얼마나 소중한지 잘 알 것이다. 작은 정보라도 가치 있게 활용하면 당신도 어느새 꿈꾸던 구독자 수를 달성할 수 있다.

LESSON 21

구독, 좋아요, 알림 설정을 매번 외쳐야 한다

••• 합법적인 호객 행위

유튜버들이 매번 '구독, 좋아요'를 부탁할 때 이해하기 어려웠다. "왜 매번 사랑을 확인하는 거지? 난 이미 구독자인데." 그것은 시청자의 입장이다. 유튜버는 매번 영상을 첫 만남처럼 만들 수밖에 없다. 새로 유입되는 구독자도 있으니 항상 '구독과 좋아요'를 외쳐야 한다. 내 영상의 가치를 생각하면 당연히 '구독, 좋아요'를 요구해도 된다. 이젠 대놓고 외쳐보자. "구독, 좋아요를 꼭 눌러주세요!" 앗! 알림 설정도.

구독이 어떤 의미인지 삼척동자도 안다. 유튜버가 존재하는 이유 아닌가. 구독자 없이 혼자 매일 떠드는 방송은 의미가 없다. '좋아요'는 기분 좋은 선물만이 아니라 알고리즘 점수에도 반영되는 지표다. 예를 들어 알고리즘이 어떤 영상을 추천했을 때 영상 시청 지속시간이 짧게 나왔다. 거기에 '싫어요'가 잔뜩 있다고 가정하자. 알고리즘은 추천을 자제해야 할 영상이라고 판단한다.

채널을 구독하면 업로드된 순으로 유튜브 홈에서 볼 수 있다. 맞춤 서비스 알고리즘은 업로드되면 알림 메시지로 알려 주기까지 한다. 알림 메시지가 과할 때도 있지만 좋아하는 채널 알림은 반가운 것이 사실이다. 알림 설정이 중요한 이유는 구독자에게 내 업로드 소식을 빠르게 전하기 때문이다. 업로드 후에 빠른 시간에 조회수와 시청시간이 나오면 추천 영상이 될 확률이 높다.

••• 영상에 '구독, 좋아요'는 이렇게 넣어보자

당당하지만 자연스럽게 '구독, 좋아요'를 이끌어내는 방법이 있다. 소개하는 인트로에 '구독, 좋아요'를 넣는 것이 좋다. 처음부터 스킵하지는 않기 때문에 '구독, 좋아요'를 강조해도 부담이 없다. 영상 화면에 구독 버튼을 자동 생성할 수 있도록 하는 방법도 있다. 가장 중요한 것은 유튜버가 "영상이 도움 되었다면 구독, 좋아요를 눌러 주세요"라고 직접 말하는 것이다. 사람의 음성이 주는 청각적 효과는 생각보다 뛰어나다.

내 영상 하단에 포토샵으로 원하는 이미지 작업을 직접 해도 좋다. 초

보라면 유튜브에서 구독 버튼으로 검색하면 무료 이미지를 주는 유튜버들이 많다. 마음에 드는 이미지를 다운 받아 놓은 뒤 이제 유튜브 스튜디오를 열어 본다. 유튜브 스튜디오에 [맞춤설정] 클릭 → [브랜딩]을 클릭 → [동영상 워터마크]를 클릭한다. 업로드를 클릭한 후에 다운받은 이미지를 내 파일로 받는다. 받은 파일을 클릭한 후에 열기를 한다. 워터마크 창에 [구독] 버튼이 생성되면 오른편에 [구독 버튼 시간]을 설정한 후에 상단에 게시를 클릭한다.

❶ 맞춤설정→브랜딩→동영상 워터마크

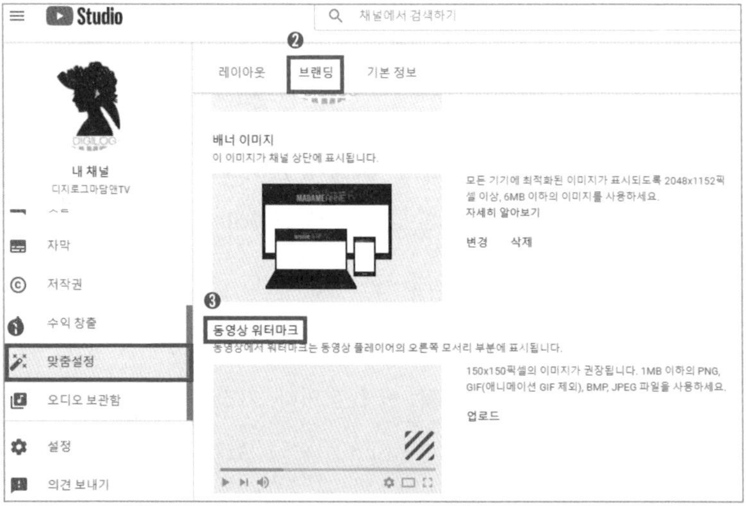

❷ 업로드 한 후 파일에서 구독 이미지 불러내기

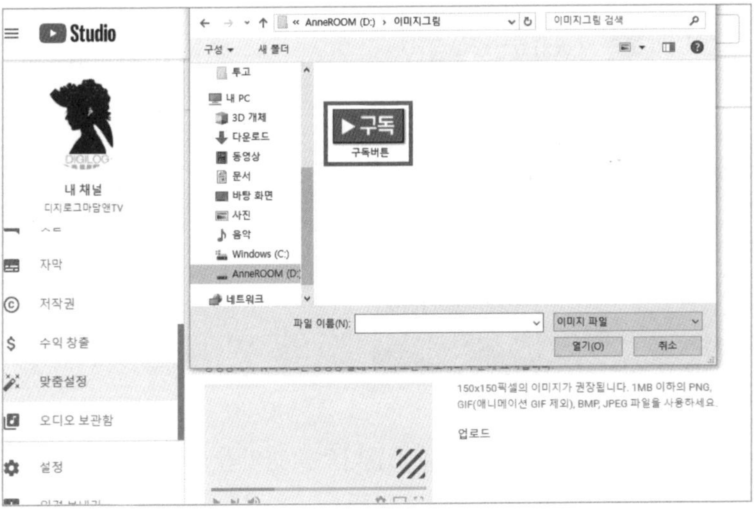

❸ 파일을 열어 구독 버튼 생성 후 시간 선택(동영상 끝) 게시

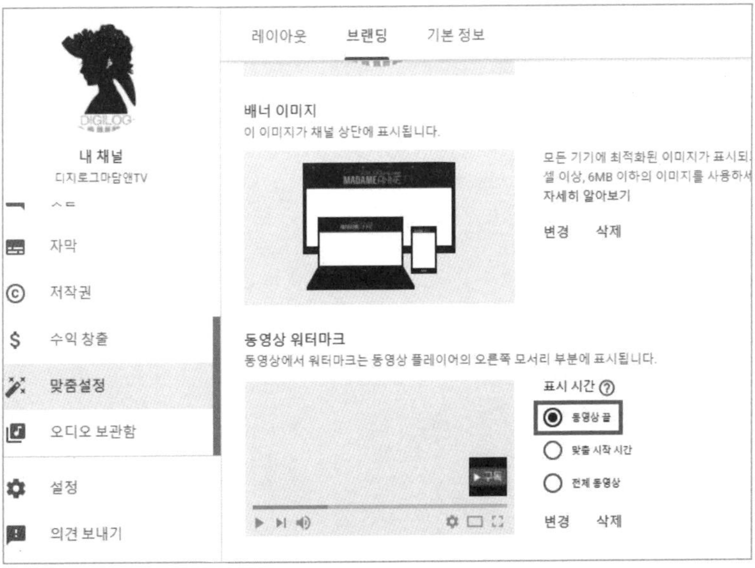

❹ 동영상 하단에 구독 버튼 생성

영상을 업로드한 다음 유튜브 스튜디오를 방앗간처럼 자주 찾아야 한다. 유튜브 스튜디오에는 내 채널의 완성도를 높여주는 팁이 즐비하다. 유튜브는 내가 관리하고 신경 쓰는 만큼 자율학습이 되며 좋은 결과로 나타난다. 현재 유튜브에 관한 콘텐츠를 다루는 유튜버도 많다. 영상을 본 다음에 내 유튜브 스튜디오에서 실제 적용해야 완전히 나의 것이 된다. 구독 버튼을 만들어 넣었다면 이제 다음 차례는 '채널 아트'를 다루어 보겠다. 힘냅시다!!

LESSON 22

손님이 들어오는 문을 잘 만들어야 한다

••• 채널 아트는 왜 만들지?

내 채널의 간판 같은 존재가 바로 채널 홈이다. 간판처럼 외부 인테리어가 중요한 이유는 사람들의 시선을 끌고 유입으로 이어지기 때문이다. 여자들은 커피를 마시고 싶을 때 간판이나 외부 인테리어가 결정의 요소가 된다. 잠재 시청자들이 내 채널에 방문했을 때 첫 느낌이 중요하다. 첫 느낌을 임팩트 있게 주고 싶다면 대문 같은 존재인 채널 아트를 멋지게 만들어야 한다.

신중한 잠재 시청자의 구독 결정 흐름은 보통 이렇다. 추천이나 검색 후 영상을 본다. 마음에 들면 다른 영상을 몇 개 더 본다. 다음 순서는 그 채널의 홈으로 가서 채널 아트를 통해 전체 느낌을 보고 망설이던 구독을 결정한다. 결정을 바로 하지 않는 잠재 시청자들은 마지막의 통과 관문이 채널 아트다. 유명한 유튜버들의 채널 아트를 자세히 살펴보자. 채널의 정체성과 구독을 부르는 채널 아트를 만들었다는 것을 알 수 있다.

채널 아트 예시

••• 채널 아트에도 꿀팁은 존재한다

간판만 보고 들어가는 손님이 있듯이 채널 아트가 구독자에게 중요한 결정 요인이다. 채널 아트가 없는 채널은 확실히 매력도가 떨어진다. 섬네일이 해당 영상을 다 말해 주듯 채널 아트는 채널의 정체성을 보여주는 역할을 한다. 유튜브에서 직관적이란 표현을 하는 이유는 눈으로 느낌이 전해져야 하기 때문이다. 돌려 말하기가 아니라 훅 들어가는 곳이 유튜브의 세계다. 도서관에서 천천히 책을 고르는 것과는 정반대인 곳이 유튜브다. 보다 빨리, 더 빠르게!!

채널 아트는 유튜버의 정체성이자 브랜딩과 밀접하게 연관된다. 유튜버 자체가 캐릭터이므로 가장 돋보이는 사진 혹은 로고를 만들어 넣는다. 얼굴을 비공개한 유튜버들은 자신의 정체성을 드러내는 이미지를 부각해서 만든다. 맛집 간판에도 사장님의 얼굴이 있는 간판은 더 신뢰가 간다. 유튜버 자체가 채널을 대표하기에 얼굴이 있는 채널 아트가 좀 더 신뢰감을 준다. 유튜버는 모든 관점을 시청자의 눈높이에 맞춰야 한다. 바로 직관적으로 알 수 있는 쉬운 해석 말이다.

••• 채널 아트 만들기

캔바, 망고보드 등 디자인 편집기 앱을 활용하여 쉽게 만들 수 있다. 먼저 채널 아트의 디자인을 위해 간판을 만들어야 한다. 유튜버라면 디자인 편집은 기본이므로 편집기 앱을 하나 정도는 자유롭게 다루어야 한다. 보통 직관적으로 쉽게 할 수 있도록 만들어져 있다. 앞으로 채널 아트뿐만 아니라 섬네일도 만들어야 하므로 편집기 앱은 필수다. 캔바로 쉽고 빠른 채널 아트를 만들어보자.

앱을 깔고 들어가면 종류별로 디자인이 이미 다 만들어져 있다. 채널 아트는 마음에 드는 디자인을 선택한 후에 편집하여 쓴다. 컬러링 북처럼 이미 틀이 만들어진 상태에서 텍스트만 바꿔 쓰면 되기 때문에 쉽다. 유튜브의 장점이 무엇인가? 이 모든 내용이 영상으로 쉽게 다 준비되어 있다. 자세한 내용은 유튜브에서 '캔바로 채널 아트 만들기'를 검색한 후에 영상으로 배워보자.

채널의 편집기능은 유튜브 스튜디오에 있다. 유튜브 앱에 없는 기능은 모두 유튜브 스튜디오에 다 있다고 생각하면 이해가 쉽다. 유튜브 스튜디오(PC 버전)에서 [맞춤설정] → [배너 이미지]가 채널 아트를 의미한다. 배너 이미지에서 채널 아트를 넣고 다시 변경도 가능하다. 방법은 구독 버튼 만들기와 같다.

좀 더 정밀한 작업을 할 때는 포토샵 등의 프로그램을 이용하여 만드는 것이라고 보면 된다. 채널 아트를 포함하여 편집 등 유튜브에 관련된 일을 해주는 업체도 많다. 다만 처음에는 혼자서 해보는 과정이 있어야 발전이 있다. 이 과정이 지나면 눈높이가 점점 높아지는 순간이 온다. 그 전에는 전문가의 도움이 없어도 이 책으로 기본은 충분히 다 알 수 있다. 황무지 같았던 내 채널이 채널 아트로 궁전이 된 것을 보면 가슴이 뿌듯함을 느낄 것이다.

LESSON 23

기억하기 쉬운 캐릭터를 만들어야 한다

••• 유튜버에게 캐릭터는 어떤 의미?

사람들을 관찰해보면 고유의 캐릭터가 있다. 남의 캐릭터는 금방 알지만 자신의 캐릭터를 한마디로 정의하기는 쉽지 않다. 처음부터 정의할 수 있는 캐릭터가 분명한 유튜버는 드물다. 구독자의 눈에 어떤 캐릭터로 보이는지가 중요하다. 구독자가 좋아하는 나의 모습이 결국 대표적인 캐릭터가 된다. 이상적인 캐릭터는 자신이 유튜브에서 추구하는 정체성과 구독자가 좋아하는 나의 모습이 일치할 때이다.

안인정 KNOWHOW

코로나19로 언택트 시대가 되면서 많은 사람이 네트워크마케팅에 유입되고 온라인마케팅도 공격적으로 펼치고 있다. 똑같은 상품을 홍보하는 사람들이 많을 때 고객은 어떤 사람에게 구매할까? 당연히 매력이 있어서 돋보이는 사람이다. 매력이 캐릭터를 만든다.
그렇다면 나의 캐릭터는 무엇일까? 내가 묻지 않아도 사람들이 스스럼없이 말해준다. 진정성이 있다고. 많은 사람 가운데서 내가 돋보였던 이유는 상대방의 상황에서 생각하고 말해주었기 때문이다. 판매자 입장이 아니라 소비자 입장에서 상품을 홍보한 것이 주효했다. 고객의 마음은 무조건 판매만 하려고 하면 열리지 않는다.

유튜브는 마치 알고리즘이 경영하는 것처럼 알고리즘의 중요성을 계속 얘기했다. '기승전'이 알고리즘이지만 '결론'은 바로 사람이다. 콘텐츠가 좋아서 보기 시작했지만 결국 유튜버에게 많은 영향을 받는다. 영화 〈아바타〉에서도 남녀 주인공은 엄밀히 다른 생명체지만 '교감'으로 하나가 되었다. 캐릭터를 입은 유튜버의 정체성과 구독자가 통할 때 오래 가는 사이가 된다. 자신이 좋아하던 캐릭터는 시간이 지나도 마음에 남아 있는 것처럼 말이다.

사실 캐릭터를 인위적으로 만들기도 한다. TV 프로그램에 보면 연예인들도 자신과 다른 캐릭터로 방송하는 경우가 흔하다. 이처럼 원래의 성격과 다른 캐릭터가 만들어질 수도 있다.

어떤 유튜버들은 얼굴을 공개하지 않고도 방송을 한다. 목소리나 신체 일부만 나오는 키즈 채널 유튜버들도 있다. 그럼에도 사람이 하는 일이기에 캐릭터라는 것이 생긴다. 특징이 없는 사람은 없기 때문이다. 유튜버는 만들어진 이미지를 강조하기보다 자연스레 캐릭터가 생기는 것이 더 오래간다.

안인정 KNOWHOW

나의 캐릭터는 본캐(본 캐릭터)와 부캐(부 캐릭터)가 합쳐진 경우라 할 수 있다.

'마담앤'은 예전부터 내가 쓰던 닉네임이었다. 진부한 것 같지만 나는 결혼과 함께 행복한 여성의 삶을 꿈꾸었기에 마담(부인)이란 단어를 좋아했다. 앤은 나의 영어 이름이었다.

기존에 있던 '마담앤'의 캐릭터에 디지털 시대와 함께 발맞추어 나가기 위해 디지털과 아날로그의 합성어 '디지로그'로 콘셉트를 잡았다. 아날로그와 디지털 시대를 잇는 징검다리가 되겠다는 나의 신념이 '디지로그 마담앤' 캐릭터로 완성되었다.

어떠한 조건이든 가장 중요한 것은 해당 채널만의 고유한 매력이 있어야 한다. 유튜버의 설정이라도 차별화된 매력이 캐릭터의 가장 중요한 밑바탕이 된다.

키즈 채널에서 장난감 연기로 손과 목소리만 나와도 유튜버마다 느낌이 다르다. 자신만의 차별화된 매력을 바탕으로 콘텐츠를 만들면 캐릭터가 생긴다. 이 캐릭터의 궁극적 목표는 바로 퍼스널브랜딩이다. '박막례, 도띠, 신사임당' 모두 그 과정을 거쳐 이름만으로 다 아는 퍼스널브랜딩이 되었다.

유튜브 시작 단계라면 콘텐츠에 먼저 집중할 수밖에 없다. 시청자 역시 처음에는 원하는 콘텐츠를 찾아 영상을 보는 것이 먼저다. 처음 '신사임당' 채널도 콘텐츠가 주목받게 되었다. 현재의 신사임당은 가장 핫한 유튜버이자 경제 분야의 대표적 유튜버다. 콘텐츠만 원했다면 신사임당의 채널 말고도 얼마든지 있다. 그렇다면 신사임당의 오랜 구독자들은 콘텐츠만 얻고 다 떠났을까? 그 반대이다. 이제는 신사임당이 주는 콘텐츠보다 캐릭터 자체로 믿고 보게 되었다.

재미가 덜한 정보만 주는 채널이라도 캐릭터가 재미있고 분명하면 구독자는 떠나지 않고 남는다. 채널 성장이 유독 더디다고 판단되면 지금 어떤 매력으로 영상을 만들고 있는지 생각해야 한다. 딱딱한 법률이나 의학을 전달하는 변호사, 의사도 캐릭터가 있어야 하는 시대다. 비슷한 콘텐츠는 유튜브 세계에 넘쳐 나기에 나만의 차별성을 갖고 있어야 한다. 차별성은 누구나 갖고 있다. 내부 조건이 어려우면 외부 조건으로 환경을 바꾸어서라도 만들 수 있다.

••• 독특한 캐릭터로 성공한 유튜버들

'신사임당'은 온라인쇼핑몰을 창업하여 돈 버는 콘텐츠로 관심을 받았다. 지금은 핫한 유튜버로서 호감형의 외모, 검은색 티셔츠, 경청 자세가 떠오른다. 콘텐츠도 좋아야 하지만 모든 것이 종합적으로 캐릭터란 이름으로 브랜드가 된다.

쇼핑할 때도 선호하는 브랜드가 있듯 '믿고 보는 배우'라는 말도 있다.

유튜브 세계에서 캐릭터가 확실하다는 의미는 구독자 상승과 같은 맥락이다.

구독자 373만을 보유한 '허팝'도 캐릭터가 명확하다. 처음부터 허팝은 자신의 캐릭터를 잘 살렸다. 자신이 좋아하는 노란색을 고유색으로 정하고 노란 옷을 입고 영상을 찍었다. 넘치는 실험 정신으로 여러 도전을 하는 허팝의 채널은 어린이 구독자도 많다. 어린이를 대표하는 노란 색깔, 거기에 기발한 실험 콘텐츠들! 허팝이란 귀여운 닉네임까지 캐릭터 완성도를 높였다. 허팝은 자신만의 특색을 주제와 잘 어울리게 하여 캐릭터화에 성공했다.

외부 조건을 조금 다르게 했을 뿐인데 확연히 다르게 느껴지는 유튜버가 있다. 바로 가수 '제이플라'이다. 현재 제이플라는 1,640만 명의 어마어마한 구독자 수를 자랑한다. 제이플라는 가수지만 여러 가수의 노래를 부르는 영상을 업로드하고 있다. 그렇다면 어떤 점이 차별화되었을까? 앞모습이 아닌 옆모습의 영상 구도다. 매번 옆모습의 영상 구도에 헤드셋을 하고 귀엽게 올려 묶은 멀리 스타일을 유지하고 있다. 유튜브에서 옆모습으로 헤드셋을 한 가수 하면 제이플라가 바로 떠오른다.

캐릭터 하면 '워크맨(workman)' 장성규가 빠질 수 없다. 378만 구독자를 보유한 장성규는 독보적인 그만의 캐릭터와 함께 날아오르고 있다. 아나운서 출신인 장성규는 프리랜서가 되면서 캐릭터가 더 뚜렷해졌다. 타고난 그의 끼와 함께 김학준 CP의 전략이 숨어 있었다. 김학준 CP

는 캐릭터를 잘 살리기로 방송계에서 유명하다. 그는 이미 '와썹맨'의 박준형도 성공으로 이끌었고 현재의 장성규 다음 차례는 박세리라고 한다. 기획 채널인 '워크맨'은 이미 캐릭터까지 전략을 세웠기에 더 크게 성공한 것이다.

••• 캐릭터를 만들 때 주의할 점

캐릭터는 한번 자리 잡으면 바꾸기가 어렵다. 오랜 시간 동안 서서히 만들어졌기 때문이다. 캐릭터는 이렇게 시간이 필요한 작업이다. '허팝'은 노란색, '신사임당'은 검은색 티셔츠, '제이플라'는 헤드셋과 묶은 머리! 모두 일관성 있게 계속 노출되었기 때문에 캐릭터화가 되었다. 한 번에 각인될 만한 캐릭터 소유자가 아니면 지속적인 노출만이 답이다. 내가 원하는 방향과 시청자가 원하는 방향을 고려해서 캐릭터를 만들어보자.

유튜버 인물의 매력도 일관적인 자세가 중요하다. 어제는 차분하고 오늘은 텐션이 높다면 어떤 성격의 유튜버인지 예측이 어렵다. 명상이나 마음공부 채널은 유튜버 자체의 성향이 중요하다. 마음의 평화를 얻기 위해 찾아온 채널에 유튜버의 마음이 널뛰기한다면 어떨까?

채널에 따라 유튜버의 성향이 절대적으로 영향을 주기도 한다. 기분이 내키는 대로 하지 말고 나의 정체성과 결이 맞는 방송을 해야 한다.

캐릭터에 자신의 정체성이 어우러져 만들어지거나 설정이라도 가장 중요한 것이 있다. 그것은 다름 아닌 자신감이다. 유튜브 채널로 결국 나를 드러내야 한다. 내가 주는 정보, 재미 모두 자신감 있게 전달해야 한다. 어떠한 캐릭터라도 결국 자신감이 있어야 돋보인다. 자신감이 모든 것을 하나로 묶어 완성의 매듭을 지어 준다. 내가 어떤 캐릭터든 다 좋다. 성공한 유튜버들의 공통점은 자신감 소유자라는 것을 잊지 말자.

LESSON 24

댓글과 커뮤니티를 잘 활용하라

••• 소통의 장터, 댓글과 커뮤니티

유튜브 플랫폼을 포함한 개인 방송의 장점은 소통이다. 유튜브는 시청자를 늘 생각해야 한다고 했다. '왜 내 영상을 볼까?'라고 생각해보자. 시청하는 이유는 공감한다는 의미이며 공감은 소통으로 이어진다.

유튜브는 실시간 방송처럼 서로의 피드백도 빠르다. 유튜브에서 소통의 기준은 댓글에서 판명된다. 조회수가 높다고 소통이 잘 되는 것은 아니다. 성공한 유튜버는 콘텐츠도 좋지만 영상을 좋아해 주는 시청자의 의견을 소중히 한다. 시청자의 댓글로 마음을 읽어야 시청자의 마음을 훔치는 영상이 나온다.

MBC '백파더: 요리를 멈추지 마!' 프로그램을 보면 백종원은 소통의 달인이다. 이 프로그램으로 지상파도 시청자와 소통 중심으로 가는 방향성을 보여주고 있다. 백종원은 생방송 프로그램임에도 거침없이 소통을 잘하며 친절히 설명해준다. 늘 대중의 눈높이에서 사고하는 습관화가 되었기에 가능하다고 생각한다. 하루아침에 공감을 이끌고 소통을 잘할 수는 없으니까 말이다.

초창기의 유튜브는 소통이 다소 불편했다. 유튜버가 동영상 외에 공지나 소통을 위한 글을 올리고 싶어도 기능이 없었다. 댓글은 시청자의 의견에 답글을 다는 목적이 더 크므로 소통에 한계가 있었다. 지금은 커뮤니티 탭이 생겨 공지사항, 시청자의 의견을 묻는 질문 등을 올릴 수 있다. 단 커뮤니티 탭은 구독자 1,000명이 넘어야 하는 조건이 있다. 구독자 기준이 있는 것은 아쉬운 점 중의 하나이다. (커뮤니티 탭 예시는 148쪽 참조)

••• 이런 게 소통의 케미야!

소통을 넘어 유튜버와 팬의 합심을 보여준 유튜브 채널이 있다. 유튜버 '염따'는 네이버 연예 뉴스 1위에 오를 정도로 화제의 이슈 주인공이었다. 그는 다른 래퍼의 차를 운전하다 그만 사고를 냈다. 사고 낸 차의 수리비용을 위해 그는 티셔츠 판매 영상을 올렸고 그야말로 대박이 났다. 그의 구독자이자 찐팬들이 무려 4일 만에 21억 원어치나 샀기 때문이다. 심지어 긴급 판매 중지로 '제발 그만 사라'는 영상을 올리기도 했다.

동정심을 구하기 위해 이런 영상을 아무 유튜브가 올려도 되는 일이 아니다. 염따는 평소에도 구독자들과 격 없이 소통했기 때문에 가능한 일이었다. 염따는 많은 사람과 자유롭게 소통하는 친근한 동네 형 이미지다. 그의 직업은 래퍼지만 소박한 생활, 화려한 생활을 꾸밈없이 올린다. 요즘 유튜버의 인기가 연예인 못지않은 이유는 바로 소통이다. 염따처럼 연예인도 유튜브로 유입되는 이유 중에 하나는 '팬들과의 소통'을 꼽을 수 있다

소통이 잘 되는 증거 중에 하나가 바로 애칭이다. 초등학생들의 큰 사랑을 받는 '흔한남매'는 구독자를 '냐하'라고 부른다. 장성규는 애칭부터 남다르다. '잡(job)것들'의 의미는 인력소에 파견된 장성규가 다양한 직업을 체험하는 콘셉트이기 때문이다. 거칠게 들리지만 이 채널을 아는 구독자는 재미있기만 하다. 저세상 미모를 자랑하는 배우 '한예슬'도 활발한 유튜버다. 한예슬답게 구독자를 '이쁜이들'이라고 부른다.

••• 궁금한 것은 바로 해결해야 소통이지

유튜브처럼 개인 방송이 아니었다면 구독자, 팬과 소통을 하기는 어렵다. 그 차이점이 유튜브의 매력이자 장점이다. 구독자가 원하는 것을 바로 할 수 있는 시스템! 내가 바로 PD이자 배우니까 언제든지 의견을 반영하여 영상을 만들 수 있다. '백파더: 요리를 멈추지 마' 프로그램은 현재 유튜브 방송과 유사하다. 이제는 다 만들어진 프로그램으로 일방적인 방송을 해서는 시청자를 만족시킬 수 없다는 것을 안 것이다. 시청자와 소통하는 것이 필수인 시대다.

안인정 KNOWHOW

유튜브 라이브방송을 보면 상당히 많은 사람이 들어오는 것을 알 수 있다. 정기적으로 방송하는 유튜버에게는 고정적으로 들어오는 구독자들이 많다. 대부분 구독자의 댓글을 바탕으로 Q&A 식으로 진행하기에 댓글이 어마어마하다. 나 역시 시청자로 라이브방송에 참여했는데 나의 질문이 여러 번 채택되었다.

한번은 '안대장TV' 라이브에서 책 이야기가 나왔다. 나는 그때 책을 쓰기로 마음먹고 있어서 출판의 궁금한 점을 질문하였다. 안대장은 책을 출간한 경험이 있었다. "성공, 자기계발을 위해 책을 내는 것을 어떻게 생각하세요?"라고 물었다. 안대장은 "책을 쓰는 것은 너무 좋죠. 하지만 유튜브가 더 효과적이긴 해요."라고 말하며 웃었다. 유튜버가 댓글을 읽어주거나 질문에 답을 해주면 기분이 좋고 실제로 도움이 되는 답변도 많다.

유튜버는 라이브방송을 실제로 해보면서 시청자가 원하는 것을 더 정확히 알 수 있다. 질문이나 사연을 바탕으로 다음 영상의 주제로 만든다. 이런 과정을 반복할수록 바로 시청자가 원하는 콘텐츠를 제대로 만들게 된다. 그야말로 시청자와 유튜버가 함께 만드는 방송을 하는 것이다. 나도 제작자의 한 사람이라고 느낀다면 그 방송은 더 공감이 되고 다르게 느껴진다. 그 방송에 참여율이 점점 높아지는 이유다.

유튜버는 평소에 시청자에게 영상에서 질문을 많이 하자. 시청자가 생각할 질문을 주어야 댓글이 더 많아진다. 시청자는 적극적인 자세보다 시청 위주의 수동적인 자세다. 유튜버가 시청자에게 댓글을 달도록 질문을 주면 시청자의 생각을 더 정확히 알 수 있다. 한마디로 정의하면 유튜버는 한 명의 리더이며 시청자는 팔로우인 셈이다. 유튜버의 기획의도에 따라 결과물이 만들어진다.

다시 원론으로 돌아가면 기획과 만나게 된다. 시청자가 댓글과 커뮤니티 탭에 글을 남기도록 유도하는 것은 유튜버의 능력이다. 시청자는 불편한 유튜버에게는 자신의 소중한 의견을 남기지 않는다. 오히려 악플이 달릴 확률이 높다. 항상 시청자의 마음을 이해하려는 자세가 중요한 이유다. 너무 많은 댓글이 아니라면 늘 댓글에 답글을 짧게라도 달아주는 성의를 표시해야 다음 댓글을 기대할 수 있다.

LESSON 25

책임감과 진정성이 있어야 롱런한다

••• 넘치는 텐션에도 기준이 필요하다

요즘 그 어느 때보다 유튜브란 곳이 시끄러웠다. 뒷광고 사건이 터져 일부 유튜버는 유튜브계를 떠나기도 했다. 지상파까지 진출한 유튜버들이 등장하며 유튜브는 1인 방송에서 영역의 한계가 없어졌다. 또다시 논란이 된 것은 인성의 문제였다. 손바닥으로 하늘을 가릴 수 없다는 속담이 있다. 유튜버뿐만 아니라 연예인, 정치인 다 마찬가지다. 결국 대중의 관심과 사랑으로 그 자리에 있다는 것을 잊어서는 안 된다. 설사 대중을 속일 수 있을지라도 자신을 속일 때 가장 괴로운 것은 바로 자기 자신이다.

가끔 텐션이 넘치는 유튜버를 보면 아슬아슬할 때가 있다. 워크맨 장성규가 대표적인 인물이다. 그의 넘치는 끼와 멘트에는 늘 아슬아슬함이 있다. 하지만 장성규는 선을 넘지 않으면서 상대방을 '들었다 놨다' 하는 기술에 능하다. 그만의 매력이자 장점이며 즉흥적이 아니라 계획된 것일 수도 있다. 부부 사이에도 넘지 말아야 할 선이 있듯이 모든 관계에는 적정선이 있다. 유튜버 역시 적정선을 늘 지키며 방송해야 한다.

유튜브 세계에는 검증되지 않은 정보나 영상이 난무한다. 틀린 말은 아니나 나름 기준이 있는 세상이다. 유튜브 시스템에서 걸러지기도 하지만 더 무서운 것은 시청자의 판단이다. 똑같은 말이 반복되지만 시청자 없이 존재하는 유튜버는 없다. 시청자가 불편해할 만한 언어, 주제나 자신의 생각을 지나치게 강조하지 말아야 한다. 특히 정치를 주제로 다루는 유튜버는 마니아층 확보 또는 공격의 대상이다. 이유는 짐작할 수가 있을 것이다.

••• 자신만의 오류에 빠지지 마라

한 주제로 오랫동안 유튜브 채널을 운영하고 구독자가 많이 늘었다면? 비전문가라도 전문가로 인정해주는 세계가 유튜브다. 유튜버, 시청자 모두 비슷한 성향의 사람들이 모여 자신만의 리그가 만들어진 것이다. 이때 조심해야 할 것은 유튜버가 자신만의 생각이 정답이라고 착각하는 것이다. 시청자에게 자기 생각을 계속 주입하는 것을 경계해야 한다. 과장되게 표현하면 '이단'이라 일컫는 사람이 될 수도 있다.

안인정 KNOWHOW

이런 사례는 특히 네트워크마케팅에서 자주 볼 수 있다. 같은 회사 제품을 마케팅하면서도 저마다 다르게 이야기한다. 같은 제품이 맞나 싶을 정도로 만병통치약처럼 얘기하기도 한다. 이렇게 과장된 정보는 소비자에게 피해를 준다.

나는 회사 소속의 상담원도 아닌데 상담 전화를 많이 받는 편이다. 잘못된 복용법, 즉 지나치게 많은 섭취를 권장해서 힘들어하는 소비자들이 나에게 전화를 해서 속내를 털어놓는다. 나에게 상담한 후에는 대부분 남의 말을 맹신해서 복용을 잘못한 것 같다며 이성적으로 이야기를 해준 나에게 고맙다고 한다. 자신이 경험한 것이 타인에게도 똑같이 적용된다고 생각해서 권하면 문제가 될 수도 있다.

유튜브도 반대의 입장에서 얘기를 풀어보자. 시청자들도 같은 주제에 오랫동안 몰입해서 보면 나도 모르게 신념이란 것이 생긴다. 유튜브는 알고리즘이 내가 좋아하는 주제로만 몰아서 추천해준다. 그런 이유로 '확증편향'이 생길 수도 있다. 더 많은 정보와 세상을 알기 위해 입문한 유튜브인데 시야가 좁아질 수도 있다는 말이다. 현명한 유튜브 시청자가 되려면 한 채널의 여러 주제를 가볍게 보아야 한다. 받아들일 만한 정보를 걸러내고 나만의 것으로 재편성하는 지혜가 필요하다.

••• 인성 자질 논란

유튜브를 하는 이유는 표면적으로는 구독자 늘리기다. 구독자가 늘어난다는 것은 나에게 어떤 의미일까? 결국은 수익 창출이 아닐까? 그렇다면 답이 나온다. 유튜버는 진심으로 자신의 콘텐츠를 책임감 있게 만들어야 한다. 구독자가 나의 한마디에 영감을 얻거나 영향을 받는다는 것을 반드시 기억해야 한다. 일부 유튜버는 자신이 하는 사업과 연계하여 잘못된 투자를 유도해 피해를 본 사례도 있었다. 이런 사례는 법적인 책임을 물어야 하는 상황이 올 수도 있다. 당연히 유튜버가 하지 말아야 할 일이다.

안인정 KNOWHOW

나는 제품을 사용하고 체험한 후기를 영상으로 만들어 유튜브에 올렸다. 영상을 본 사람들로부터 전화를 많이 받았다. 한번은 "나도 그 제품을 먹으면 당신처럼 목디스크가 사라지나요?"라는 질문을 받았다. 나는 당연히 사람마다 다를 수 있다고 말해주었다. 그리고 완전히 나은 것이 아니라 컨디션이 좋아서 통증이 나타나지 않는 것이지 관리하지 않으면 다시 예전으로 돌아갈 수도 있다고 덧붙였다. 나는 질문을 받으면 솔직하게 말하는 편이다. 지나치게 큰 기대를 하는 분들에게 이성적으로 건강관리를 하시라고 귀띔해 드린다.

오랫동안 정상에서 한결같이 활동하는 유재석을 생각해보자. 그는 늘 겸손하고 선을 넘지 않으면서 진행한다. 도덕적으로 물의를 일으킨 적도 없으며 스캔들도 거의 들어 본 적이 없다. 그가 대중에게 오랫동안 사랑을 받는 이유다. 한결같이 자기관리를 잘하고 책임감 있게 방송에 임한다. 하루아침에 몰락하는 인플루언서들은 물의를 일으켰기 때문이다. 공든 탑이 무너지는 것은 한순간이다.

인성 자질 논란이 끊이지 않는 방송업계는 검증이 안 된 유튜버의 방송 진출에 우려를 표하고 있다. 2가지 측면에서 해석할 수 있다. 첫째는 유튜브로 방송업계가 위협을 느껴 경계를 하기 위함이다. 둘째는 그야말로 팩트일 수도 있다. 이것은 유튜버에게만 해당하는 사항이 아니다. 더 많은 구설수와 이슈는 연예인과 정치인에게서 터져 나온다. 상대적으로 힘이 약한 유튜버는 공격 대상이 되기 쉽다. 유튜버는 억울해도 항변할 곳이 없다는 것을 기억하자.

더 무서운 것은 유튜버의 적이 유튜버라는 것이다. 일명 '저격 영상'을 만드는 저격수라 일컫는 유튜버들이 있다. 연예인이나 정치인 또는 유명 유튜버들까지 자세히 조사하여 자극적인 영상을 만든다. 잘못된 것을 밝혀 바로 잡는 것은 정의로운 일이다. 하지만 허물을 가지고 더욱 논란거리를 만들고 본인의 이득을 위해 악용하는 것은 금물이다. 완벽한 사람은 없다. 자신만이 정의롭다고 하는 것도 일종의 확증편향이 아닐까.

유튜브는 시청자에게 직접 영향을 준다. 유튜버와 시청자가 직접 연결되기 때문이다. 이것이 장점이자 단점일 수도 있다. 유튜버는 엄밀히 말해 공인은 아니다. 하지만 일반인과 공인으로 구분하기 전에 도덕성이 존재한다. 누군가에게 좋은 영향을 주려는 마음으로 방송을 해야 한다. 나에게만 좋은 게 아니라 다수에게 도움을 주는 방송을 하는 것은 기본자세이다. 누군가를 도우려는 마음일 때 가장 성장하는 것은 자신이다.

안인정 KNOWHOW

나는 유튜브로 마케팅을 하면서 사람들의 순수한 믿음을 많이 보았다. 전혀 알지 못하는 나에게 제품을 구매해서 믿고 먹어보고, 지인을 소개해주는 고객들이 너무나 감사했다. 모바일 사용법을 비롯하여 특별할 것 없는 소소한 정보를 알려주는 과정에서 나의 진정성이 어느새 정체성이 되어 가는 것을 실감했다. 그리고 사람이 가장 행복한 순간은 받는 게 아니라 주는 것임을 수없이 경험했다. 무언가를 주고 싶은 마음이 들면 구독자에게 도움을 주고 싶어서 계속 유튜브에 영상을 올릴 수밖에 없다.

••• 진정성을 보여줘!

구독자 51만 명을 거느린 '덕자전성시대' 덕자를 소개한다. 순수하게 있는 그대로를 보여주는 덕자의 유튜브 댓글에는 '진정성'이란 단어가 많다. 순수하고 착한 덕자에게 세상은 그리 만만치 않으며 자주 억울한 일도 당한다. 그런 덕자를 위로해주고 언제나 주위 사람을 배려하는 덕자에게 시청자들의 마음이 열린다. 그 마음의 연결 다리는 바로 진정성이다. 그녀의 진정성이 묻어나는 소소한 영상에 오늘도 시청자들은 꽃같이 예쁜 댓글만 쓴다.

'문숙의 오두막 Suki's Cottage'는 배우 문숙이 하는 유튜브 채널이다. 그녀는 미니멀 라이프와 자연주의를 추구하며 브이로그 형식의 일상을 보여준다. 그녀의 영상에는 소소한 일상과 그녀의 행복론이 고스란히 담겨 있다. 여배우의 사생활이지만 그녀의 일상은 평범한 우리의 일상과 같다. 전혀 꾸밈이 없고 나이 들어감을 인정하고 그 자체를 즐기는 그녀의 삶! 그녀의 꾸밈 없는 일상에서 삶의 진정성이 저절로 느껴진다. 백문이 불여일견이다. 시청해보길 추천한다.

구독자 14만 명을 넘은 '이상한리뷰의앨리스'의 이리앨 역시 진정성이 넘치는 유튜버다. 추상적인 동기부여 영상이 아니라 현실에 뼈 때리는 조언도 서슴지 않는다. 뛰어난 통찰력으로 책을 씹어 먹은 듯한 리뷰를 보여주는 기분이다. 취업도 어렵고 꿈도 없는 젊은 층에게 많은 사랑을 받고 있다. 영상 댓글에는 그의 진정성이 넘치는 영상에 감사 인사가 많다. 어떻게 삶을 살아가야 할지 막막한 젊은 층에게 그의 영상은 좋은 귀감이 된다. 좋은 콘텐츠를 만드는 유튜버들이 디지털 구루로 활동하는 세상을 기대해 본다.

문제가 있어 유튜브 세계를 떠나거나 잠시 중단하는 유튜버들이 생겨나고 있다. 일부 유튜버의 행동으로 전부가 그렇다고 판단해서는 안 된다. 확률로 따지면 정말 작은 수치에 불과하다. 나는 대부분의 유튜버가 진실하게 자신의 채널을 만들고 있다고 생각한다. 유튜브를 해보면 알겠지만 얼굴까지 공개하며 거짓말을 술술 하는 것이 쉬운 일은 아니다. 가짜는 결국 시간이 지나면서 걸러진다.

우리는 완벽한 존재가 아니므로 누구나 실수할 수 있다. 유튜버도 처음에는 순수한 마음으로 시작했으나 성공의 길로 갈수록 욕심이 생길 수 있다. 늘 초심을 잃지 않도록 노력해야 한다.

어렵고 힘든 길을 피하고 쉽게 빠른 길을 가려는 사람들이 너무나 많다. 그런 심리를 이용해서 뭐든지 빨리 성공하는 방법 등의 콘텐츠를 만드는 유튜버도 무수히 많다. 유튜브 계의 시조새로 불리는 '대도서관'을 보면 유재석이 생각난다. 가장 오래된 유튜버로서 오늘도 영상을 올리며 자신의 본업에 충실한 자세가 그를 그 자리에 머무르게 하는 것이다.

PART 04

유튜브 조회수를 빨리 높이는 방법

LESSON 26

클릭을 부르는 섬네일과 제목

••• 유혹의 기술은 섬네일!

섬네일의 중요성은 책 초반에 자주 언급했다. 섬네일이란 바로 영상의 대문 같은 존재다. 영화는 포스터만 봐도 어떤 내용인지 파악하고 볼 수 있다. 섬네일은 포스터보다 100배 더 중요하다. 영화는 리뷰나 광고 등 다양한 마케팅 방법이 존재하지만 유튜브는 아니다. 유튜버 혼자 영상을 홍보해야 하는데 섬네일이 천군만마라고 표현하면 딱 맞다. 섬네일 하나가 100명의 세일즈맨의 역할을 한다고 생각하면 만들 때부터 각오가 달라질 것이다.

많고 많은 추천 영상에서 클릭의 기준은 무엇일까? 시청자가 되어 생각해보자. 순서대로 클릭해서 보는 사람은 거의 없다. 일단 처음부터 어느 정도까지 내려가서 어떤 영상이 있는지 확인한다. 가장 눈에 끌리는 섬네일과 제목이 마음에 든다면 클릭이다. 영상을 보기 전에는 섬네일이 그 영상을 다 말해 준다. 직관적인 섬네일의 유혹에 자연스레 손가락이 눌러진다. 이제 클릭을 부르는 유혹의 섬네일을 제대로 만들어보자.

••• 바로 클릭하게 만드는 섬네일 만들기

❶ 어느 것을 먼저 할까요? 영상 만들기 or 섬네일 만들기

보통 영상을 만들고 섬네일을 제작한다. 영화도 영화를 완성하고 포스터를 만드니까 말이다. 만약 유튜브 세계에서는 반대라고 한다면? 유명한 유튜버는 거의 섬네일을 먼저 만든다. 그만큼 섬네일이 중요하다는 의미다. 섬네일을 먼저 기획하고 완성한 후 영상을 만든다. 섬네일을 먼저 확고하게 만들어 놓으면 영상 촬영에서 목표에 더 집중할 수 있다. 그럼 섬네일을 만들 때 꼭 확인하고 넘어가야 하는 것은 무엇일까?

섬네일에 어울릴 만한 제목을 찾아내야 한다. 제목은 키워드와 연관된다. 구글 트렌드나 네이버에서 영상의 핵심 키워드를 검색해 본 후 전략적으로 만든다. 끌리는 대로 느낌 가는 대로 제목을 정하는 것이 아니다. 잘 나가는 유튜버는 모두 철저히 조사하고 기획한다. 모든 세팅이 끝나면 영상 촬영이 섬네일과 같은 방향이므로 완성도가 높아진다. 촬영 전에 섬네일과 제목은 정해져야 한다는 것을 꼭 기억하자!

❷ 어그로성도 괜찮아!

유튜브 세계에서 '어그로'라는 단어는 꼭 알아야 할 단어 중에 하나다.

어그로는 과장되거나 자극적인 행동을 의미한다. 부정적인 의미도 있지만 마케팅의 일종이라고 생각해도 무방하다. 모든 것을 100% 그대로 홍보한다면 세상의 제품 절반 이상이 구매욕을 일으키지 못할 것이다. 더 멋지고 돋보이게 포장하는 것이 마케팅의 기술이 아니던가. 유튜브 시장에서 섬네일이 어쩌면 유일한 홍보수단이다. 어그로성이 있더라도 최대한 재밌고 직관적으로 만들어야 하는 이유다.

가끔 영상의 제목과 내용이 판이하게 다를 때 '어그로성이 심하다'고 말한다. 제목만으로 클릭한 후 "에이 뭐야! 낚였잖아!" 이런 경험은 누구나 있다. 과유불급으로 지나친 과장은 안 하는 게 낫다. '싫어요'가 잔뜩 눌리면 알고리즘도 싫어하기 때문이다. 적절한 어그로성 제목은 흥미 유발 정도로 생각하면 좋겠다. 구독자가 많다면 제목과 완전 다른 반전의 영상이라도 이해하며 재미있어 한다. 나를 이해할 구독자가 많아질 때까지는 영상을 처음 보고 클릭할 잠재 구독자를 생각하자.

❸ 직관적인 제목을 지어라

'신사임당'은 섬네일의 달인이다. 그의 제목은 아주 직관적이다. '100만 원으로 사업을 시작하는 현실적인 방법', '전업주부가 월 300을 만든 현실적 부업 5가지', '80만 원으로 시작한 쇼핑몰로 먹고사는 법' 등은 모두 현실적으로 끌리는 제목이다. 세상에 부자는 10% 안에 몰려 있다고 한다. 90% 보통 사람의 눈높이에 맞는 제목들이다. 키워드가 현실적이다. 월 100만 원, 300만 원이란 일반인의 눈높이에서 이해할 수 있는 소득의 범위이다.

창업을 '80만 원으로 시작해 먹고사는 법' 하면 어떤 느낌이 드는가? 저렇게 적은 금액으로 창업해 먹고살 정도라면? '월 200~300만 원 소득이 나올 수 있겠다'라는 생각에 끌리게 된다. 섬네일 법칙 중 하나가 구체적 수치를 적는 것이다. 추상명사보다 정확히 수치로 보여주어야 정확히 꽂히게 된다. '신사임당'의 섬네일 제목을 보면 측정 가능한 수치 그리고 현실적인 단어들의 조합이다. 그의 섬네일은 그야말로 최적화가 되어 있다.

'라이프해커 자청'은 단기간에 10만 구독자를 모아 화제가 된 유튜버다. 그 역시 철저히 기획한 후 유튜브를 시작했다. 몇 번의 업로드에서 큰 변화가 없었다. '연봉 10억을 만들어 준 심리학책'의 영상에서 폭발하기 시작했다. 연봉 10억은 일반인에게 현실은 아니지만 누구나 꿈꾸는 연봉이다. 영상의 핵심은 심리학을 이용하여 큰돈을 벌 수 있었다는 내용이다. 구독자와 조회수 증가는 말할 것도 없고 그가 언급한 책은 서점에서 역주행이 되었다.

••• 더 유혹하는 섬네일 꿀팁

❶ 같은 말도 표현에 따라 호기심이 생길 수 있다

질문 형태의 제목을 쓰면 제목을 본 후 시청자는 질문의 답을 스스로 생각해본다. 나의 답이 맞는지 확인하고 싶은 마음에서라도 영상을 클릭해서 본다. '지금 당장 해야 할 3가지', '~하지 말아야 할 3가지' 등의 섬네일도 많다. '당장 해야 할, 하지 말아야 할' 스타일의 섬네일은 일종의 동기부여와 함께 호기심을 건드리기에 클릭하고 싶은 섬네일 중 하나다.

❷ 섬네일에 유튜버의 얼굴을 많이 넣는 것은 이유가 있다

유명한 유튜버라면 섬네일의 캐릭터만 봐도 클릭으로 이어진다. 초보 유튜버 역시 자신의 얼굴이 담긴 섬네일을 계속 올려야 한다. 신뢰감을 주고 꾸준한 노출로 얼굴이 알려지며 캐릭터화가 자연스레 되기 때문이다. 섬네일의 캐릭터는 유튜버나 동반 출연자 정도가 적당하다. 너무 많은 캐릭터가 등장하면 산만하고 집중력이 떨어진다. 섬네일을 보는 순간 어떤 영상인지 알아차리게 하도록 복잡하지 않게 만든다.

❸ 섬네일의 제목은 글씨가 크고 읽기 편해야 한다

모든 측면에서 눈에 확 띄는 것이 중요하다. 누가 봐도 이해가 쉽고 직관적인 것이 낫다. 가독성을 위해 왼쪽에서 오른쪽으로 적고 여기저기 흩어져서 있는 것보다 굵고 짧게 한 줄로 적는 것이 보기에 좋다. 섬네일을 만들고 시청자가 되어 생각해보는 연습이 필요하다. 내 영상이 수많은 추천 영상 가운데 있다면 눈에 띌까? 클릭하고 싶은 마음이 들까? 섬네일도 시청자 입장에서 만들어야 한다.

❹ 영상 업로드 후 2시간 안의 클릭 수를 알고리즘이 체크한다

'크게 될 나무는 떡잎부터 알아본다'는 말처럼 뜰 영상은 바로 반응이 온다. 똑똑한 유튜버는 이 원리를 알고 섬네일을 몇 개 더 만들어 둔다. 2

시간 후 영상의 클릭 수가 안 나오면 다른 섬네일로 교체한 후 반응을 확인한다. 그 이유는 사람들이 더 좋아할 만한 섬네일을 찾기 위함이고, 사진의 구도 같은 디테일과 제목의 뉘앙스 등 사소한 것들이 영향을 주기 때문이다.

안인정 KNOWHOW

종합해보면 섬네일이란 '내 영상은 OO이다'라고 정의할 기막힌 제목이 있어야 한다. 직관적으로 바로 알 수 있는 것이 좋다. 섬네일의 사진은 단순하며 표정만으로 유튜버의 의중을 알 수 있다면 더 좋다. 제목은 산발적으로 분산된 것보다 한 줄에 모든 것이 담기며 글씨는 큰 것이 좋다. 제목은 호기심 유발, 정확한 숫자적 표현, 동기로 유발하는 'OO하는 방법 등이 끌린다. 그리고 특정인이 아니라 일반인이 쉽게 이해하도록 쉽게 만들어야 한다.

LESSON 27

시작하면 결론부터 말하라

••• '기승전결'로 풀어나가지 마라

빨리 돌아가는 현실을 반영하듯이 유튜브 세상은 고속도로처럼 질주하는 곳이다. 1일 1업로드를 하는 유튜버도 의외로 많다는 것을 알면 그저 놀랍다. 시청자 역시 하루에도 넘쳐 나는 영상을 선택하기 위해 시간을 쪼개어 보고 싶은 영상을 본다. '시간이 금이다'라는 말은 유튜브에서도 진리다. 글이나 다큐멘터리는 '기승전결'로 풀어나가야 한다면 유튜브는 반대다. 결론부터 말해야 내 영상을 계속 볼지 안 볼지가 판단된다.

••• 인트로 활용하기

우리에게 주어진 시간은 짧은데 그 시간 안에 모든 것을 다 넣어야 한다니. 유튜브를 하다 보면 10분이 얼마나 빠르게 흘러가는지 알 수 있다. 10분 동영상을 제대로 활용하기 위해서는 '끊어주기'가 필요하다. 영상을 보면 인트로(intro)를 삽입해서 결론을 미리 말하는 것을 많이 볼 수 있다. 30초 선에서 짧게 중요한 핵심만 담는 것이다. 편집 시간을 줄이며 쉽게 인트로를 만들 수 있는 앱이 있다. '비바비디오, 퀵, 멸치, 비디오쇼'로 인트로를 만들어보자. 영상이 더 압축이 되어 오히려 궁금증을 유발하게 만든다.

인트로를 잘 활용하여 영상의 세련미와 궁금증을 더 증폭시키는 예가 있다. '이상한리뷰의앨리스' 이리앨은 함축적이지만 임팩트가 강하다. 그의 인트로를 보면 어떤 메시지가 담겨 있는지 한눈에 알 수 있다. 심지어 결론을 한마디로 표현하거나 행동으로만 보여주기도 한다. 이런 인트로를 가진 영상은 결론이 짐작되지만 더 강한 호기심이 생긴다. 인트로가 끝나도 계속 보게 된다. 시청자 입장에서는 결론을 알고 영상을 보면 이해가 더 잘되는 장점도 있다.

'MKTV 김미경TV' 역시 핵심만 말하는 인트로를 영상 앞에 넣어준다. 김미경TV는 영상 시간이 다른 유튜버의 영상보다 긴 편이다. 흥미나 재미 위주가 아니라 강연과 교육이기 때문이다. 다소 긴 영상의 핵심을 인트로로 확 보여준 후 강한 울림을 던져 준다. 타깃층이 40대 이상이기에 경제에 관해 한마디로 펀치를 날리면 다 내 얘기 같다. 결론의 메시지는 알아서 끝나는 것이 아니다. 근거를 알아야 하기 때문에 영상을 계속 볼 수밖에 없는 것이다.

인트로는 제2의 섬네일이라고 해도 좋다. 유혹의 섬네일로 클릭 유도는 성공했으나 영상 초반에 끌림이 없다면? 바로 나가버릴 수 있다. 영상 시청 지속시간이 짧은 이유가 바로 거기에 있다. 초반에 시청자를 사로잡지 못했기 때문에 시청자는 가차 없이 떠나 버린다. 섬네일은 이미지 한 장에 모든 것을 담는다. 인트로는 30초 영상으로 나의 메시지나 호기심을 준다. 짧은 동영상을 최적화하는 과정으로 발전하는 모습이라고 볼 수 있다.

••• '결-기승전결'의 편집은 이렇게

인트로에 모든 것을 다 넣을 수는 없다. 인트로가 없는 영상도 있다. 인트로가 없다면 시나리오을 기획할 때 결론을 의미하는 것을 먼저 넣는다. 강약을 조절하면서 너무 정직하게 '기승전결'로 만들지 말자. 어린 시절 동화처럼 '옛날 옛날에~로 시작해 행복하게 살았대요.' 이런 형식은 유튜브에서 미안하지만 백날 조회수가 제자리일 수밖에 없다. 유튜브 영상을 기획자가 아니라 시청자가 되어 보면 답이 나온다. 나는 오늘 어떤 영상 하나를 끝까지 보았던가?

동영상 하나를 끝까지 시청할지는 1~3분 안에 결정된다. 그 근거는 평균 시청 지속시간이 40%가 넘는 채널이 많지 않다는 것이다. 대부분 영상이 1~3분 안에 30% 미만의 시청 지속시간이다. 그렇다면 이 시간 안에 내가 보여주고 싶은 콘텐츠의 50%가 있어야 한다. 숨바꼭질처럼 여기저기 숨겨 놓는 것이 아니라 대놓고 힌트를 주어야 한다. 강약 조절은 분명히 필요하다. 강강강강 스타일은 재미있을지는 몰라도 피로감이 생긴다. 적절한 텐션으로 조절하는 센스가 필요하다.

유튜브 세계는 방송국처럼 심의가 있거나 꼭 이래야만 한다는 정의는 없다. 방송국도 시청률이 높은 프로그램을 만들려고 노력하지 않는가. 유튜브 세계도 조회수를 올리기 위한 노력의 과정에서 진화가 되는 것이다. 효율적으로 메시지를 빠르게 전달하여 시청자의 눈길을 사로잡는 것이 우선이다. '결-기승전결'을 잊지 말자. 시청자는 당신의 영상을 끝까지 볼 만큼 시간이 많지 않다.

LESSON 28

말이 빠르고 영상이 변하는 것을 좋아한다

••• '돌 굴러 가유~'는 곤란해유

인기 있는 영상들의 특징이 있다. 전개가 빠르다는 것이다. 지루할 틈이 없고 유튜버 역시 속도감 있게 말한다. 짧은 시간에 모든 것을 다 보여주는 영상이므로 거기에 맞추어 변한다. 유튜브 세계는 리모컨으로 TV 채널을 바꾸기보다 훨씬 쉽다. 빠른 시간에 모든 것을 다 보여준다는 것이 쉬운 일은 아니다. 하지만 조금만 요령을 알면 시청자가 좋아하는 포인트를 찾을 수 있다. 인기 있는 동영상에 모든 힌트가 다 들어 있다.

콘텐츠는 아무래도 유튜버의 역량이 크다. 분야별로 차이가 있지만 강연이나 교육은 유튜버의 역량이 전부이다. 대본이 있지 않고서야 말을 빨리 잘 하는 것은 어렵다. 평소에 말을 잘 한다고 해도 영상 촬영을 할 때는 다르다. 혼자 카메라를 응시하며 말하기 때문에 연습이 필요하다. 주거니 받거니의 대화가 아니라 혼자 기승전결 말을 다 해야 한다. 평소 자신이 말하는 속도보다 늘어지는 경우가 훨씬 많다. 논리적으로 정확하고 빠르게 말하는 연습이 필요하다.

말이 빠르면 속도감에서 적정한 텐션이 생겨 몰입하기 쉽다. 말이 느리면 아무래도 집중력이 떨어진다. '단희TV'의 단희쌤은 스피치 학원을 추천할 정도로 스피치의 중요성을 언급했다. 사실 유튜버의 말이 속도감 있어야 영상편집도 결을 맞출 수가 있다. 말을 천천히 하는데 영상 컷이 빨리 돌아간다고 상상해보라. 아직 말이 끝나지 않았는데 다음 화면으로 어떻게 전환될 수 있을까? 경험상 연습만이 살길이다. 유튜브를 꾸준히 하면 유튜버 자신이 최적화로 변하는 것을 느낄 것이다.

안인정 KNOWHOW

나는 평소에 말이 빠른 편이다. 하지만 유튜브에 올릴 영상을 촬영할 때는 아무래도 카메라가 신경 쓰여서 말의 속도가 느려진다. 이것을 극복할 수 있는 방법은 연습밖에 없다. 나는 연습을 하면서 시나리오가 정확하지 않으면 말의 속도가 느려질 수밖에 없음을 알았다. 그래서 시나리오를 나름 완벽히 쓰고 그것을 숙지했다. 그다음부터는 확실히 말의 속도가 빨라졌다. 또 다른 방법도 시도했는데, 정보를 전달하는 콘텐츠는 목소리만 별도로 녹음해서 활용하기도 했다. 연습은 확실히 어제보다 나은 오늘의 나를 만들어 준다.

구독자 1,220만 명을 거느린 '케이시 네이스탯'은 영상에 몰입하게 만드는 천재다. 모든 것이 빠르고 빠르다고 표현하고 싶다. 그의 영상은 웰메이드처럼 자체가 완성도 높은 작품 스타일이다. 거기에 화면의 빠른 전개, 텐션 높은 그의 빠른 스피치가 몰입을 가중시킨다. 케이시 네이스탯은 현재 가장 영향력 있는 유튜버 중의 한 사람이다. 그의 영상이 사랑받은 이유는 짧은 영상에 빠른 변화를 주었기 때문이다. 계속 보고 싶게 만든다. 몰입 그 자체라 할 수 있다.

'이상한리뷰의앨리스' 이리앨은 영상 댓글에 '스피치 속도' 질문이 정말 많다. 이리앨은 굉장히 빠르게 말하고 화면 편집도 빠르게 하는 편이다. 심지어 효과음까지 빠르다. 그의 영상은 빠른 전개에 정확한 전달력이 있다. 한 번 보면 끊을 수 없는 몰입이 생긴다. 빠른 스피치에 영상 컷도 진행이 빠르니 이해를 위해서라도 집중해야 한다. 지루할 틈을 주지 않으면 시청 지속시간이 늘어나며 알고리즘에 최적화된다. 조회수가 올라가는 소리가 들린다.

평온함을 주는 '마음공부' 채널은 정적일 거라는 고정관념은 버려라. 북튜버 '써니즈: 함께성장' 채널은 한 편의 영화처럼 구성이 잘 되어 있다. 음성 위주로 녹음을 하는 북튜버보다 그의 영상 컷은 변화가 빠르다. 메시지가 중요한 북튜버 채널이라도 영상을 함께 볼 확률이 높다. 써니즈는 탄탄한 콘텐츠에 적절한 텐션이 있는 스피치, 빠른 영상 컷의 변화가 조화롭다. 써니즈 채널이 성장하는 이유는 짧은 시간에 임팩트 있는 메시지와 지루하지 않은 영상이 함께 있기 때문이다.

••• 이쯤 되면 지루하다고!

초보 유튜버는 보통 카메라 한 대로 촬영하니 다양한 컷이 나오기 힘들다. 이럴 때는 자막 등을 사용하여 같은 흐름에 변화를 주면 좋다. 특히 혼자 강의식으로 말하는 유튜버는 영상 컷을 바꾸기는 어려우니 참고하자. 브이로그나 배경으로 영상 컷이 들어갈 때는 영상 컷을 15초 이상이 되지 않도록 하자. 유튜버가 말을 하다 공백이 길어지면 시청자도 어색해서 나간다. 자연스럽지만 다소 속도감 있게 영상을 만들어 몰입하도록 해야 한다.

컷을 중간에 의도적으로 끊을 수도 있다. 화면 전환처럼 잠깐 이미지를 넣어 컷을 끊어 주는 것이다. 센스있는 유튜버는 화면조정의 이미지와 "삐" 효과음을 넣고 2초 정도 흐름을 끊는다. 모든 편집 앱에는 장면 전환을 할 수 있는 기능이 다 있다. 흐름을 적당히 끊으면 지루하지 않고 문단에서 문단을 넘어가는 것처럼 메시지 전환도 자연스럽다. 찾아보면 내가 힘들게 만든 영상을 몰입하게 해줄 액세서리가 많다. 도움이 되는 것은 무엇이든 시도해보자!

키즈 유튜버나 실버 유튜버는 대체 어떻게 빨리 만들어야 할지 궁금할 수 있다. 무조건 빨리 만들라는 말이 아니다. 예를 들어 키즈 채널에서도 재미없는 장면은 컷 하고 재미있는 부분으로 편집하는 것이다. 길고 지루하게 말하는 것보다 재미있는 포인트를 찾아 이어지게 만들면 영상 자체가 흐름이 빨라질 수 있다. 전체 흐름이 너무 늘어지지 않도록 하는 것이 중요하다. 각자 할 수 있는 물리적 환경에서 최선을 다하자!

유튜브는 살아 있는 바닷속과도 같다. 다양한 종류의 생물이 저마다 자신만의 방법으로 살아간다. 눈에 띄는 상위 포식자는 늘 정해져 있다. 힘이 세고 빠르다. 유튜브 세계도 돋보이게 치고 나오는 유튜버들이 있다. 상위 포식자처럼 눈에 띄며 속도전도 빠르다. 업로드 주기가 빠르고 트렌드에 민감한 주제도 재빨리 콘텐츠로 만드는데 능하다. 모든 유튜버는 각자의 장단점이 있지만 역시 압도적인 존재는 빠르고 강한 존재다. 그것은 대중이 원하는 모습이 반영된 결과이다.

LESSON 29

구독자의 댓글은 아이디어 샘물이다

••• 구독자의 소리에 귀를 기울여라

댓글은 여론과 마찬가지다. '좋아요' 개수가 그 영상의 호감도를 드러내듯 댓글의 분위기가 채널의 분위기다. 댓글은 유튜버와 구독자가 직접 소통하는 역할을 하고 동시에 유튜버에게 영감을 준다. 혼자서 모든 것을 다 만들어 내는 것은 불가능하다. 사람은 누군가의 영향을 받으며 살아간다. 유튜버에게 가장 영감을 주는 존재는 구독자이다. 구독자의 의견을 반영할수록 구독자의 만족도는 높아질 수밖에 없다. 가장 큰 힌트는 먼 곳에 있는 것이 아니라 가장 가까운데에 있다.

••• 댓글 늘리기

댓글을 알아서 꼬박꼬박 달아주는 구독자만 있다면 얼마나 좋을까? 자발적으로 좋은 댓글을 달아주는 일부 구독자를 빼고는 거의 지나친다. 유튜버는 리더이며 구독자는 팔로우와도 같다. 리더인 유튜버가 어떤 전략을 펼치느냐에 따라 댓글의 양과 질이 달라진다. 원하는 댓글을 얻기 위해서는 알맞은 질문이 필요하다. 특히 아이디어가 고갈되어 간다면 대놓고 말해도 좋다. “여러분이 원하시거나 궁금한 것을 댓글로 올려 주시면 다음 영상에 참고하겠습니다.”

사람은 관심과 인정을 받을 때 더 많은 동기부여가 된다. 모든 유튜버는 댓글이 차고 넘치지만 않는다면 ‘좋아요’ 정도는 눌러 준다. 댓글이 천 단위로 붙는 유튜버는 모든 댓글에 ‘좋아요’를 눌러주기는 어렵다. 조회수보다 영상 시청으로만 끝내고 댓글을 달지 않는 시청자가 훨씬 많다. 소중한 시간을 내어 댓글을 달아주는 시청자에게는 늘 고마움을 표시해야 한다. 아직 댓글이 넘쳐나는 수준이 아니라면 짧은 댓글이라도 달아 감사함을 표현하자. 표현해야 더 큰 사랑을 받을 수 있다.

••• 댓글은 아이디어 뱅크

‘진용진’ 채널은 시청자가 궁금해하는 것을 해결해주는 콘셉트의 채널이다. 당연히 모든 댓글이 아이디어의 원천이 될 수밖에 없다. 그리고 모든 유튜버가 궁금해하는 댓글 문제도 해결해 주었다. ‘유튜브 댓글에 야덩링크 올리는 사람들은 왜 그러는 걸까?’ 주제를 다루었다. 일명 댓글 알바생들의 용돈벌이 목적이었다. 클릭하면 그 계정으로 클릭 수만큼 수익을 준다니 놀랍다. 이런 아이디어도 구독자의 의견이 아닐까? 댓글을 활용해 유튜브를 한다면 평생 콘텐츠가 넘쳐날 것이다.

115만 구독자를 거느린 '테스터훈'도 아이디어의 영감을 댓글에서 얻는다. 5년 넘게 유튜브 방송을 해온 그에게도 아이디어의 한계가 분명 있었을 것이다. 5년 동안 꾸준히 유튜브를 할 수 있는 힘은 댓글이었다고 했다. 그는 수많은 댓글을 거의 다 본다. 심지어 그는 특정 유행어를 빼라는 구독자 의견을 보고 더는 쓰지 않았다고 한다. 댓글을 보고 구독자가 원하는 것을 반영하며 만든 결과가 구독자 수로 증명되었다.

영화감독이자 유튜버인 '킴닥스'는 48만 구독자와 함께 뷰티, 일상 등의 콘텐츠를 다루고 있다. 20대인 킴닥스는 현재 본인의 연령대에 맞는 다양한 고민을 소재로 영상을 만든다. 그녀가 영화감독이 된 배경에는 주변의 의견을 소중히 여기는 자세가 있었기 때문이다. 채널을 구독자와 함께한다는 그녀는 영상을 통해 많은 질문을 하면 구독자들이 댓글을 달아주고 그것에서 영감을 얻는다. 결국 구독자가 원하는 것을 제대로 주는 유튜버가 강자로 우뚝 서는 것이다.

초딩에게 인기가 많은 '겜브링'도 역시 댓글로 많은 영감을 얻는다. 사실 댓글에 상처받아 전혀 보지 않는 유튜버들도 있다. 겜브링은 댓글을 안 보면 피드백을 받을 수 없다며 모든 댓글을 다 본다고 한다. 메일로 제보를 받을 만큼 구독자의 의견을 많이 수렴하는 편이다. 항상 좋은 일만 있을 수 없듯이 댓글에는 쓴소리도 분명 있다. 그 쓴소리에 나도 모르는 실수가 있다고 생각하면 고마운 조언이다. 댓글은 좋은 아이디어 그리고 나도 모르는 실수를 짚어 주는 역할을 한다. 댓글은 유튜버가 성장하는 데 반드시 필요하다.

••• 댓글 하나도 놓치지 않는 법

보통 댓글이 달리면 알림으로 보고 답장을 한다. 이럴 때 나도 모르게 댓글을 놓치고 있다는 것을 아는가? 나도 모르는 댓글이 나의 답변을 기다린다면? 유튜브 스튜디오 댓글 기능에 모든 답이 있다. 댓글 관리를 똑똑히 하고 싶다면 유튜브 스튜디오를 꼭 활용해야 한다. 왼쪽 위의 댓글은 기능이 다 모여 있다. 나도 모르는 댓글이 진짜 존재하는 것이다. 댓글로 채널을 제대로 관리해보자.

댓글을 클릭하면 '게시됨', '검토 대기중', '스팸일 수 있는 댓글'로 구분되어 있다. 이렇게 구분해놓은 이유는 알고리즘이 1차로 걸러서 게시한다는 뜻이다. 전체 게시된 댓글을 보며 내가 '좋아요'나 댓글에 답변했는지 체크해보자. '검토 대기중'은 나의 승인을 기다리는 댓글이라고 생각하면 된다. 댓글에 있는 네모 창을 누르면 이 댓글을 승인할지 삭제할지를 선택할 수 있다. 내가 승인을 하면 비로소 내 댓글에 보인다. '스팸일 수 있는 댓글'에도 소중한 댓글이 존재한다.

채널 설정이 '아동용'이면 댓글을 사용할 수 없다. 일부 유튜버는 아동용 채널로 분류되어 댓글 사용을 못 하는 경우가 발생한다. 이럴 때는 유튜브 스튜디오 '설정→채널→고급설정'에서 '아동용 채널로 설정하지 않겠다'는 항목을 체크하면 된다.

아동용 채널 영상에 부적절한 댓글은 정서상 유해하다고 판단하여 댓글이 중지되었다. 아동용 채널은 시청자와 소통할 수 없는 것이 아쉬운 점이긴 하다. 많은 또래 아이의 아이디어가 차단되었으니 말이다.

직거래 장터 같은 댓글로 유튜버들은 성장의 기회를 만든다. 유튜브는 혼자 하는 일이기에 외롭고 고립된 느낌이 들 때가 있다. 나의 영상 매체로 소통하는 유일한 창구는 댓글이다. 아이디어뿐만 아니라 유튜버에게 위로와 격려를 주는 것도 댓글이다. 알고리즘 점수만큼 중요한 것은 사람과 사람이 교류하는 방식이다. 글을 통해 서로의 마음을 전달할 수 있다는 것! 작은 댓글도 소중히 여기는 자세에서 100만 구독자가 탄생한다.

LESSON 30

영상의 길이는 5분, 광고가 들어갈 때는 8분으로

••• 시청 지속시간을 늘리는 영상의 길이

요즘 영상의 길이는 8분 내외가 대세다. 시청자의 몰입 시간이 점점 짧아지고 있다. 물론 얼마든지 길게 만들어도 좋다. 요즘은 라이브방송을 녹화하여 1시간 이상 영상도 올린다.

영상의 길이가 유튜브 알고리즘에서 중요한 포인트는 2가지다. 첫째는 평균 시청 지속시간이고, 둘째는 광고를 넣기 위한 조건 맞춤이라고 할 수 있다. 알고리즘이 체크하는 조건과 맞아야 좋은 점수를 받는다. 더 좋은 상품이 되는 다듬기라고 생각하자.

초보 유튜버는 아직 검증되지 않았기 때문에 평균 시청 지속시간이 높게 나오지 않는다. 그래서 5분 내외의 영상을 추천한다. 짧은 영상을 끝까지 보도록 만들어 시청 지속시간을 늘려야 한다. 추천 영상에 뜨는 작업이라고 할 수 있다. 유튜브에서 조회수가 올라가는 최고의 방법은 추천 영상이 되는 것이다. 추천 영상의 가장 중요한 지표 중 하나가 평균 시청 지속시간이라고 계속 강조하였다. 짧은 시간에 밀도 있게 영상을 보도록 만들어놓자.

예를 들어 알고리즘이 같은 주제의 영상을 추천했다면 보통 섬네일로 1차 걸러낸다. 그래도 후보 영상이 몇 개 남는다면 2차는 영상의 길이가 될 수 있다. 시청자는 가성비를 따질 수밖에 없다. 내 영상은 결국 시청자가 선택하는 것이기에 시청자가 되어 생각하면 확실히 알 수 있다. 구독자가 많은 유튜버조차 늘 변하는 시장에 맞춰 영상을 제작한다. 알고리즘에 올라탈 때까지는 나만의 원칙은 잠시 접어두자. 트렌드에 민감해야 한다.

시청자가 짧은 시간에 좋아할 만한 콘텐츠는 정해져 있다. 웃음이나 재미를 주는 임팩트 있는 영상이다. 교육이나 리뷰 영상을 5분 안에 만들기는 어렵다. 5분 영상이라고 모든 주제마다 적용하려고 하지는 말자. 언제나 예외는 있으니까 말이다. 평균 시청 지속시간이 45% 정도 나오면 성공이라고 한다. 그렇다면 대부분이 10분 영상이라도 5분을 다 보지 않는다는 의미다. 편집할 때 재미없거나 중복되는 부분을 자르는 것이 중요하다. 포괄적으로 본다면 불필요한 군더더기를 최대한 빼서 영상의 길이를 줄여야 한다.

키즈 채널은 영상이 짧은 것이 절대적으로 유리하다. 아이들 특성상 집중시간이 짧으므로 영상의 길이는 대부분 짧아야 한다. 키즈 채널은 평균 시청 지속시간과 시청 지속시간이 다 높은 편이다. 유튜버에겐 좋은 조건이라고 할 수 있다. 아이는 좋아하는 프로는 끝까지 보며 반복해서 보는 것을 좋아한다. '아기상어' 시리즈가 전 세계적으로 히트 친 이유는 아이들의 특성 때문이다. 구독자 930만 명인 'TwinRoozi 쌍둥이 루지'의 영상들 역시 대부분 짧은 편이다.

••• 내 영상이 광고를 더 많이 품을 수 있도록

유튜브에 광고가 들어가지 않는다면 '앙꼬 없는 찐빵'이다. 유튜브가 존재하는 이유도 돈이며 유튜버가 방송을 하는 이유도 돈이다. 그렇다면 이 돈은 어디서 나올까? 바로 광고주의 주머니에서 나온다. 유튜브에 광고가 없었다면 성공할 수 있었을까? 불가능한 일이다.

알고리즘은 광고를 넣기 좋은 조건의 영상을 좋아할 수밖에 없다. 시청자가 광고로 인해 피로감을 느끼지 않을 정도의 구간대가 있다. 인지하지 못 하면 시청자는 미묘한 차이를 잘 모르는 것이 사실이다.

8분이 안 되어도 시작하기 전에 '프리롤(시작 전 광고)'은 가능하다. 광고 없이 바로 시작하는 영상은 아직 광고 수입이 나오기 전의 채널일 확률이 높다. 기본으로 넣어야 하는 광고기준이 있기에 광고 수익이 나오면 거의 광고를 게재한다. 여기서 5분과 8분 이상 영상의 차이는 광고의 횟수가 달라지는 것이다. 영상이 짧거나 길어도 사람들은 광고가 자주 나오면 불편해한다.

원래 '미드롤(중간광고)'은 10분 이상 되어야 게재할 수 있었다. 하지만 2020년 7월 말부터 정책이 변경되어 8분 이상의 영상이면 미드롤이 가능해졌다. 영상 앞에, 중간에 하나 더 넣을 수 있다. 알고리즘은 광고 친화적 프로그램이라고 할 수 있다. 알고리즘은 광고를 더 많이 넣을 수 있는 영상을 선호한다. '그렇다면 20~30분을 만들면 광고를 많이 넣겠네?'라고 생각하는 것은 곤란하다. 계속 강조하지만 평균 시청 지속시간을 잊으면 안 된다!!

••• 무조건 오래 보는 채널

웃음과 재미 위주의 영상은 조회수도 높고 시청자가 쉽게 접근하기 좋다. 대신 쉽게 질리거나 재미가 없으면 금방 떠나는 철새 시청자도 많다. 반면 오래오래 보는 영상도 분명히 존재한다. 첫째로 교육이나 강연 콘텐츠다. 주제 특성상 웃음만 주고 끝낼 수는 없다. 강의 형식의 긴 영상도 방법이 있다. 무조건 이어지기로 1시간 이상짜리 영상을 만들면 보기 어렵다. 한 번에 다 볼 수 없다면 동기부여가 되지 않는다. 방법은 나누어 영상을 만드는 것이다.

영상이 1시간 길이라면 15~20분 내외, 3~4회로 나누어 만들자. 하나를 완주해야 다음을 이어 보고 싶은 마음이 생긴다. 짧게 만든 영상이므로 중간에 나가더라도 시청 지속시간에 영향을 덜 받는다.

영상 시간이 길 수밖에 없는 명상이나 명상음악 채널이 점점 많아지는 추세다. 백색소음처럼 집중이 필요할 때 듣는 채널이므로 광고에 너무 욕심내지는 말자. 가장 기본적인 광고만 넣어도 좋다. 집중이 필요할 때 듣는 채널은 평균 지속시간이 높은 편이다. 그리고 시청 지속시간 자체도 높을 수밖에 없다. 보통 한 번 들으면 꾸준히 듣기 때문이다.

영상을 걸작으로 만들고 싶다면 시간에 구애받지 말아야 한다. 유튜브의 영상은 짧으나 완성도도 있어야 한다니 까다롭다고 느낄 수 있다. 소비자가 점점 더 나은 신제품을 원하듯이 유튜브 시청자도 더 높은 질의 콘텐츠를 원한다. 불과 3~4년 전과 비교하면 유튜브 세계는 완전 달라졌다. 많은 사람의 경험으로 서로에게 맞는 합의점을 찾아내는 과정에 있다. 그 과정에 성장과 발전이 있다.

보고 싶은 콘텐츠는 날이 갈수록 많아진다. 하지만 하루는 24시간보다 늘어날 수 없다. 한정된 틀에서 더 많은 것을 담는 최적화로 가야 한다. 영상의 길이는 짧아졌지만 그 안에 메시지는 확실히 있어야 한다. 그것이 중요하다. 급변하는 세상에서는 속도가 관건이듯, 유튜브에서는 속도가 중요하다. 요즘엔 미드롤 광고를 포기하고 5분 내외로 만든 영상도 많이 보인다. 평균 시청 지속시간이라도 제대로 잡겠다는 전략이다. 짧은 영상에 중간광고가 빠지면 당연히 영상의 몰입도는 훨씬 높다.

유튜브 세계에서는 정답이 누구에게나 적용되지 않는다. 모든 상황, 조건이 다르기 때문이다. 여러 경우의 수를 공부하고 알고 있어야 나에게 맞는 방법을 찾을 수 있다. 자신만의 노하우를 만들려면 여러 시도를 해봐야 한다. 아직 내 영상 콘텐츠가 알차지 않다면 짧은 시간에 중요한 포인트만 만들자. 영상의 완성도가 좋아지고 반응도 좋다면 당연히 8분에 맞춰 광고를 넣는 것이 유리하다. 유튜브를 하는 동안 알고리즘이 원하는 것에 맞춰야 오래 갈 수 있다.

LESSON 31

이목을 끄는 포장보다 품질이 더 중요하다

••• 일단 시청자의 눈을 사로잡아라!

'어그로(aggro)'는 주목을 받으려고 과장되게 포장하는 것이다. 평소에 '어그로를 끈다'는 표현을 한다면 디지털 언어와 친하다고 할 수 있다. 시대를 반영하는 언어를 사용해야 '어그로'로 끌 수 있다.

유튜브는 트렌드가 가장 빨리 반영되는 플랫폼 중의 하나다. 유튜브에서 어그로가 가장 강한 것은 바로 '섬네일'이다. 추천 영상이 되려고 조금 과장하고 싶은 마음은 어쩌면 당연지사가 아닐까?

유튜브에 어그로가 많은 이유는 마케팅 방법이 지극히 제한적이기 때문이다. 섬네일을 잘 만들어 스스로 홍보하는 일이 전부라고 해도 과언이 아니다. 우리는 재화도 넘쳐나고 정보도 홍수라고 할 만큼 차고 넘치는 시대에 살고 있다. 경쟁력을 갖춰야 하는데 과연 정직해서만 될까?

어그로는 좋게 표현하면 마케팅 방법이라고도 할 수 있다. 흔히 '사장이 망했어요', '눈물의 폐업 정리' 같은 문구가 호기심을 일으켜 매장에 들어간 경험이 있을 것이다. 이 모든 것이 어그로의 일종이다.

••• 어그로의 세계

'섬네일' 제목을 지을 때 호기심을 유발하려는 어그로성 멘트가 정말 많다. 적절한 어그로는 영상을 끝까지 본 후 콘텐츠가 있으면 웃음으로 마무리된다. 하지만 내용이 전혀 다른 제목에 낚였다면 시청자는 곧바로 떠난다. 적절한 포인트를 잡아야 다소 과장된 표현이라도 이해가 된다. 구독자 70만 명을 보유한 '이라이라경'의 섬네일을 참고해보자. '합성 아님! 가슴 수술 후 반응 보기'는 놀라운 제목이 아닐 수 없다.

영상을 보면 CG(이미지 합성)가 절대 아니다. 실리콘 소재의 보형물 가슴을 붙이고 가족의 반응을 본 것이다. 이 영상은 화제가 되어 다음 날 인터넷 기사에도 떴다. 제목이 사실은 아니지만 묘하게 맞아 떨어진다. 합성이 아닌 것도 사실이고 보형물을 몸에 부착하여 실제처럼 보였으니까 말이다. 정말 기막히게 만든 어그로성 MSG 양념이 들어간 섬네일이다. 토크쇼에서도 MSG 양념이 들어간 토크가 재미있듯 유튜브에서도 적절한 어그로는 필수다.

결론은 콘텐츠에 담긴 진짜 의미로 판가름이 난다. 유튜브 주제의 영역은 재미, 정보, 대리만족, 교육 등이다. 주제별로 콘텐츠의 품질 기준은 달라질 수밖에 없다. 공통점은 각 주제별로 담긴 메시지가 확실하다는 것이다. 영상마다 품고 있는 메시지가 있어야 어떤 제목을 붙여도 용서가 된다. '이라이라경'의 영상은 호기심과 함께 큰 웃음을 주었다. 가슴 보형물을 어디서 구매했는지 그런 것은 중요하지 않다. 가족을 속이고 몰래카메라 형식으로 반응을 제대로 보여주었으니 대성공이었다.

••• 어그로보다 중요한 것은 본론 메시지

주제별로 콘텐츠의 품질을 가르는 핵심 기준이 있다. 웃음과 재미를 보여주는 클라이맥스를 잘 살려야 한다. 누가 봐도 저기가 웃음 포인트라는 것을 알아야 한다. 구독자 91만 명을 거느린 '밍꼬발랄'은 생활 연기를 혼자 다 한다. 그녀는 늘 다소 과장된 표정과 연기로 아이들 눈높이에 맞게 웃음을 선사한다.

요즘은 무엇보다 편집의 역할도 크다. 자막의 해석으로 웃기기도 하고 각종 효과음이나 CG의 역할도 중요하다. 혼자 생활 연기를 다 하는 밍꼬발랄처럼 핵심 콘텐츠를 빛내줄 편집이 필요하다.

정보 위주의 콘텐츠는 핵심 메시지를 빠르고 정확하게 주는 것이 중요하다. 영상미, 편집의 화려함보다 영상 안에 시청자가 원하는 킬러콘텐츠(killer contents)가 있어야 한다. 예를 들어 운동 유튜버를 보겠다. 코로나19 이후로 구독자가 급증한 '땅끄부부'는 홈트(home training)족을 위한 대표적인 운동 채널이다. 화려한 피트니스(fitness)센터가 배경이 되는 것도 아니고 비주얼 깡패 같은 비현실의 외모도 아니다. 건강한 부부가

집에서 재미있고 활기차게 간단한 운동법을 가르쳐 준다. 운동 동작에만 집중할 수 있게 만든 영상이지만 구독자가 많다는 것은 공감한다는 뜻이다.

강의나 교육 주제의 콘텐츠는 무엇보다 전달력이 중요하다. 유튜버가 혼자 말하는 형식으로 진행되기 때문에 유튜버의 스피치가 모든 것을 말해준다. 언어 전달력의 기본은 정확한 발음, 호감형의 목소리 톤, 말의 속도감이다. 특히 북튜버는 언어 전달력이 절대적으로 중요하다. 전달력을 높이고 싶다면 세상의 유익한 정보를 제공해주는 '체인지그라운드' 채널을 추천한다. 각종 분야의 영향력 있는 인물이 나와 그들의 생각을 전해준다.

참고하기 위해 여러 사람의 영상을 보며 장점과 단점을 찾아보자. 그리고 자신의 영상을 모니터링하며 전달력이 뛰어난 사람과 자신의 차이점이 무엇인지 알아보자. 사소한 것 같지만 목소리 톤을 높이거나 속도를 빨리하면 전달력이 좋아진다. 대중이 좋아하는 강사의 특징이 있다. '신사임당'은 부드러운 목소리와 빠르지는 않지만 적절한 속도감으로 말하는 것이 신뢰감을 준다. 나만의 장점을 돋보이게 하고 단점을 보완하면 유튜버 계의 오프라 윈프리가 나올지 아무도 모르는 일이다.

••• 본론 메시지에 충실한 채널

대리만족 콘텐츠 하면 '진용진'이 떠오른다. 그의 콘텐츠 자체가 시청자가 궁금한 것을 해결해주는 콘셉트이기 때문이다. 그가 단순히 궁금한 것을 직접 해보았다는 이유가 전부는 아니다. 그 영상에는 분명한 메시지가 함께 있기 때문에 많은 시청자의 사랑을 받는다. 그는 '지하철 화장실 전단지 전화를 걸어봤습니다'라는 주제로 불법 장기 매매에 관한 내용을 다뤘다. 쉬운 주제가 아니어서 결국 진용진은 통화가 된 업체를 경찰서에 신고했다.

장기 매매 전화번호를 보면 과연 누가 전화할까 궁금한 적이 있었다. 단순 장기 매매로 위장해 병원 검사비를 요구하는 내용에서 진용진은 두 가지 해석을 했다. 첫 번째는 보이스 피싱(voice phishing)을 꼽았다. 실제로 유사한 사례가 있었다고 하니 놀라웠다. 두 번째는 진짜로 그 과정에서 일이 벌어질 수 있음을 시사했다. 진용진은 이 모든 과정이 불법이라 경험자는 댓글도 달 수 없다고 했다. 아마 이 세상 사람이 아니라 댓글을 달지 못한다는 무서운 경고를 날렸다. 이 영상 촬영 후 진용진은 심적으로 힘들었다고 고백했는데, 이해가 저절로 되었다.

주제는 다르지만 모든 콘텐츠에는 핵심이 존재한다. 키즈 채널의 성장을 보면 아이들도 재미있는 것을 구분할 수 있는 본능이 있다. 모든 시청자는 콘텐츠를 분별하는 눈이 있다. 킬링 타임이라는 말도 있지만 자신의 시간을 낭비하고 싶은 사람은 없다. 모든 유튜버는 같은 마음으로 콘텐츠를 만든다. 자신이 말하고자 하는 것을 담으려고 노력하고 있다. 좋은 콘텐츠를 만드는 공급자와 좋은 콘텐츠를 찾는 수요자가 만나 오늘날의 유튜브가 되었다.

유튜브가 과연 언제까지 독주할지 예측해보는 사람들도 많다. 변하지 않는 것은 소비자는 항상 좋은 물건을 찾는다는 것이다. 디지털플랫폼에서도 좋은 콘텐츠만 있으면 언제나 수요자는 존재한다. 아프리카TV는 개인 방송이라는 새롭고 놀라운 콘텐츠로 수요가 폭증했다. 이제는 유튜브라는 더 큰 그릇으로 바뀌고 내용물은 그대로 담겨 있는 셈이다. 점점 완성도가 높아지는 유튜브 콘텐츠는 앞으로도 승승장구할 것이다.

LESSON 32

콘텐츠 관리 4원칙을 지키면 성공한다

••• 유튜브의 정책

"유튜브에서 유해 정보가 확산되는 걸 막기 위해 지난해 유튜브의 추천 알고리즘을 30번 이상 개편했다." 유튜브 최고제품책임자(CPO) 닐 모한이 2020년 7월 국내 기자들과 화상 간담회에서 한 말이다. 유튜브도 성장하는 만큼 스스로 자정의 노력을 기울이고 있다. 그리고 전 세계에서 올라오는 영상을 관리하려고 더 많은 규제가 생길 것이라는 예상을 할 수 있다.

세상 모든 콘텐츠가 다 있는 유튜브는 막중한 책임이 있다. 진짜와 가짜를 구분하고, 유해한지 유익한지를 살펴야 한다. 유튜버들 역시 기본 원칙을 지킨다면 영상에 '노란 딱지'가 붙지 않는다. 노란 딱지는 알고리즘이 유해한 영상이라고 판단하면 경고를 보내는 것이다. 유튜버는 반드시 유튜브의 정책을 필수적으로 알아야 하고 기본 원칙을 지켜야 한다.

••• 콘텐츠 관리 4원칙*

❶ 삭제(Remove)

정책 위반 콘텐츠는 최대한 빨리 삭제한다. 정책 위반시 영상 삭제는 물론 채널 삭제가 되는 일도 있으니 주의하자. 유튜브는 세계 각지의 인력을 활용해 신고된 영상을 검토하고 커뮤니티 가이드를 위반한 콘텐츠를 삭제한다. 삭제 사유 중 아동 보호(33.5%)가 가장 신고가 높아 바뀐 정책에서는 키즈 채널의 기준이 대폭 강화되었다. 14세 이하의 어린이는 키즈 채널로 설정하고 댓글 기능도 사용할 수 없다. 아동용 영상은 나중에 볼 영상, 재생목록 저장 기능을 모두 할 수 없다.

유튜브 채널을 상업적으로 이용하는 것은 자유로워졌으나 정책이 바뀐 후에는 조심해야 한다. 원치 않는 홍보성, 상업성 콘텐츠나 그 밖의 대량 구매 권유 자료를 배포하면 안 된다. 최근에 한 유튜버는 홈쇼핑에 출연하면서 동시에 유튜브 채널에서도 라이브 스트리밍을 하였다. 그 결과 채널이 삭제되었고 큰 곤욕을 치른 후 다시 복구되었다. 불특정 다수에게 구매를 유도하는 홍보를 이제는 조심스럽게 해야 한다. 즉, 너무 대놓고 상업성 홍보를 하지 말라는 얘기다.

---

* 금준경 기자, 유튜브 콘텐츠 책임자 "YTN, 연합, KBS 상위 노출시키는 이유는", 미디어오늘, 2020. 7. 21 참조
김정민 기자, "유해·가짜 동영상 때문에, 유튜브 알고리즘 30번 이상 바꿨다", 중앙일보 2020. 7. 21 참조

안인정 KNOWHOW

나의 고객 중에 국가공인 안마소를 운영하는 원장님이 있다. 그분은 유튜브 영상을 잘 올리셨지만 유튜브 스튜디오를 분석하는 것은 익숙하지 않았다. 어느 날 나는 그분과 같이 유튜브 스튜디오를 살펴보았다. 그러다가 깜짝 놀랐다. 말로만 듣던 노란 딱지가 붙은 영상이 있었다. 원장님께 확인해 보니 '#안마'라는 키워드가 있었다. 그 키워드는 유튜브에서는 19금으로 분류되기 쉽다. 원장님은 영상 하나가 재생이 안 되어 의아하게 생각했었는데 그 이유가 키워드 때문이란 것을 뒤늦게 알았다.

YouTube 커뮤니티 가이드

YouTube를 사용하면 전 세계 사람이 모인 커뮤니티의 일원이 될 수 있습니다. 아래의 가이드라인에 따라 YouTube를 모두에게 재미있고 즐거운 공간으로 유지할 수 있습니다.

이러한 가이드라인을 위반한다고 생각되는 콘텐츠를 발견하면 YouTube 담당자가 검토할 수 있도록 신고 기능을 통해 신고해 주시기 바랍니다.

크리에이터를 위한 권장사항

다음과 같은 몇 가지 상식적인 규칙을 지키면 YouTube 정책을 이해하고 별 문제없이 커뮤니티 활동을 즐기실 수 있습니다.

- 맥락의 중요성
- YouTube에서 크리에이터의 영향력
- 아동이 출연하는 콘텐츠를 위한 권장사항

스팸 및 현혹 행위

YouTube 커뮤니티는 신뢰를 바탕으로 구축된 커뮤니티입니다. 다른 사용자를 상대로 사기, 현혹, 스팸, 사취하려는 의도가 있는 콘텐츠는 YouTube에서 허용되지 않습니다.

- 스팸, 현혹 행위, 사기
- 명의 도용
- 콘텐츠의 링크
- 허위 참여
- 기타 정책

❷ 부각(Raise)

공신력 있는 정보를 더 부각하겠다는 의미다. 공인이 아닌 개인 방송인 유튜버는 정보의 왜곡이나 잘못된 정보를 줄 수 있다. 부각하는 콘텐츠가 있다면 사용자가 정보 검색시 공신력 있는 YTN, KBS 등의 뉴스를 먼저 상단에 보여주는 것이다. 2020년에 발생한 코로나19 이후에 유튜브에서 뉴스를 검색하여 시청한 시간이 늘어났다고 한다. 유튜브는 2017년부터 뉴스를 상단에 보여주는 알고리즘을 꾸준히 업데이트 중이다.

이는 유튜브를 검색엔진 기능으로 보았을 때 전략적인 기획의도가 보인다. 유튜브에는 공신력이 떨어지는 정보가 많다는 의견에 반증하는 것이다. 공신력 있는 뉴스가 상단에 있으면 어떨까? 동영상이 편한 다수의 시청자는 유튜브에서 뉴스를 검색하게 된다. 공중파 뉴스는 정해진 시간에 나오지만 유튜브는 내가 원할 때 언제든 볼 수 있다. 작은 공헌으로 더 큰 보상을 받는 알고리즘을 유튜브는 알고 있다.

❸ 확산 방지(Reduce)

유튜브 콘텐츠 정책에 어긋날 가능성이 큰 콘텐츠의 확산을 방지하는 것이다. 삭제해야 할 유해한 영상이라도 판단하기 모호한 영상들이 존재한다. 이런 콘텐츠가 확산되는 것을 막으려고 알고리즘이 30번 이상이나 개편되었다. 얼마 전까지 보던 영상이 갑자기 삭제되고 없는 경험을 누구나 했을 것이다. 처음엔 발견하지 못하였으나 나중에 발견되어 삭제되는 경우가 여기에 해당한다. 그 결과 미국에선 유튜브 정책을 위반할 가능성이 높은 콘텐츠 소비가 70% 감소하였다.

'라이나전성기재단'은 2020년 10월에 가짜 뉴스 통계를 발표했다. 50세 이후 10명 중 7명이 일명 가짜 뉴스를 보았다. 가짜 뉴스의 출처로 유튜브를 꼽았다. 가짜 뉴스의 확산은 지인들에게 보내는 카톡의 역할이 크다. 주로 정치·사회적 이슈에 대해 다루는 내용이 많다. 유튜브가 확산 방지에 노력하는 이유는 어두운 영역에서 잘못된 뉴스를 만들어 대중을 선동하는 사람들이 있기 때문이다. 대중을 혼란시키는 가짜 뉴스는 법률적 규제도 있어야 한다는 의견이 다수다.

❹ 보상(Reward)

신뢰할 만한 콘텐츠를 올리는 유튜버에게 보상을 한다. 유튜브가 가장 거대한 디지털플랫폼이 된 이유는 바로 보상이다. 개인 방송이라는 새로운 분야가 생기며 BJ 등의 개인 방송인은 수익이 나오고 있다. 유튜브는 수익을 보상이라는 개념으로 접근한다. 광고 파이에서 구글이 45%, 유튜버가 55%를 가져간다. 물론 기준이 더 정교하지만 유튜브는 광고 수입의 55%를 유튜버에게 나누어 준다. 연예인조차 유튜브를 하는 이유는 홍보 차원의 SNS 활동보다 보상이라는 보너스가 있기 때문이다.

안인정 KNOWHOW

유튜브의 정책은 스스로 공부하지 않으면 알 수 없다. 자신의 영상이 왜 삭제되는지, 심지어 채널까지 없어질 수 있다는 것을 알아야 한다. 유튜브의 규칙 및 정책의 커뮤니티 가이드를 참고하길 바란다. 회사의 바뀐 정책 등을 올려주는 곳이라고 생각하면 된다. 일일이 개인에게 바뀐 것을 알려주지 않으니 스스로 팔로우업을 해야 한다. 무엇보다 유튜버는 대중에게 영향을 주는 사람임을 기억하고 있어야 한다.

LESSON 33

편집의 디테일이 조회수를 높인다

••• 편집의 기본은 콘텐츠 메시지를 부각하는 것

인기가 많은 영상은 속도가 빠르고 다양한 편집 효과로 시선을 사로잡는다. 시청자의 급한 마음을 달래주려면 여러 트릭이 필요하다.

핵심 메시지를 살리려면 편집을 잘해야 한다. 돋보이는 액세서리에 묻혀 얼굴이 뒤로 밀리면 안 된다. 너무 욕심내어 과하게 편집하는 것보다 핵심 메시지를 1순위로 두자. 과유불급이란 말이 있듯이 불필요한 것을 덜어내어 핵심이 빛나게 만들자. 애피타이저에 치중하다 메인 요리를 놓치는 꼴이 되어서는 안 된다.

앞에서 영상 인트로에 대해 설명했다. 인트로 영상을 따로 만들지 않았다면 방법이 있다. 영상 하이라이트 부분을 인트로로 활용하는 것이다. 또한 앞에서 유튜브는 '결기승전결'의 구조를 가져야 한다고 했다. 편집할 때는 시청자가 몰입할 수 있는 구조를 생각하며 편집해야 한다. 편집을 최소한으로 하고 싶다면 처음부터 시나리오 구성을 잘해야 한다. 주제에 따라 다르지만 강약 조절을 주어 변화를 꾀해야 시청시간이 길어진다. 유튜브의 모든 작업은 시청시간, 조회수를 늘려 궁극적으로 구독자를 늘리기 위함이다.

편집할 때는 핵심 메시지와 관련성이 적은 멘트와 중복되는 내용은 삭제한다. 이런 식으로 편집을 하면 컷 편집이 이루어져 영상 전환이 빨라지고 속도도 빨라진다. 그러나 지나치게 잘라 버리면 스토리가 매끄럽게 이어지지 않는다. 가끔 영상에서 다음 메시지로 급작스레 넘어가는 경우가 이에 해당한다. 컷 편집을 통해 전체 스토리를 자연스럽게 연결되게 만들자. 또 영상의 길이는 기준에 맞추어 큰 틀을 완성해 놓는다. 큰 틀이 완성되면 이제 작은 디테일의 편집이 제 역할을 할 차례가 온다.

••• 디테일로 돋보이게 만드는 영상

❶ 자막과 영상 효과

유튜브 영상을 만들 때 자막은 필수다. 유튜브는 모바일로 장소에 구애 없이 시청한다. 출퇴근길에 소리 없이 자막만 보는 시청자도 있다. 자막과 함께 상황에 대한 설명이나 부가적인 자막과 이미지 컷 등을 활용하기도 한다. 이 모든 작업은 이해와 전달력을 높이기 위함이다. 예능 TV

프로그램을 잘 관찰해보면 편집이 얼마나 살려주는지 알 수 있다. 정리되지 않는 상황을 자막이나 적절한 이미지 컷으로 정리해준다. 자막이 있을 때 웃음 포인트도 더 많아진다.

전체 자막이 아니더라도 메시지를 정리하는 단어나 문장을 꼭 넣어 줘야 한다. 자막 없는 영상은 완성도가 많이 떨어져 보인다. 알고리즘도 자막 있는 영상에 더 후한 점수를 준다. 유튜브는 개인이 만든 영상이므로 TV 프로그램처럼 컷 장면이 다양하지 않은 한계가 있다. 다행히 10분 내외의 동영상이니까 얼마든지 편집이 가능하다. 중간중간에 튀어나오는 자막과 이미지들이 지루함을 덜어준다. 완성도가 높은 영상을 만든다는 의미는 시청자가 오래 볼 수 있게 만든다는 의미다.

❷ 효과음

유튜브 영상에서 음악은 매우 중요하다. 시험 삼아 영상에서 음악을 빼버리면 그 중요성을 금방 알 수 있다. 감동이나 위로를 주는 메시지의 영상에는 음악이 정말 큰 역할을 한다. 아무런 효과음 없이 영상만으로 감동에 몰입하긴 쉽지 않다. 드라마 OST가 중요한 이유는 극 중의 클라이맥스를 더 고조되게 만들어주기 때문이다.

편집 앱에는 생활 소음부터 웃음, 실망, 화 등 감정을 드러내는 효과음까지 다양하다. 오감 만족에 효과음악은 필수다! 작은 화면의 스마트폰에서는 청각적인 효과가 몰입을 더 높일 수 있다.

음악에 따라 콘텐츠 분위기가 완전히 달라질 때가 있다. 감동 메시지를 주는 영상에 유쾌한 음악을 넣었다고 상상해보자. 그야말로 감동 파괴가 아닐 수 없다. 과유불급이라 언급했듯이 어떤 영상은 배경음악 소리가 너무 커서 유튜버의 목소리가 묻힐 때가 있다. 편집은 일종의 센스가 필요한 작업이다. 상황에 어울리지 않는 효과음을 넣거나 지나치게 많이 넣으면 몰입을 방해한다. 음악 효과음의 핵심은 영상의 메시지를 돋보이게 하는 것이다.

❸ 영상 구도와 퀄리티

유튜브 영상에서는 구도만 달라져도 차별화를 꾀할 수 있다. 'J.Fla'의 제이플라, '리섭TV'의 리섭은 옆모습 구도로 영상을 만든다. '정다르크'의 정다르크는 얼굴을 공개하지 않고 상반신에서 목까지만 구도를 잡았다. 인터뷰를 하면서 얼굴을 공개하지 않을 때의 구도라고 생각하면 된다. 이런 구도 역시 차별성이라고 할 수 있다. 영상 구도를 조금만 다르게 해도 시청자에게는 '앞모습은 어떨까?' 하는 호기심이 생긴다. 얼굴을 비공개로 했을 때는 실물이 어떤지 궁금증이 생기게 마련이다.

초보 유튜버는 대부분 스마트폰으로 촬영, 편집을 진행한다. 물론 처음부터 제대로 시작하는 유튜버도 있다. 아무래도 DSLR 카메라와 전문 편집프로그램을 사용하면 영상미가 뛰어날 수밖에 없다. 유튜버 세계에도 점점 많은 사람이 유입되면서 완성도가 높은 영상이 늘어가고 있다. 그렇다고 처음부터 모든 장비를 갖추어서 할 필요는 없다. 스마트폰을 최대한 활용할 수 있는 방법을 익히자. 편집도 가성비를 따져 내가 원하는 기능이 더 많은 앱을 찾아야 한다.

영상을 계속 만들다 보면 욕심이 생기고 성공한 유튜버의 영상이 눈에 들어온다. 초급에서 중급 혹은 고급으로 넘어가는 과정이라 생각하면 되겠다. 영상 퀄리티는 아무래도 장비가 받쳐줘야 일정 수준으로 올라갈 수 있다. 서두르지 말고 차근차근히 구독자를 모으면서 스마트폰으로 한계가 왔을 때 시도해도 늦지 않다. '신사임당'도 구독자가 기대 이상으로 증가했어도 스마트폰으로 촬영을 진행했다. 조회수가 올라가지 않는 것이 장비 탓은 아니란 얘기다.

옷을 구매할 때도 작은 디테일이 마음에 들어 고르기도 한다. 유튜브 역시 시청자를 배려하는 작은 서비스가 조회수를 올려 주며 구독을 부른다. 친절한 유튜버는 영상이 길어지면 포인트만 알려주는 시간대를 표시해 주기도 한다. 이 모든 과정을 한마디로 표현하면 '시청자 편의를 위한 최적화'라고 할 수 있다. 최선을 다해 영상의 메시지 전달력을 높이기 위함이다. 소비자가 왕인 시대에 디테일한 맞춤 서비스는 날이 갈수록 정교해지고 있다. 유튜브에서는 시청자, 구독자가 왕임을 기억해야 한다.

PART 05

유튜브로 수익을 빨리 만드는 방법

LESSON 34

수익을 만들려면 기준을 통과해야 한다

••• 광고 수익 파헤치기

많은 사람이 유튜브를 시작하면 광고 수익이 쉽게 들어온다고 착각한다. 말 그대로 광고 수익인데, 내 영상에 아직 광고를 원하는 광고주가 나타나지 않는다면? 유튜브 역시 광고주에게 이런 영상에 광고를 넣으라고 추천할 때는 기준이 필요하다. 아직 구독자가 없는 영상에 광고를 권유하면 광고주 주머니에서 절대로 돈이 나오지 않는다. 그 첫 번째 기준은 구독자 1,000명 그리고 1년 시청시간이 4,000시간을 넘어야 하는 것이다. 이 기준을 통과하면 구글애드센스 계정을 열어 수익을 받을 수 있다.

전체 광고 파이에서 대체 유튜브는 우리에게 얼마나 줄까? 영상 제작자인 유튜버에게 콘텐츠를 만든 노고에 보답하며 55%를 주고 유튜브는

45%를 가져간다. 유튜브가 다른 플랫폼보다 많은 사람을 유입하게 만든 결정타는 수익이다. 유튜브의 광고 시장이 날이 갈수록 커지면서 유튜브에 뛰어드는 사람도 늘고 있다. MCM이라는 소속사까지 등장하며 유튜버들을 전문적으로 관리해준다. 유튜브가 돈이 되는 시장으로 증명된 것이다.

••• 과유불급을 잊지 마라

먼저, 광고의 종류를 알아보자. 디스플레이 광고, 오버레이 광고, 스폰서 카드가 있지만 주로 PC 버전에서 활용된다. 그리고 화면에서 광고를 클릭해서 시청해야 광고 수익이 나온다. 일부러 광고를 클릭해서 보는 확률은 적다. 무엇보다 유튜브는 모바일 사용자가 훨씬 더 많다. 광고 수익 창출에서는 위 3가지는 불리한 조건이다. 우리가 주목해야 할 광고는 인스트림 광고다. 바로 영상 앞, 중간에 나오는 광고를 뜻한다. 광고 수입은 거의 인스트림 광고가 절대적이다.

영상의 길이와 광고 횟수는 앞에서 언급했다. 영상의 길이가 8분이면 시작 전 광고 하나만 가능하다. 영상의 길이가 8분이 넘어야 미드롤 광고(중간광고)를 넣어 2개가 가능하다. 광고를 많이 넣으려고 무리해서 영상의 길이를 만드는 것은 무리수이다. 영상 퀄리티를 생각하며 길이를 맞추어야 한다. 성공한 유튜버조차 8분 이하 영상이 생각보다 많다. 그 이유는 무리하게 시간을 맞추기보다 영상의 전체 퀄리티를 따지기 때문이다.

광고를 제안하는 유튜브가 되어 생각해보자. 수익이 더 많이 나는 영상을 좋아할 수밖에 없다. 이런 기준을 알아야 유튜브로 광고 수익을 더 받을 수 있다. 채널 특성으로 영상의 길이가 20분을 넘는 영상도 많다. 유튜버가 광고를 직접 설정하면 광고가 최대 4개 이상 나오기도 한다. 구독자도 눈감아 주는 선이 있는 것이다. 집중하고 싶은데 계속 광고가 나오면 방해가 될 수밖에 없다. 과유불급이라는 말은 광고에서도 진리다.

••• 구독자와 조회수 어느 것이 수익에 유리할까?

구독자와 조회수는 크게 보면 비례관계다. 하지만 모든 법칙에는 예외가 있다. 구독자는 많아도 조회수가 잘 나오지 않을 때가 있다. 그럴 때 유튜버는 고민에 빠진다. 채널에 문제가 있거나 방향성 혹은 영상이 재미없다는 의미이기 때문이다. 반면 구독자 수에 비해 조회수가 높은 영상이 많은 채널이 있다. 구독을 누를 만큼의 채널은 아니지만 영상이 시의성을 반영하거나 필요한 정보가 있는 경우다. 광고 수익은 조회수가 직접적으로 작용한다.

실제로 영상을 클릭한 후에 시청해야 광고까지 보기 때문이다. 2개의 광고가 있는데 하나만 보는 것과 2개 다 보는 것은 당연히 차이가 있다. 이 모든 것은 시청시간과 관련되어 있다. 구독자가 많다고 시청시간이 높은 것은 아니다. 또 강의, 교육으로 긴 영상이 많은 채널도 수익이 높다. 시청시간이 잘 나오기 때문이다. 쉽게 말하면 가게의 크기가 중요한 것이 아니라 매출이 중요하다. 얼마나 많은 사람이 가게에 들어와서(클릭수) 머물다가(시청시간) 갔는지가 중요하다.

••• CPM과 RPM은 대체 뭐야?

CPM은 조회수 1,000회당 받는 광고비이다. CPM은 2가지로 나뉜다. 일반 CPM은 광고영상이 노출되는 1,000건마다 받는 광고비다. 두 번째는 광고 영상이 1,000회 재생되었을 때 받는 광고비다. 여기서 중요한 것은 재생기반 CPM이다. 영상을 1,000회 본 것이 아니라 광고 영상이 1,000회 재생된 것을 의미한다. 그야말로 광고를 봐야 광고비를 받을 수 있는 것이다. 광고 단가로 재생기반 CPM이 높을 수밖에 없다.

같은 영상에 광고 단가가 다른 이유는 무엇일까? 광고가 절대적인 조건이 아니라 상대적이기 때문이다. 먼저 국가별로 단가가 다르다. 보통 선진국에서는 단가가 7~8원 나오며, 동남아권은 1원도 안 되기도 한다. 또 주제별로 다를 수 있다. 채널 특성상 '뷰티'는 광고효과가 매우 높다. 그렇다면 광고 단가가 높을 수밖에 없다. 여러 가지 조건과 이유로 유튜버들이 비슷한 조건에서도 결과가 다르게 나온다.

CPM은 광고주가 계산하는 방법이고, RPM은 유튜버 중심의 계산 방법이다. 유튜브는 광고 수익 외에 유튜브 프리미엄, 유튜브 멤버십, 슈퍼챗이 추가로 생겼다. RPM은 이 모든 것을 합산하여 산출되는 값이므로 더 편하다. 조회할 때마다 1원이라는 말이 여기에서 나왔다. RPM은 조회수 1,000회당 유튜버가 받는 수익의 단가인 셈이다. CPM, RPM으로 나누어 계산하는 것은 모두 수익 추정을 위한 일이다. 하지만 가장 정확한 것은 통장에 찍힌 금액이다.

••• 유튜브 프리미엄 구독자, 유튜브 멤버십, 슈퍼챗은 어떻게 받을까?

유튜브 프리미엄을 구독하면 광고 없이 영상을 바로 볼 수 있다. 그렇다면 나의 구독자 중에 내 영상을 보았는데도 수익은 유튜브가 다 가져갈까? 광고 수익을 계산할 때 프리미엄 구독자의 조회수는 따로 정산되니 걱정하지 말자. 요즘 트렌드는 구독자가 많아질수록 유튜브 멤버십 그리고 라이브를 통한 슈퍼챗을 이용한다. 유튜브가 수익의 30%를 갖고 나머지 70%는 유튜버의 수익으로 돌아간다. 유튜버와 구독자 사이의 거래이므로 수수료를 광고 수익보다 적게 가져가는 것이다.

••• 광고 수입이 들어오지 않는다면?

유튜브 커뮤니티 가이드라인을 확인해야 한다. 일명 '노란 딱지'가 붙는 경우다. 광고 수익을 집행하는 광고주의 마음에 드는 영상을 만들어야 한다. 광고 제한이 되는 콘텐츠를 알아보자.

유튜버는 언어로 이야기하는 경우가 대부분이다. 부적절한 언어 즉 욕설이나 경멸하는 표현은 하지 말아야 한다. 폭력성을 강조하는 콘텐츠도 부적합하다. 콘텐츠 흐름에서 잔인하거나 폭력적인 부분이 일부는 가능하다. 불필요하게 폭력성에 집중되어 있다면 광고가 제한된다.

유튜브에는 성인용 콘텐츠가 은근히 많다. 요즘은 프리미엄 멤버십으로 '19세 이상 이용 가능'으로 운영하는 유튜버도 있다. 콘텐츠는 일차적으로 알고리즘이 걸러내는데 살색이 너무 많이 노출되어도 경고를 받는다. 과도한 노출, 성적 콘텐츠 모두 광고 제한이 붙는다. 그 밖에 증오성 콘텐츠, 도발이나 비하, 마약 관련 콘텐츠도 당연히 안 된다. 논란의 소지가 있는 민감한 사건 즉 전쟁이나 테러, 정치적 분쟁도 마찬가지다.

현재 광고 수익을 얻는 유튜버의 채널은 5만 개 이상이다. 1년 수입이 8,000만 원 이상이며 구독자 수가 10만 명 이상인 채널은 3,800개로 집계되었다. 한국은 유튜브 광고 시장에서 전 세계 8위 수준이다.(한국경제신문 2020. 8. 11 기사 참조).

수익은 그야말로 천차만별이다. 이제 시작하여 불과 몇천 원 수익이 나는 병아리 유튜버부터 억소리 나는 유튜버까지! 기죽지는 말자. 보이는 것이 전부는 아니다. 사실 유튜브는 광고 수익 말고도 다른 기회가 많이 숨어 있다.

LESSON 35

광고 수익보다 더 큰 수익이 생기는 방법이 있다

••• 수익은 다다익선이 맞다!

유튜브가 커질수록 수익에 예민해지며 조건이 까다로워지는 것을 느낄 수 있다. 성공한 유튜버는 그 한계를 넘어서 자신만의 브랜드를 구축하고 있는데, 그 이유는 바로 광고 수익보다 더 큰 기회를 만들고 있기 때문이다. 더 쉽게 비유하면 연예인도 한 번 뜨면 여러 광고에 나오지 않던가. 광고는 한 번에 큰돈을 버는 기회다. 유튜버도 인지도를 높여 브랜딩한 후에는 성공으로 가는 빠른 길이 열린다. 유튜브는 무한대 놀이터와 같다. 회전목마만 탈지 롤러코스터를 타고 상승할지 능력대로 할 수 있는 곳이 유튜브 세상이다.

영상에 삽입된 광고, 인스트림 광고는 간접적인 광고 수익이라 볼 수 있다. 유튜버가 양질의 콘텐츠를 만들면 유튜브가 알아서 광고를 넣어주기 때문이다. 유튜브를 들썩였던 그 '뒷광고'는 유료 광고로서 직접적인 광고 수익이다. 다만 문제가 된 것은 돈을 받고 홍보했음에도 대가성이 없었다고 거짓말을 했기 때문이다. 치킨부터 자동차까지, 인물 인터뷰조차 모두 유료 광고의 대상이다. 이제 더는 숨길 필요가 없으니 그냥 솔직히 유료 광고를 하자.

유튜버가 힘들게 콘텐츠를 만들고 채널을 키운 노력의 보상이 있어야 한다. 시청자의 시선에는 아직까지 유료 광고가 긍정적으로 보이지 않는다. 기업이 광고를 제안할 때 유료 광고가 아닌 것처럼 해달라는 유혹도 있다. 유료 광고라고 밝힐 때 홍보 효과가 떨어지기 때문이다. 사람들은 유튜버가 쉽게 돈을 많이 버는 것 같아서 질투한다. 현실에서는 유튜버 중에 광고 수익만으로 생계가 되는 사람은 극히 일부분이다. 유튜버도 유료 광고라 당당히 밝히고 노력한 대가를 정당히 받는 문화가 생겨야 한다.

먼저, PPL이 무엇인지 정확히 알아두자. 구독자가 어느 정도 모이면 채널 주제와 관련한 업체에서 연락이 생각보다 많이 온다. PPL은 기업이 협찬을 대가로 유튜브 방송 중에 자연스레 홍보하는 것이다. MBC 프로그램 '환불원정대'에서 유재석이 공개적으로 PPL 제품을 홍보했다. PPL도 방송의 일부라고 받아들이는 시대가 되었다. 외주제작비를 마련하기 위해 필요한 부분이라 시청자도 이해하는 눈치다. 유튜브도 방송프로그램처럼 콘텐츠 생산 비용이 발생한다. 기본 영상편집, 함께하는 스태프, 콘텐츠를 만들 때의 활동비가 모두 비용일 수밖에 없다.

PPL처럼 유료 광고는 구독자가 많지 않아도 기업에서 의뢰가 먼저 들어오기도 한다. 채널 성향과 잘 맞고 실제 사용 후기가 좋다면 진정성을 담아 PPL 진행을 해보자. 유튜버가 먼저 기업에 제안할 수도 있다. 자신이 평소에 애용하고 잘 아는 제품이라면 얼마든지 소화해낼 수 있다. 적극적으로 움직일수록 더 많은 기회를 잡는 것은 당연하다. 구독자 수가 적어서 안 된다는 생각은 버리고 제품을 무료로 제공받을 수 있는 기회를 만들어보자.

••• 콘텐츠 자체를 활용해라

특정 주제 전문가인 유튜버로 인정받고 수익도 생기는 길이 있다. 바로 '클래스 101' 진출이다. 내가 아는 유튜버 중에 벌써 10명이 넘게 클래스 101에서 자신의 콘텐츠를 강의로 판매한다. 유튜브에서 콘텐츠의 퀄리티가 높으면 클래스 101에서 먼저 연락이 온다. 당신의 강의를 런칭시켜 주겠다고! 유튜브는 자신의 포트폴리오를 만들 때 최고의 플랫폼이다. 영상만 보더라도 해당 유튜버의 강의력을 알 수 있다. 클래스 101뿐만 아니라 여러 곳에서 강의 제안이 들어온다.

더 빨리 PPL이나 비즈니스 협업을 만들고 싶다면 채널 정보에 연락처를 남겨야 한다. 유튜브 채널 정보에 비즈니스 문의와 함께 이메일 주소를 적어 두면 준비된 사업가로 보인다. 손님이 오기 전에 손님 맞을 준비를 미리 하자! 전화번호보다 이메일 주소를 추천한다. 유명할수록 직접 연락을 하지 않는다는 것을 명심하자. 사생활 보호 차원에서도 이메일을 추천한다. 어느 날 문득 'DM 문의'라는 반가운 메일을 상상해보자.

••• 직접 혹은 간접판매의 길, 커머스 사업

유튜브 콘텐츠 중에 제품과 뗄 수 없는 주제가 있다. 운동을 예로 든다면, 운동복과 운동기구, 건강보조식품 등은 같이 동반된다. 영상과 관련한 제품이 있다면 영상 설명란에 링크로 걸어 놓는다. 링크를 타고 들어가면 제품을 구매할 수 있게 만들어놓는다. 제품을 직접 생산하거나 제조를 한다면 바로 홈쇼핑을 연출해도 된다. '농튜버'는 제철 과일이 나오면 영상으로 만들어 홍보하고 판매한다. 직접판매의 최대 장점은 무엇일까? 바로 수수료가 없다는 점이다! 직접판매가 가격경쟁력을 갖출 수 있는 이유다.

안인정 KNOWHOW

나 역시 직접판매하는 네트워크사업에서 성공할 수 있었던 것은 유튜브를 포함한 온라인마케팅 덕분이었다. 이제는 사람을 직접 만나거나 소개를 받아야 하는 전통적인 방식은 더는 어려운 시대가 되었다. 하지만 우리는 유튜브처럼 온라인이라는 누구나 아는 플랫폼으로 얼마든지 직접판매를 할 수 있다. 유튜브나 블로그에 영상을 올리고 글을 쓰는 일은 시간을 내서 누구나 할 수 있다. 비용도 들지 않는다. 꾸준히 하는 사람에게는 눈에 보이지 않지만 수익이 점점 생긴다. 나의 주변 사람들은 내가 어떻게 돈을 버는지 이해를 하지 못했다. 왜? 나의 일은 온라인에서 주로 이루어지기 때문이다.

구독자 39만 명의 'JM'은 추천인 링크로 제품과 연결되어 수익이 발생하였다. 그가 사용한 편집 앱, 장비 등을 설명란에 링크로 걸어 놓았다.

게시된 링크는 추천인 링크가 포함되어 물건을 구매할 때 JM에게 수수료가 지급되었다. 일종의 직접판매 제도처럼 추천한 사람에게 수수료를 주었다. 자신이 사용한 제품을 자연스레 노출하며 판매 수익의 일부를 받을 수 있으니 일거양득인 셈이다.

영업인, 소상공인도 유튜브를 통해 얼마든지 판매로 연결되도록 만들 수 있다. '무신사TV'는 무신사가 만드는 패션 채널로, 영상에 나오는 제품을 곧바로 구매할 수 있다. 무신사가 운영하는 온라인 스토어에서 마음에 드는 제품과 바로 연결하는 올인원 시스템이다.

또 상담이 필요한 영업은 어떤 방법이 있을까? 바로 '카카오 채팅'을 링크로 게시하는 것이다. 직접판매가 가능한 제품 외에도 추가적인 정보로 상담이 필요할 때도 있다. 이럴 때에는 전화번호보다 실시간 채팅이 되는 카카오 채팅이 제격이다.

OTT(Over The Top)는 인터넷으로 볼 수 있는 TV 서비스를 말한다. 여기서 Top은 TV에 연결된 셋톱박스를 의미하는데, 요즈음 인터넷 기반 동영상 서비스를 포괄해서 의미한다(네이버 지식백과 참조). TV 프로그램에서도 유튜버를 만날 수 있는 시대다. '도티잠뜰', '겜브링'처럼 인기 많은 게임 채널부터 1인 다역 병맛 코미디 '밍꼬발랄'까지! 쉽게 말하면 TV 프로그램에서 유튜브 콘텐츠를 이용할 수 있는 권한을 산 것이다. 좋은 콘텐츠는 그 자체로 상품이 되어 판매가 된다. 한류의 바람을 타고 한국 드라마가 거액에 수출된 것처럼 말이다.

앞으로는 OTT 시장의 확대와 함께 TV의 역할이 더 다양해질 것이다. 어차피 시청할 유튜브라면 부모는 아이에게 TV로 '보람튜브'를 보여줄 것이다. 1인 가구라면 TV로 보고 싶은 채널을 마음껏 볼 것이다. 세상은 경계가 없는 통합, 융합으로 바뀌고 있다. 유튜버가 인터넷 매체와 콘텐츠를 함께 만들어 새로운 콘텐츠를 생산해 내는 시대가 되었다. 기존에 존재했던 방송국, 언론 매체 등은 유튜브가 새로운 소스가 되고 있다.

유튜브는 광고 수익 말고도 다양한 방법으로 수익을 만들 수 있다. 유튜브는 1인 창업이므로 무엇이든 스스로 해야 한다. 투잡(two job)으로 유튜브를 하는 것은 미래에 불안감을 느끼고 또 다른 일을 준비하기 위함이다. 무(無)에서 시작한 유튜브지만 축복받은 자에게는 엄청난 기회를 선사한다. 이 모든 것은 유튜버가 만들기 나름이다.

디지털 시대에 신의 직장은 점점 사라지고 있다. 창의적이고 적극적인 사람이 더 많은 기회를 얻는다. 유튜브에서 자신의 역량을 얼마나 펼치고 확장하느냐에 따라 얻을 수 있는 것이 많다. 오늘도 많은 유튜버가 자신의 한계를 깨고 새로운 분야에 진출하고 있는 이유다.

안인정 KNOWHOW

브렌든 버처드의《백만장자 메신저》를 읽고 내가 아는 사람들에게 유튜브를 더 적극적으로 추천하게 되었다. 미국에는 온라인플랫폼을 기반으로 엄청난 수익을 올리는 메신저가 많다. 그들도 처음부터 잘한 것은 아니다. 남들보다 조금 더 잘하거나 알고 있는 지식을 공유해서 백만장자 메신저가 된 것이다.

유튜버 역시 메신저이다. 누구나 자신이 가지고 있는 콘텐츠가 많은데 사람들은 그 가치를 몰라도 너무 모른다. 나는 그것이 정말 안타깝다. 나의 고객 중에는 대체의학, 민간요법의 일인자가 있다. 우리는 건강 이야기를 하면서 한 시간이 넘게 통화를 하기도 한다. 나는 그분에게 자주 말한다. "제발 이 좋은 내용을 유튜브로 알리세요. 많은 사람에게 필요한 정보라고요!" 나만 알기에는 너무 유용한 정보인데 그것을 유튜브로 널리 알리지 않는 게 너무 아쉽다.

특히 어른들의 지혜를 들을 때면 이런 생각이 더 강해진다. 누구나 살면서 깨닫는 포인트가 다르고 메시지도 다르다. 또 오랜 세월 살면서 적어도 책 10권 분량의 이야기가 나올 만큼 많은 스토리를 가지고 있다. 나는 40년 만에 아버지와 처음 여행을 하면서 자서전을 써드리고 싶다는 마음이 생겼다. 80년의 세월을 책 한 권에 다 담을 수는 없겠지만 아버지의 인생에 가장 빛나고 숭고했던 순간들을 기록하고 싶어졌다. 막상 글을 쓰는 것은 어른들에게는 버거운 일이라 먼저 영상으로 만들어야겠다고 생각했다. 표정이나 목소리에서 모든 것을 있는 그대로 다 느낄 수 있으니까 말이다. 부모님의 삶을 기록한다면 훗날 살아있는 교훈의 책이 되지 않을까 싶다. 이제 조금 서둘러 그 작업을 해야겠다. 시간은 무한정으로 우리를 기다려주지 않으니까.

LESSON 36

부업이냐, 전업 유튜버냐?

••• 결정하는 시기는 나만 알고 있다

유튜브에는 '키즈' 유튜버부터 '실버' 유튜버까지 다양한 연령대와 직업군이 있다. 코로나19로 비대면 시대에 돌입하면서 전문직 종사자도 유튜브에 몰리고 있다. 유튜브를 하려고 직장을 그만두고 올인하는 전업 유튜버가 있어 우려하는 시선도 있다. 모두 시작하는 동기나 타이밍은 다르지만 어느 시점에는 유튜브의 중심에 설 때가 반드시 온다.

유튜버의 가장 큰 기준점은 누가 뭐라 해도 수익일 것이다. "밥은 먹고 다니냐?"라는 질문에서 자유로워야 의사결정이 빨라진다. 진정 수익이 목적이 아니라 자기만족으로 콘텐츠를 만든다면 고민할 필요가 없다. 솔직해져야 한다. 많은 유튜버의 목표는 미래에 투자하는 것이다. 기대하는 것이 반드시 있다는 의미다. 구독자 수가 생각보다 늘지 않아 고민하면서 '계속 콘텐츠를 만들어야 하나?' 생각을 했다면? 그것은 노력한 만큼 기대를 하고 있다는 방증이다. 아무것도 바라지 않고 즐기기만 했는데 성공했다는 말을 어디까지 믿어야 할까? 누구나 유튜브를 시작하면 자신이 노력한 만큼이라도 대가를 받고 싶어 한다. 구독자 수, 조회수, 광고 수익으로 말이다.

얼마만큼의 노력을 기울여야 성공으로 가는지 수치로 나타내기는 어렵다. 운칠기삼이란 말이 있듯이 노력한 만큼 운도 따라 주어야 성공이라는 퍼즐이 완성된다. 세상 모든 사람의 성공 타이밍이 다르듯이 유튜버도 마찬가지다. 자신의 믿음과 결정, 행동이 성공의 확률을 높여준다. 어떤 유튜버의 성공 스토리를 그대로 따라 한다고 성공하는 것은 아니다. 다시 말하지만 유튜버는 모든 것을 스스로 결정해야 한다. 그리고 그 결정에 책임을 다하는 것이 가장 좋은 선택이라고 말하고 싶다.

••• 성공하는 시기마다 차이점이 있다

유튜브 초기에는 아프리카 BJ 출신들이 유튜브로 건너와 빨리 자리를 잡았다. 이미 아프리카 방송에서 경력을 오래 쌓고 수많은 팬을 확보하고 있었기 때문이다. 절대적으로 유리한 위치에 있었기에 지금 상황과 비교하는 것은 맞지 않다. 이들도 처음에는 아무 팬도 없이 출발한 것은 마찬가지였지만 말이다.

유튜브 초창기에 각 분야에서 될성부른 나무는 MCM에서 일찌감치

모셔갔다. 게임 유튜버 '겜브링'도 초창기에는 구독자가 많지 않았음에도 MCM에서 먼저 제의가 들어왔다.

지금은 유튜브 2세대라고 불린다. 1세대는 이미 유리한 조건에서 자리를 잡았고, 2세대는 치열한 경쟁에 돌입했다. 경쟁에서 살아남기 위해 전업으로 시작하는 유튜버도 있다. 여전히 대다수의 유튜버는 일상에서 취미 수준으로 시작한다. 어떻게 시작을 하든 중요한 것은 꾸준한 성장과 함께 안정궤도에 오르는 것이다. 무모한 도전을 할 수 있는 위치와 아닌 위치를 자신이 알고 있어야 한다.

••• 유튜브를 대하는 자세는 제각각이다

구독자 114만 명을 보유한 '고몽'은 신의 직장이라 불리는 곳에서 근무하였다. 고몽 역시 취미로 시작한 유튜브였다. 직장 생활과 병행하면서 유튜브 수익이 직장 연봉을 넘어서도 직장 생활을 계속하였다. 현상 유지나 꾸준한 성장도 괜찮다는 마음이라면 두 가지 일을 동시에 할 수도 있다. 고몽은 지금은 퇴사 후에 방송을 하며 더 멋진 성장을 하고 있다. 고몽은 스스로 타이밍을 알았다. 스스로 책임질 수 있는 타이밍을! 이제 전업을 선택한 고몽은 시간의 제약 없이 많은 것에 도전하고 이룰 수 있는 자유를 얻었다.

케이블방송에서도 만나는 유튜버 '겜브링'은 대학병원 간호사였다. 유튜브를 전업으로 시작할 때 그의 아내는 임신 중이었다고 한다. 한 가정의 가장으로 유튜브를 전업으로 할 때 그의 마음은 어땠을까? 전업으로 몰입하여 영상을 만들면 더 좋은 콘텐츠가 나온다. 미래에 대한 불안감만 없으면 말이다. 다행히도 아내는 그의 선택을 존중해주었다. 그는 확신이 있었기에 과감히 직장을 포기하고 지금의 겜브링으로 대성하였다. 겜브링 역시 스스로 타이밍을 알았다. 과감히 올인해야 하는 타이밍을!

70만 구독자가 넘은 '이라이라경'은 이벤트 회사에서 첫 직장 생활을 시작하였다. '회사에서 몰래 ○○하기' 영상을 보면 그녀의 넘치는 끼를 한눈에 알 수 있다. 그렇게 시작한 첫 직장을 6개월 정도 했다. 퇴사를 한다고 하면 회사에서 한 번쯤은 회유를 할 만도 한데 모두 그녀의 퇴사를 응원해주었다. 그녀는 하고 싶은 것을 마음껏 하기 위해 퇴사를 결심했다. 퇴사를 응원하던 직원들의 반응이 오히려 그녀에게 성공의 칼을 쥐여준 계기가 된 것은 아니었을까?

인생에는 반전이란 것이 있다. 안정된 직장을 그만둔 후에 그녀는 날개를 달았다. 그녀는 전국노래자랑에 출연했다. 그녀의 흥이 폭발하여 급기야 화면을 찢어 버렸다. 그 영상은 무려 600만 뷰가 나왔다. 직장에서 환영받지 못했던 그녀는 지금 70만 구독자의 사랑을 전폭적으로 받고 있다. 얼마 전 화제가 된 가슴성형 가족 몰카 영상은 인터넷 뉴스에 기사화되었다. 흥부자 20대 이라이라경은 회사의 틀에서 벗어나 자신의 능력을 마음껏 발휘하고 있다. 그녀 역시 스스로 알고 있었다. 자신의 끼를 마음껏 발산하며 살아야 한다는 것을!

제품 리뷰, 일본인 아내와의 일상을 올리는 'JM'은 직업이 테니스 국제

심판이다. 일본에 거주하며 유튜브를 하는 JM은 본업도 잘하고 있다. 가끔 한국에서도 재미있는 영상을 만들어 업로드하는 그의 삶은 다채롭다. JM은 두 가지 일을 역량껏 최선을 다하고 있다. 그는 본업도 유튜버도 즐기며 한다. 꼭 하나만 선택할 필요는 없다. 어디에 목표를 설정하느냐에 따라 선택이 달라진다. 지금 이대로 만족하며 미래지향을 꿈꾼다면 얼마든지 가능한 일이다.

••• 트렌드를 반영하는 유튜버

지금은 유튜버들은 '부업이냐, 전업이냐'의 기준점이 사라지고 있다. 유튜버로 성공하면 유튜브 외에 여러 가지 수익사업이 연결되기 때문이다. 'N잡러'라는 신조어가 있다. 복수를 의미하는 'N'과 직업을 뜻하는 'job'에 사람 의미의 '~er'이 조합된 단어다. 이제는 한 가지 직업만을 고수하는 시대는 아니다. 유튜버도 전문 직업이자 자신이 하는 일의 확장 영역이다. 디지털 시대에는 경계가 점점 사라지고 있다.

세상은 경계, 기준점이 사라지며 통합과 융합을 향해 가고 있다. 그러나 알면서도 현실에 적용하기는 쉽지 않다. 세상이 내가 원하는 방향으로 바뀌는 게 아니라 내가 세상의 흐름에 따라 가야 하기 때문이다.

유튜브로 많은 사람이 몰려드는 이유도 하나의 트렌드이기 때문이다. 어느 하나를 선택하기보다 물감을 섞어 여러 색을 만들어 보는 과정의 일환이다. 자신의 여러 콘텐츠를 합쳐보고 만드는 과정에서 새로운 콘텐츠가 나오듯이 말이다.

안인정 KNOWHOW

결국 유튜브에 발을 담그는 사람들의 최종 목표는 '성장'이다. 성장에는 시간, 노력, 운 모든 것이 다 필요하다. 수학 공식처럼 정답이 있으면 편하지만 인생에는 정답이 없다. 전업으로 할지, 부업이자 나의 취미생활이 될지는 본인만이 결정할 수 있다. 또 그 결정이 정답이라는 보장도 없다. 유튜브 영상 중에 '유튜브 하지 마세요'라는 영상도 있을 정도니까! 중요한 것은 자신이 덜 후회하는 결정을 내릴 수 있게 통찰력을 키우는 것이다.

LESSON 37

유튜버의 가장 진실한 목표는 돈이다

••• "나는 돈을 좋아해!"

유튜버는 성장 단계에서 비슷한 패턴의 영상을 만든다. 구독자 1,000명, 1만 명이 되면서 유튜브에 셀프 리뷰 영상을 올린다. 시청자의 궁금증을 일부라도 풀어주려고 유튜버로서 느낀 점을 솔직히 이야기한다. 여기에 빠지지 않는 항목이 바로 수익, 돈이다. 시청자들은 광고 수익으로 얼마가 나오는지 가장 궁금해한다. 유튜브에서 최대의 관심사는 '돈'이다. 돈이 사람들을 유튜브의 세계로 자석처럼 끌어당긴다.

유튜브보다 먼저 개인 방송을 시작한 플랫폼은 '아프리카TV'였다. 연예인의 인기가 부럽지 않은 BJ가 별풍선을 받으며 활발하게 활동했다. 처음부터 BJ들이 유튜브로 바로 건너온 것은 아니다. 그들을 움직이게 만든 것은 유튜브가 광고 수익을 일정한 비율로 나눠 주는 정책이다. 유튜브는 콘텐츠 즉 볼거리가 많아야 구경꾼도 생긴다. 인기 BJ들이 유튜브로 건너와 재미있는 콘텐츠를 만드니 시청자도 빠르게 늘어나기 시작했다.

물건(콘텐츠)을 파는 사람, 구경(시청자)하는 사람이 몰려드는 유튜브 시장에 실세가 나타나기 시작했다. 일명 쩐주인 광고주이다. 홍보하는 만큼 수익을 보장하는 유튜브 시장은 불처럼 타오르며 신흥 부자를 탄생시키기 시작했다. 미국의 캘리포니아 드림처럼 돈이 된다는 소문에 일반인도 '유튜버 되기' 열풍이 불었다. 전체적인 흐름과 움직임을 보면 유튜브를 움직이는 힘은 바로 '돈'이다. 이제는 인정하자. 우리는 돈을 좋아하고 더 갖고 싶다고 말이다.

어린이들에게 엄청난 사랑을 받은 '캐리TV'의 1대 캐리 언니를 다들 기억할 것이다. 캐리소프트의 1대 '캐리'로 2017년 초반까지 활동하였다. 캐리TV의 절대적인 캐리 언니가 다른 언니로 바뀌자 그야말로 인기가 뚝 떨어졌다. 키즈 시청자의 원성이 자자했다. 1대 캐리 언니는 현재 '헤이지니' 채널로 활동하고 있으며 245만 명의 구독자가 있다. 일반 직장인도 회사를 옮길 때 더 높은 연봉을 받으려고 옮기는 것과 같은 이유 아닐까? 모든 거래는 조건이 맞아야 이루어진다. 그 요소 중에 돈이 중심에 있다.

키즈 채널도 당연히 비즈니스의 연장선이다. 아이들과 행복하게 놀이

하며 돈을 벌 수 있다면 그것은 신의 직장이다. 어떤 주제의 채널이건 목적이 있고 결과가 받쳐 주어야 살아남을 수 있다. 현재 국내 키즈 채널에서 독보적인 존재인 '쌍둥이 루지' 채널은 곧 1,000만 구독자가 눈앞이다. 미국의 유튜버 분석 사이트 '소셜블레이드'가 추정한 루지의 월간 수입에 놀라지 마라. 월 8,200~1,600만 달러(약 1억 1,500만~18억 8,000만 원)다. 금액 구간 간격이 크지만 중간 값을 계산해도 10억 원 정도가 된다. (2019. 7. 27 조선일보)

키즈 채널을 두고 아동학대 등 여러 가지 말들이 많았다. 아이들을 이용해서 돈을 번다며 부모들은 부정적으로 바라보았다. 생각의 차이가 다른 것뿐이다. 가족끼리 추억도 만들고 나의 콘텐츠를 누군가와 공감하는 것이 정말 나쁜 것일까? 그야말로 내가 하면 로맨스이고 남이 하면 불륜인 것과 같다. 내가 그런 부모가 아니라서 혹은 나의 자녀가 끼가 없다고 해서 질투하는 것은 아닐까? 키즈 채널을 보며 커가는 아이들로 대리만족하는 시청자도 많다. 누군가에게 감동과 웃음을 주는 일은 좋은 것이다.

••• 말하기 불편한 진실

먹방 유튜버는 한 달에 식비만 400~500만 원이 나올 때가 있다고 한다. 콘텐츠를 만들려면 비용이 발생한다. 음식값처럼 물질적 비용, 그리고 금보다 소중한 시간 비용까지도 말이다. "어차피 본인이 먹는 음식이잖아!"라고 한다면 할 말이 없지만 결국 콘텐츠를 만들기 위함 아닌가. 마이너스 투자를 계속하고 싶은 사람은 아무도 없다. 유튜버는 콘텐츠로 보상이 따라야 하고 결국에는 돈이 되어야 한다.

유튜브를 하는 가장 진실한 목표는 바로 돈이다. 아직까지도 한국은 돈으로 목표의식을 드러내는 것을 불편해한다. 이 고정관념을 바꿔주는 좋은 예를 찾는다면 '신사임당'을 꼽을 수 있다. 왜 시청자들이 그의 채널에 열광할까? 누구나 좋아하고 관심 있는 돈을 노골적으로 다루기 때문이다. 남에게 말하기는 곤란하지만 유튜브 방송으로 혼자만 열정적으로 배우는 것이다. 유튜브에서 '돈을 버는 법'이나 '재테크'는 조회수를 보장하는 주제 중 하나이다.

'사람으로부터 돈이 나온다'는 말이 있다. 사람이 있어야 거래가 되고 돈이 되는 정보도 사람이 가져다준다. 디지털 시대라고 로봇이 로봇과 계약하지는 않는다. 모든 유튜버가 자신이 잘하는 분야를 콘텐츠로 만들어 상품화한다. 웃음만 가득한 상품이라도 충분히 가치가 있다. 남을 웃게 만드는 일은 쉬운 일이 아니다. 직접 만든 모든 콘텐츠는 충분한 가치가 있고 그 가치로 보상을 받으려면 적극적이어야 한다.

유튜브에 익숙한 시청자는 자신이 응원하는 유튜버를 위해 광고도 기꺼이 끝까지 본다. 유튜버의 추천이 아닌 시청자의 자발적인 행동이다. 광고도 영상에 방해가 될까 봐 뺄 수 있는 광고는 빼버리는 유튜버도 있다. 어느 날 한 유튜버의 영상에는 "이제 광고를 더 넣으셔도 됩니다"라는 댓글이 남겨져 있었다. 유튜브가 어떤 원리로 서로에게 도움이 되는지 사람들은 알기 시작했다. 좋은 콘텐츠를 만들어 준 감사의 표시로 광고를 끝까지 보는 것이다.

'이라이라경'처럼 더 자주 배고파지는 삶을 사는 유튜버들이 분명 많을 것이다. '말하지 않아도 알아요' 모드는 20~30년 같이 살아온 부부나 하는 것이다. 자신에게 도움 되는 조건을 표현해도 좋다. 'JM'처럼 제품 링크를 걸어 두고 구매 일부가 수익금이 된다고 밝히면 된다. 시청자는 유튜버의 개인적인 삶을 자세히 모른다. 보통 화면 속의 화려한 모습만 그 사람의 실체라고 생각할 수도 있다. 수입이 안정되어야 내가 좋아하는 콘텐츠를 만들고 시청자에게 오래 사랑받는 유튜버로 남을 수 있다.

명품 외제 차를 리뷰하여 논란의 중심이 된 '카걸'은 결국 유튜브의 역사 속으로 사라졌다. 이것은 잘못된 예시이다. 보통의 유튜버라면 자신의 상황에 맞는 콘텐츠로 발전해 나가는 모습에서 호감을 얻어야 한다. 카걸은 방송 출연까지 하며 럭셔리한 삶을 보여주었고 많은 이들의 워너비였다. 많은 협찬과 컬래버레이션 등 유튜버의 신흥부자 대열에 오를 수 있었다. 건전한 욕망은 좋지만 거짓에서 출발한 욕망은 대중의 질타를 피할 수가 없다.

유튜브 시장은 자본주의의 축약판이라고 볼 수 있다. 출발부터 금수저를 물고 시작하는 연예인도 있으나 대부분은 평범한 일반인이다. 출발은 다르지만 결과는 예측할 수가 없다. 국내 상위에 랭크된 유튜브 채널은 대부분 일반인이 운영한다. 그리고 광고 수익 외에 여러 활동이나 판매 등으로 수익사업을 하고 있다. 유튜버의 수익을 정확히 측정할 수 없는 이유는 다양한 방법으로 수익을 만들기 때문이다.

잘되는 채널일수록 수익사업에 더 적극적이다. 부자가 돈 버는 일에 더 관심이 많은 것과 맥락을 같이한다. 유튜브를 오래 하는 가장 큰 동기부여는 바로 돈이다. 주변에 유튜브를 하다 금방 접는 사람을 보았을 것이다. 기대한 만큼 돈이 되지 않기 때문이다. 사람은 솔직한 속마음은 숨기고 다른 이유를 말한다. 하지만 자신은 속일 수가 없다. 자기 자신에게 먼저 솔직해지자. 나는 돈을 좋아하고, 돈이 필요하며, 유튜브가 나에게 돈을 벌게 해주길 말이다.

LESSON 38

광고는 표기법을 알고 해야 한다

••• 뒷광고의 문제

2020년은 '뒷광고' 논란이 유튜브 세계에 큰 파장을 불러일으켰다. 가짜 뉴스, 유해한 영상 등 탈도 많던 유튜브 세계를 정화하는 계기가 되었다. 가장 파장이 컸던 뒷광고로 많은 유튜버가 떠나거나 잠정 중단 중이기도 하다. 뒷광고는 이미 짐작하거나 알고 있는 일부 유튜버들의 경고가 있었다. 유튜브는 유료 광고정책 변경을 이미 1년 전부터 예고했었기 때문이다. 앞으로 유튜브는 성장 속도만큼 정책은 점점 까다로워질 것이다. 파파라치처럼 내 채널을 감시하는 눈이 많이 있으니 속일 생각은 금물이다.

뒷광고 논란은 거짓말 때문에 더 커지게 되었다. PPL, 유료 광고는 불법이 아니다. 돈을 받고 홍보를 해주는 일은 어찌 보면 당연한 일이다. 문제는 돈과 제품을 받은 적이 없다는 거짓말에서 비롯되었다. 어느 날 유튜브 영상에 터질 게 터졌다며 뒷광고를 한 유튜버들의 실명이 나오기 시작했다. 뒷광고를 조목조목 증명하는 저격 영상이 나오면서 세상에 알려졌다. 누구나 잘못을 하고 실수를 할 수 있다. 뒷광고가 터졌을 때 잘못을 시인하고 사과를 했다면 시청자의 실망이 분노로 커지지는 않았을 것이다.

대부분 지목된 유튜버들은 바뀐 유료 광고정책을 몰랐다고 해명했다. 하지만 뒷광고 거래가 있을 정도의 유튜버는 MCM(소속사)가 있다. 회사는 바뀐 정책을 유튜버에게 공지했다는데 유튜버는 몰랐다고 한다. 누구의 말이 맞을까? 결국 시청자에게는 서로를 탓하는 말로 들릴 뿐 양측을 신뢰할 수 없었다. 회사에 소속된 유튜버들은 비즈니스를 하는 것과 마찬가지다. 책임감 없는 말과 행동은 결국 본인에게 피해가 고스란히 오는 법이다.

시청자의 사랑이 너무 컸던 것일까? 일부 유튜버는 눈치 없는 행보를 이어 나갔다. 본인은 절대 뒷광고를 하지 않았다고 발뺌 영상을 내놓았다. 이미 증거가 너무 적나라하게 드러나 결국 뒷광고를 인정하고야 말았다. 어떤 유튜버는 말없이 유료 광고 표시를 하지 않았던 영상을 슬며시 표기해 놓았다. 건전하게 방송하는 유튜버까지 피해를 입자 유튜버끼리 폭로전도 이어졌다. 이런 사건을 놓치지 않으려고 하이에나식의 유튜버들도 생겨났다. 유튜버들의 진실 공방 소재로 영상을 만들어 자신의 구독자를 늘려나갔다.

가장 핫한 유튜브가 청정지역이 되는 것은 불가능하다. 그럼에도 비즈니스 세계에는 룰이 있다. 지켜야 할 선을 지키면서 다같이 성장해야 한다. 잘못을 했다면 당연히 사과를 하고 벌을 받아야 한다. 그렇다고 잘못을 이유로 인신공격 등 도를 넘은 비판은 도움이 되지 않는다. 이번 사건을 계기로 잘못을 저지른 유튜버들은 반성을 해야 한다. 유튜버는 많은 사람에게 영향을 주는 인플루언서라는 것을 잊어서는 안 된다.

••• 유혹을 이겨내야 한다

언제나 유혹의 말은 달콤하게 들린다. 그 뒤에 일어날 일은 생각지도 않는다. 뒷광고는 유튜버 스스로가 욕심을 감추고 싶은 마음에서 비롯되었다. 하지만 기업이 먼저 요구하기도 한다. 일부 광고주들이 앰부시 마케팅을 유튜버에게 요청한다. '앰부시(ambush)'는 '매복'을 뜻하는 말로 브랜드 협찬이나 지원을 드러내지 않고 하는 것이다. 그 이유는 '내 돈 주고 산 후기'를 시청자가 좋아하고 신뢰하기 때문이다.

기업은 비용 투자로 최대의 효과를 얻기 위해 이런 제안도 서슴없이 한다. 달콤한 유혹에 휘말려 손을 잡았던 유튜버들은 결국 후회할 일을 만들었다. 유튜버 뒤에 숨은 광고주도 피해를 입은 건 마찬가지다. 기업의 이미지가 크게 훼손되었다.

사람의 마음을 얻는 것은 어렵지만 잃는 것은 순식간이다. 유튜버, 시청자, 광고주 등의 세 부류가 손잡고 돌아가는 유튜브 플랫폼이다. 시청자가 떠나면 광고도 의미가 없고 유튜버는 돈이 되지 않는 시장을 떠나야 한다.

그렇다면 유료 광고 표기 유무에 따라 결과의 차이가 많이 날까? 인플루언서(influencer) 마케팅 전문가들은 크게 차이가 없다고 한다. 정서적인 차이가 있을 뿐 현실적인 수치에는 큰 차이가 없다는 것이다. 설령 차이가 있더라도 속이며 눈치 보는 것보다 당당하게 하는 것이 낫지 않은가. 뒷광고 등 은밀한 거래는 인류의 역사에서 늘 딜레마다. 그만큼 인간은 유혹을 뿌리치기가 쉽지 않다.

처음에 유튜브는 아마추어의 장터였지만 나날이 커지는 규모로 규제가 심해지고 있다. 그 이유는 유튜브의 영향이 너무 커져 버렸기 때문이다. 유튜브에 떠도는 말이 진실로 받아들여져 피해가 생긴다. 순수한 아마추어의 놀이터라고 하기에는 판이 너무 커져 버렸다. 좋아하는 콘텐츠를 만들며 행복하게 오래 하고 싶다면 흔들리지 말아야 한다. 유튜브의 콘텐츠는 무형의 재산이다. 한순간의 실수로 모든 영상을 삭제하고 채널 이름만 흔적에 남아 있다. 이번 사건을 교훈으로 삼고 신뢰할 수 있는 유튜버로 거듭나야 한다.

••• 유료 광고 표시는 어렵지 않다

유튜브는 2018년 12월 말부터 영상 내 '유료 PPL 및 보증 광고' 표시의 의무사항을 알려왔다. 가이드라인에 '크리에이터와 브랜드 공개 시점과 방법 및 공개 대상을 포함하여 콘텐츠의 유료 프로모션을 공개할 법적 의무를 이해하고 준수할 책임이 있다'고 명시했다. 이를 반복적으로 위반한 크리에이터는 유튜브 정책에 따라 영상 삭제 및 조치를 받게 된다. 바뀐 정책을 인지하는데 시간이 걸리므로 유튜브는 이전부터 공지사항을 알려왔다.

정책의 중요한 포인트는 유료 광고는 한눈에 유료 광고임을 알아보도록 하는 것이다. 유료 광고 표기 정책이 실행되면서 초기에 일부 유튜버는 보이지 않게 작게 표기했다. 설명란에 표기하되 끝에 명시하면 사실 시청자는 거의 알 수 없다. 그야말로 의미 없는 요식행위다. 먼저 제목에 '유료 광고' 문구를 써야 한다. 제목이 눈에 잘 띄기 때문이다. 그리고 영상 초반, 중반, 끝에도 '유료 광고 포함'이라는 문구를 넣어야 한다. 그 이유는 영상을 처음부터 끝까지 보지 않더라도 유료 광고를 볼 수 있게 하기 위함이다.

댓글 고정으로 유료 광고를 표시하는 것은 옳지 않은 방법이다. 반드시 영상 화면이나 제목에 '유료 광고'라는 문구가 들어가야 한다. 영상 중에는 하단 오른쪽에 '유료 광고'라는 문구를 넣어주면 적절하다고 볼 수 있다. 많은 유튜버가 진행하는 유튜브 라이브에서도 '유료 광고'를 표시해야 한다. 시청자가 보는 어떤 화면이건 유료 광고라면 표시해야 한다고 생각하면 쉽다. 다른 유튜버의 영상을 보고 참고해보자.

이제 뒷광고 사건으로 유튜버들은 자정의 노력을 하고 있는 분위기다. 많은 유튜버도 이번 일로 느낀 바가 컸을 것이다. 하루아침에 사라져 버린 채널을 보면 남의 이야기가 아닌 것이다. 유튜버가 직업이 되었을 때는 만만치 않은 작업 시간이 필요하다. 자식과 같은 콘텐츠를 물거품으로 만들지 않으려면 유혹을 뿌리쳐야 한다. 속도가 느리더라도 결국 대성하고 롱런하는 스타는 바른길을 걷는다.

LESSON 39

소상공인이 유튜브로 매출 올리는 꿀팁

••• 스마트폰에 답이 있다

우리나라에서 자영업은 그야말로 포화상태이다. 2019년 OECD 주요 선진국 중 대한민국의 자영업 비율은 1위였다. 코로나19로 비대면 상황이 펼쳐지면서 직격탄을 맞은 것은 소상공인이다. 더 안타까운 것은 소상공인의 연령층이 높아 트렌드를 따라가기가 쉽지 않다는 것이다. 무인 점포, 로봇이 만드는 커피, 온라인 스토어에서는 살아 있는 해산물도 파는 시대다. 온라인에는 없는 제품이 없다. 이제는 오프라인과 온라인의 경계를 넘어 나만의 필살기가 없는 점포는 문을 닫을 수밖에 없다.

코로나19로 모두 어려운 것은 아니다. 오히려 온라인쇼핑몰은 매출이 급증했고 유튜브 시장도 호황이다. 시장은 정체되지 않았다. 살아 있는 생물처럼 움직인다. 사람들의 지출과 소비는 어디서든 발생한다. 다만 오프라인에서 얼굴을 보며 소비했던 패턴이 집에서 모바일로 하는 패턴으로 바뀌었을 뿐이다. 지금 가게에서 매출을 올릴 방법을 찾고 있는가? 킬링 타임용으로 시청하는 유튜브를 매출을 올리는 도구로 만들어보자.

스마트폰은 동전의 양면과 같다. 시간을 허투루 쓰게 만드는 도구가 될 수도 있고, 금도끼처럼 유용할 수도 있다. 소상공인은 손님이 없으면 스마트폰으로 시간을 보낸다. 스마트폰을 생산적인 일로 쓰는 경우는 드물다. 왜냐고? 방법을 모르기 때문이다. 나 역시 작은 가게를 했을 때 스마트폰과 그야말로 물아일체였다. 다만 나는 유튜브로 세상에서 내가 배우지 못한 것을 배우기 시작했다. 배움의 길에는 끝이 없다. 가게를 차렸다고 끝난 것이 아니다. 배움을 게을리하면 정체되고 도태되기 쉽다. 지금부터 스마트폰을 돈 버는 플랫폼으로 활용해야 한다.

스마트폰은 전화 기능은 기본이고 정보검색 및 활용의 도구이다. 사진 및 동영상 촬영도 가능하고 편집도 가능해 짧은 영상도 만들 수 있다. 거기에 유튜브로 무한 학습을 할 수도 있다. 이미 유튜브에는 온라인마케팅을 검색하면 무수히 많은 영상이 쏟아진다. 넘치는 정보의 홍수에서 나에게 필요한 정보를 제대로 검색하여 정리해야 한다. 그리고 실제로 적용하는 과정이 반복되면 길이 보이기 시작한다.

소상공인을 위한 교육프로그램도 넘쳐난다. 정부지원으로 저렴한 비용으로 질 좋은 교육을 얼마든지 받을 수 있다. 현실은 어떨까? 내 경험에 의하면 소상공인은 자신의 일터를 절대 비우지 않는다. 아무리 좋은 교육도 자리를 비우고 갈 수가 없다. 더군다나 연령층이 높은 소상공인이 많기에 새로운 학습에 두려움이 있다. 또 배우고 난 뒤에도 실제 활용도는 매우 낮다. 지속적인 동기부여가 되지 않아 원래 패턴대로 돌아가기 때문이다.

결국 소상공인은 자신의 상황에 맞는 방법을 찾아 틈틈이 온라인마케팅을 진행해야 한다. 손님이 빠지고 한가할 때 자료를 만들어놓고 총알을 준비해야 한다. 실제 해보지 않으면 전혀 알 수 없는 일들이다. 목표를 설정하여 무엇을 해야 할지 정리를 하고 습관을 만들어야 한다. 이 책에서는 분야별로 정리하여 방법을 제시하였으니 자신에게 맞게 응용하면 된다. 알고 보면 누구나 한 번쯤 생각해 봤지만 실행에 옮기지 않는 것들이 대부분일 것이다.

안인정 KNOWHOW

이 책에 나오는 모든 스토리는 내가 직접 많은 고객을 만나면서 나눈 대화 또는 경험을 정리한 것이다. 불특정 다수를 대상으로 온라인으로 네트워크사업을 하는 나는 전국에 고객이 있다. 사업 특성으로 온라인으로 연결되었지만 실제로 만나서 그들의 이야기를 듣는 과정에서 깨달음을 얻었다. 중요한 것은 아무리 좋은 아이디어가 있어도 실행하지 않으면 아무 소용이 없다는 것이다.

••• 더 많이 노출될수록 매출도 쑥쑥!

옷의 기능보다 이제는 유행이 더 관건인 시대다. 며칠 전 드라마에서 연예인이 입은 옷이 화제라면 비슷한 스타일을 찾는 고객이 생긴다. 우리 가게에 그 화제의 스타일 옷이 있다는 것을 알려야 하는 목표가 생겼다. 마네킹에 입히면 지나가는 고객만 본다. 더 많이 노출될수록 매출이 오르는 것은 당연하다. 기본으로 단골에게 문자 서비스를 하는 가게도 많다. 문자보다는 사진이 효과적이고 사진보다는 동영상이 더 효과적이다.

스마트폰으로 짧은 영상을 촬영한 후에 편집을 하자. 가격은 노출하지 말고 스타일의 장점 등을 부각하여 자막으로 넣자. 본인이 피팅(fitting)하기 괜찮은 몸매라면 직접 입고 셀카로 영상을 찍어 직접 설명을 해도 좋다. 홈쇼핑의 쇼호스트처럼 말이다.

영상은 2~3분 내외로 짧게 만들어야 한다. 고객에게 카카오톡이나 문자로 보낼 때 영상이 길면 전달이 되지 않는다. 영상 촬영이 익숙해지고 좀 더 전문적으로 만들고 싶을 때는 유튜브를 이용하면 된다. 나의 지경을 넓히기 위해서는 더 큰물로 갈아탈 필요가 있다.

또 하나의 팁은 링크를 받은 나의 단골 고객이 친구에게 영상을 공유했을 때 보상을 해주자. 보상만큼 가장 큰 동기부여는 없다. 10명의 친구에게 공유하고 매출이 없었더라도 미래를 위한 투자라 생각하자. 오늘날 BTS를 만든 것은 그들의 팬 아미가 모든 콘텐츠를 무보수로 열심히 공유했기 때문이다. BTS처럼 인기 만점 사장님이 아니라면 고객에게 적절히 보상하여 움직이게 만들어라. 나의 고객이 트렌디(trendy)한 멋진 옷을 입고 많은 사람에게 홍보할 수 있도록 넘치는 칭찬은 필수!

••• 골목 식당도 전국구로 가즈아~

코로나19로 어쩔 수 없이 비대면 시대가 되면서 음식점은 테이크아웃(takeout)이나 배달 서비스가 훨씬 많아졌다. 보통 동네 상권의 작은 식당은 매출이 거의 정해져 있다. 동네 지역 상권의 인구는 한정적이기 때문이다. 식당도 적극적인 홍보가 필요한 시대다. 전단지를 돌리는 것은 정말 아날로그 방식이 되어 버렸다.

마케팅을 할 때 중요한 것은 데이터 수집이다. 잘 생각해보면 쇼핑몰에서 상품을 받고 정보수신 동의를 해준 기억이 있을 것이다. 대기업은 모든 시스템이 완벽하게 세팅되어 있다. 하지만 소상공인은 데이터를 모으는 방법을 잘 모른다. 이럴 때는 카카오톡 채널을 만들면 좋다. 개인 전화번호가 없어도 채널을 통해 소식 받기를 할 수 있다. 채널 만들기에 부담을 가질 필요는 없다. 모든 것을 실험이라고 생각하면 그만이다. 오늘의 특별할인 메뉴 등을 채널로 고객에게 홍보하는 것을 목표로 정하자. 소소한 정보라도 채널을 통해 우리 식당만의 차별화된 점을 계속 알리는 것이 목표다.

대한민국은 택배의 천국이므로 제주도 맛집에서도 음식을 구매할 수 있다. 어느 작은 골목 식당이라도 음식의 퀄리티와 맛이 뛰어나면 전국구 맛집이 가능한 시대다. 온라인으로 얼마든지 가능하다. 유튜브에는 음식점 사장님들의 영상이 많이 있다. 요리하는 과정, 시장 보는 장면 등 일상을 올린다. 골목상권을 벗어나 더 큰 시장에서 놀아야 한다. 먹방 유튜버와의 컬래버레이션을 한 식당은 다음 날부터 매출이 달라졌다고 한다. 유튜브는 TV 방송만큼 파급력이 있다. 모든 영업에서 많이 알려지는 것만큼 좋은 효과는 없다.

••• 나도 스타 강사가 되어 볼까?

학원 같은 교육사업은 콘텐츠가 무궁무진하다. 매일 수업하는 영상만 편집해서 올려도 콘텐츠 확보가 가능하다. 학생은 자동으로 복습이 되고 학부모는 학원을 더 신뢰할 수 있다. 개인정보, 저작권이 문제라면 일부 공개로 관계자만 보게 하는 기능도 있다. 동네 보습학원 강사의 스펙과 열정도 어느 스타 강사 못지않다. 대형 학원과의 차이점은 체계적인 시스템 여부 그리고 지속적인 광고와 노출의 횟수다.

학원은 거의 부모들의 입소문으로 추천된다. 수업을 듣고 판단하는 것이 아니므로 선생님의 능력은 아이의 판단이나 성적에 좌우된다. 유튜브 채널을 운영하면 부모가 객관적인 평가를 하기 쉽고 믿음이 간다. 또 학원은 전화나 문자로 상담이 전부지만 유튜브를 소통의 창구로 삼을 수도 있다. 미친 강의력은 대형 학원에만 있는 것이 아니다. 주변의 작은 학원에서도 훌륭한 선생님이 정말 많다. 자신만의 티칭 노하우나 캐릭터가 분명하면 교재 출판도 가능하다. 유튜브는 우리가 생각하는 것보다 큰 기회와 능력을 발견하게 해주는 멋진 플랫폼이다.

모든 영업은 유튜브 플랫폼과 접목이 가능하다. 같은 편의점이라도 점주가 유튜브로 편의점의 소소한 이야기를 하면 어떨까? 친근감이 생기고 차별화되어 보인다. 우리는 내가 하는 일이 재미 없고 남들도 관심이 없다고 생각한다. 그러나 사람들은 생각보다 자신의 일 외에는 모르는 것이 많고 사소한 정보에도 놀라워한다. 왜 남의 인생을 엿보는 것 같은 브이로그가 유행일까? 본능처럼 나오는 호기심 때문이다. 랩을 하는 초등학교 교사, 구두 수선공의 노하우, 정육점의 하루 등 모든 일이 콘텐츠가 된다. 나와 다른 삶의 호기심을 자극하는 콘텐츠를 만들어보자.

안인정 KNOWHOW

코로나19 이전의 삶을 기대하지 말라는 충고는 사실이 되고 있다. 세상의 변화를 체감하는 속도는 오랫동안 장사를 할수록 더디게 올 수 있다. 한 업종으로 한자리에서 비슷한 성향의 고객만 만났기 때문이다. N잡러가 등장하는 멀티플레이어 시대다. 오늘의 상황은 누구도 예측하지 못했다. 다른 세상이 시작될 것은 알았지만 이렇게 빨리 올지는 몰랐다. 지금의 호황이 영원한 호황이 아니며 지금의 불황이 영원한 불황도 아니다. 나는 어떤 미래를 준비하는 사장인지 늘 고민하고 그것을 실행으로 옮겨야 살아남는다.

PART 06

성공한 유튜버의 전략과 성공의 그림자

LESSON 40

단기간에 10만 구독자를 만든 유튜버를 주목하라

••• 혜성처럼 나타난 알고리즘 해커들

짧은 기간에 구독자 10만 이상을 모은 유튜버들의 특징이 있다. 그들은 철저하게 유튜브 시스템을 공부하고 파헤쳤다. 유튜브가 어떻게 돌아가는지 알고리즘을 분석했다. 알고리즘에 맞게 영상을 공식처럼 대입한 결과 떡상이라는 최고의 결과가 찾아왔다. 그 후에 그들의 채널은 성공의 파도를 탔다. 방법만 터득했다고 성공하는 것은 아니다. 그들은 방법을 터득할 만큼 집요함이 있었고 근성이 뒷받침되었다. 성공한 알고리즘 해커들이 어떻게 성공했는지 차례차례 살펴보자.

❶ 라이프 해커 자청

'자청'의 유튜브 채널은 현재 멈춤 상태다. 그는 처음부터 영상을 10편

정도만 업로드하기로 계획하고 시작했다. 자수성가한 청년 사업가로서 그는 이미 여러 사업에 성공한 경험이 있었다. 그는 자신의 내공을 유튜브에서도 증명하고 싶었던 것으로 보인다. 그는 몇 번 영상을 올린 후에 곧바로 자신만의 경험으로 유튜브에서 성공하는 포인트를 찾았다. 세상의 성공 방식이 사람마다 다르듯 유튜브 생태계도 마찬가지다. 자청만의 성공 포인트는 일반 알고리즘 접근 방식과는 달랐다.

유튜브 채널의 방향성과 타깃층을 이야기할 때 범위를 좁히는 것이 일반적이다. 예를 들어 요리라면 한식 그리고 그중에서도 반찬일지 메인 요리일지 말이다. 자청은 일반적인 표본의 개념과는 다소 다르다. 그는 이미 블로그에서도 성공한 경험을 바탕으로 유튜브와의 차이점을 발견하고 접근했다. 블로그는 타깃층을 좁혀야 하며 유튜브는 오히려 반대로 타깃층을 넓게 해야 한다. 자청은 전 국민을 타깃층으로 만드는 것이 중요하다고 했다.

쉽게 예를 들어보자. 영업이 키워드인 유튜버는 영업인을 위한 영상을 만들기 쉽다. '영업사원에게 꼭 필요한 3가지 기술'의 섬네일의 영상은 누가 클릭할까? 대부분 현재 영업을 하는 사람들일 확률이 높다. 만약 섬네일을 '월 1,000만 원 버는 3가지 기술'로 바꾸면 어떨까? 경제활동을 하는 사람에게 돈은 누구나 관심이 가는 주제이므로 타깃층이 크게 늘어난다. 자청은 이런 방법으로 전 국민이 관심을 가질 영상을 만들었다.

자청은 섬네일의 어그로성도 성공 비법으로 꼽았다. 그의 영상 중에

'나만 알았으면 좋았을 사기급 심리학 기술, 지능의 사생활'을 살펴보자. 사기급이라는 어그로성이 있지만 호기심이 분명 생기는 제목이다. 지능이라는 단어는 더욱 자극적이다. 자신의 지능을 알아보기 위해서라도 클릭해 보고 싶게 만든다. 그의 영상은 타깃층이 연령별과 직업군별로 나뉘는 것이 아니라 대중적이다. 일반인에게 호기심 혹은 반발심이 생겨서라도 클릭하게 만든다. 자청은 채널 타깃층을 넓혀 많은 클릭을 유도하게 만들었다.

넓은 타깃층을 상대로 클릭만 했다고 해서 대박이 나지는 않는다. 영상의 콘텐츠가 충분히 좋아야 시청 지속시간이 나온다. 그의 성공 비결은 많은 타깃층이 볼 만한 영상을 만들어 클릭 수를 높이게 만들었다. 그의 내공이 충분히 담긴 좋은 콘텐츠니까 시청은 물론 공유까지 하고 싶은 영상이었다. 알고리즘이 좋은 영상이라고 판단해 추천 영상으로 팍팍 밀어줄 만한 준비가 된 채널이었다. 자청은 자신의 성공 비결은 독서를 꼽으며 추천 도서에 관한 영상을 만들었다. 그 영상 후에 베스트셀러 목록에서 사라진 지 오래된 책들이 다시 베스트셀러의 반열에 올랐다. 이게 바로 뜨는 유튜버의 특징이자 플렉스(FLEX)다.

❷ 리섭TV 심리섭

얼마 전 배우 배슬기와 결혼에 골인한 리섭은 그야말로 성공한 유튜버의 아이콘이다. 리섭은 구독자 100명을 모으는데는 25일이 걸렸으나 100명이 10만 명이 된 기간은 한 달이었다. 일반인 유튜버에게는 기적적인 일이라고 할 수 있다. 리섭은 일명 '하꼬 유튜버(초보 유튜버)'에게 전하는 꿀팁 영상을 업로드한 후에 더 많은 인기를 얻었다. 그가 얼마나 유튜브를 공부하고 준비하며 노력했는지 알 수 있었기 때문이다. 예리하게 분석한 그의 브레인과 작은 것 하나 놓치지 않는 그의 노력이 결과로 나타났다.

리섭 역시 구독자 100명이 될 때까지 구색을 맞추라고 조언했다. 영상을 꾸준히 업로드하여 볼거리를 만들어놓으라는 의미다. 또 리섭은 '리섭TV, 쉽게 배우는 정치'로 채널 제목에 추가 설명을 붙였다. 채널이 알려지기 전에는 내 채널의 정체성을 한눈에 알아볼 수 있도록 부제목을 추천했다. 무엇보다 그는 누구보다 노력파였다. 다른 채널의 영상을 끝까지 다 보고 핵심 내용을 언급한 댓글을 달았다. 유튜버가 정성스런 댓글을 고정으로 할 수도 있기 때문이다. 아무래도 고정 댓글은 눈에 띄기 마련이며 자연스레 댓글을 타고 해당 채널로 유입되기 쉽다.

지금 검색어 상단에 뜬 이슈나 시의성이 있는 주제를 영상으로 만드는 경우에도 요령이 있다. 같은 주제를 올려도 당연히 구독자가 많은 채널이 상단에 먼저 뜬다. 이런 경우는 서브 키워드를 파악하여 영상을 만들면 훨씬 유리하다. '부동산 정책'이라면 부동산과 관련된 '강남지역 부동산'같이 키워드를 좁히는 것이다. 리섭은 유튜브를 철저히 분석하고 할 수 있는 모든 것을 다 해본 유튜버 중 하나이다. 모든 경우의 수를 다 시도했기에 채널이 두 달이 되기 전 10만 명을 모을 수 있었다.

❸ 대학생 김머신

김머신 역시 굵고 짧게 성공을 보여준 유튜버다. 그도 자청처럼 영상이 10개 남짓 업로드되었지만 현재 구독자가 16만 명이 넘는다. 그는 구독자 10만 명을 바로 찍고 클래스 101로 진출한 초스피드형 성공 유튜버이다. 대학생 신분으로 '쇼핑몰 창업 등으로 돈 버는 방법'이란 콘텐츠도 좋았다. 콘텐츠만 좋다고 일반인 유튜버가 단기간에 구독자를 모으기는 쉽지 않다. 김머신 역시 알고리즘을 철저히 분석한 후에 유튜브를 시작한 케이스다.

'유튜브 구독자 많아지는 법, 이것만 보시면 됩니다'는 20만 뷰가 넘었다. 이 영상에서 그는 자신이 파악한 알고리즘의 원리를 아낌없이 공개했다. 유튜브 알고리즘을 위해서는 먼저 최적화로 만드는 것이 중요하다. 기본 제목과 키워드가 같아야 영상이 알고리즘과 연결된다. 섬네일과 제목이 중요한 이유는 시청자들은 눈에 확 띄는 것부터 클릭하기 때문이다. 클릭한 후에 시청 지속시간과 구독, 좋아요까지 누르면 알고리즘에게 후한 점수를 받는다.

무엇보다 타깃층이 중요하다. 그 이유는 집중된 타깃층에 계속 검색이 되어야 알고리즘이 역시 좋은 점수를 주기 때문이다. 예를 들어 '유튜브 구독자 모으는 방법'을 검색하는 타깃은 정해져 있다. 주제와 관련된 초보 유튜버나 유튜브에 관심이 많은 층이다. 이 타깃층에서 계속 검색이 되어야 알고리즘이 좋은 점수를 준다. 이제 유튜브에 관심이 많은 타깃층의 홈화면 메인 영상으로 영상이 뜨기 시작한다. 시청자는 이 주제를 우연히 검색해 보거나 영상을 보았다면 알고리즘으로 홈화면에 추천된다. 구독, 좋아요를 누르지 않았는데도 말이다.

이 단계까지 좋은 반응을 얻었다면 이제 마지막 단계는 바로 검색 상단에 뜨기다. '유튜브 구독자 모으기'만 검색해도 내 영상이 검색 상단에 노출된다. 검색할 때 상단에 뜨면 알고리즘이 여기저기 내 영상을 적극적으로 추천해준다. 알고리즘이 확장되는 단계가 되면 구독자는 마법처럼 늘어나기 시작한다. 김머신은 알고리즘의 최적화에 맞추어 최단기간에 많은 구독자를 확보하였다.

최단기간에 성공한 유튜버는 얼마든지 많다. 유튜브 세계도 양극화 현상이 나타나고 있다. 될성부른 유튜버는 단숨에 정상을 달리는 반면 계속 제자리를 맴도는 유튜버도 많다. 유튜버는 올림픽경기처럼 한 번에 10만 구독자를 달성했다고 끝나는 것이 아니다. 결국에는 꾸준한 활동과 함께 안정된 수익을 창출하기 위한 꿈이 더 크다. 빨리 성공한 유튜버를 보며 기가 죽을 필요는 없다. 이들의 전략을 배워 나만의 최적화로 만들어 응용하는 것이 더 중요하다. 이제 마음을 단단히 먹은 예비 유튜버라면 이들처럼 철저히 전략화로 승부수를 던져보자. 그들이 했다면 당신도 충분히 성공할 수 있다.

LESSON 41

멘탈이 강해야 살아남는다

••• 강인한 정신력이 필요하다

유튜브는 어떤 콘텐츠를 다루더라도 유튜버 자신의 정체성이 드러난다. 뉴스처럼 다 만들어진 대본을 읽어도 사람의 감정은 숨길 수가 없다. 하물며 지극히 개인 방송인 유튜브는 어떨까? 유튜브 채널의 캐릭터 옷을 입어도 자신의 정체성은 사라지지 않는다. 유튜브는 정신적으로 힘든 작업이라고 성공한 유튜버들이 솔직하게 말하기도 한다. 세상에 힘들지 않은 일은 없다. 성공해도 흔들리는 것이 사람이다. 결국에는 강인한 정신력이 자신의 성공 그릇을 지키는 문지기가 된다.

안인정 KNOWHOW

나는 유튜브를 주제로 책을 썼다. 나를 잘 아는 지인들은 내가 이 책을 왜 쓰는지 어떤 마음가짐으로 쓰는지 잘 알고 있었기에 열렬히 응원해주었다. 현장에서 같이 배우며 성장한 사람들이었다.

힘들게 다 쓴 원고를 출판사 여러 곳에 보냈다. 어떤 출판사는 나에게 "유튜브 구독자가 10만은 돼야 책이 팔리지 않을까요?"라고 말했다. 그 말을 듣고 잠깐 멘탈이 흔들린 것은 사실이다. 나는 이렇게 대답했다. "꼭 대학교 영문학 교수님이 파닉스를 가르칠 필요는 없잖아요! 내가 남들보다 조금 더 많이 알고 있는 것을 얘기해주는 게 독자들의 눈높이에 맞지 않을까요? 저는 유튜브에 콘텐츠를 처음 올리는 분들에게 용기를 주고 충분히 할 수 있다는 것을 말해주고 싶었어요. 제가 구독자 10만 명을 보유한 유튜버였다면 초보자들이 넘보기 어려운 수준의 사람이라고 여기지 않을까요."

자신의 신념이 있다면 문제가 될 일은 아무것도 없다. 나의 이런 마음을 알아주는 출판사가 나타났다. 충분히 좋은 책이라고 격려해주었고, 선뜻 출판을 하자고 제안하신 리더북스 대표님 덕분에 이 책이 세상에 나오게 되었다.

••• 받아들이기

유튜버가 되면 내가 세상에 공개되는 것이다. 내가 속한 단체, 집단의 영역에서 벗어나 불특정 다수에게 내가 알려진다. 유튜브는 1인 방송이니까 나서기 두려워하는 사람에게 더 맞을까? 정답은 그렇지가 않다. 내

눈에 대중이 보이지 않을 뿐 누군가에게 나 자신을 드러내야 하는 것은 마찬가지다. 가면을 쓰던, 있는 그대로의 모습을 드러내던 가장 먼저 할 일은 인정하기다. 시청자가 어떤 판단을 하든지 그것을 있는 그대로 받아들이는 마음이 필요하다.

나를 좋아해주는 시청자도 있고 그렇지 않은 반대도 꼭 있다. 사회는 점점 개인화되어 가며 자신만의 개성과 성향이 더 뚜렷해지고 있다. 어떤 열렬한 지지와 또 비방이 있어도 어느 한쪽으로 기울면 안 된다. 의견은 반영할 수 있지만 나의 정체성 자체가 흔들려서는 안 된다. 유튜브를 할 때는 나를 누군가에게 알리고 인정받고 싶은 마음에서 출발한다. 그 마음이 너무 강하면 오히려 무너지기 쉽다. 자신의 그런 마음을 인정하되 시청자는 나와 다른 생각을 할 수도 있다는 것도 인정하자. 유연한 갈대처럼 부드럽게 움직이되 부러짐은 없어야 한다.

••• 나만의 선이 있어야 한다

TV 프로그램보다 유튜브를 좋아하는 이유는 재미있고 일상에서 나온 진정성 때문이다. 자신의 넘치는 부를 자랑하는 유튜버에서 주식으로 망해 고시원 삶을 보여주는 유튜버까지! 모두 나름대로 진정성을 바탕으로 하는 것은 맞다. 시청자는 그 순간 공감, 재미, 위로를 얻으면 그만이다. 유튜버는 그 순간이 영상으로 그대로 남아 자신과 동일시된다. 너무 많은 것을 공유하고 알려 줄 때 힘들어지는 것은 유튜버 자신이다. 어느 선에서는 정리하고 자신을 보호할 수 있는 얇은 보호막이 있어야 한다.

유튜버가 되면 자신의 깊은 내면과 만날 때가 불쑥 나온다. 내 안의 이야기가 끄집어 나올 때가 있다. 그 어떤 콘텐츠를 다루어도 말이다. 노래만 부르는 가수라도 더 애절하게 감정이입이 되는 노래가 있다. 몰랐던 자신의 내면을 알아가는 것은 재미있고 신기한 일이다. 나도 몰랐던 나의 모습을 시청자가 발견하고 알려주기도 한다. 인간의 본성은 어느 순간 모든 것을 드러내는 것에 거부감이 생긴다. 본능적인 자기방어다.

이미 영혼까지 털리고 유튜브 세계를 떠나는 유튜버는 어찌 보면 연예인과 같다. 처음에는 내가 알려지는 것이 신기하지만 어느 순간 부담과 스트레스가 된다. 나의 방어막은 나 자신밖에 없음을 알아야 한다. 지나치게 어그로성을 끌기 위해 멀리 가지 않도록 자신을 알아차릴 필요가 있다. 내면이 단단하지 않으면 어느 순간 많은 구독자가 기다려도 카메라 앞에 서지 못한다. 화려한 영상 사이에 유튜버의 힘든 마음을 밝힌 영상이 의외로 많다. 늘 선을 넘지 않는 자세로 내 마음의 보호막 하나쯤은 치고 방송하자.

••• 완성은 없다! 성장으로 가는 여정만 있을 뿐

구독자가 많은 대형 유튜버조차 자신의 영상에 100% 만족하지는 않는다. 어제보다 나은 내일의 자세로 꾸준히 성장하는 것이다. 자신에게 만족하지 못하는 것은 초보 유튜버나 성공한 유튜버나 마찬가지다. 더 나은 내일을 위해 한 걸음 나아가는 과정을 즐겨야 유튜브를 오래 할 수 있다. 그 한 걸음이 쌓이다 보면 채널의 원래 정체성과 다른 길을 가기도 한다. 성공한 유튜버의 특징 중 하나는 처음과는 다른 길을 가는 것이다. 이유는 성장의 범위가 달라졌기 때문이다.

유튜버의 최종 목적은 무엇일까? 그 끝이 어디인지 계속 가보는 것이다. 갈수록 더 큰 길이 열리기도 하고 끝인 줄 알았는데 또 다른 멋진 길을 발견할 수도 있다. 이 과정을 가기 위해 필수적인 것은 바로 멘탈 관리다. 끝이 보이지 않는 길을 가면 불안한 것은 당연하다. 또 넘어지면 쉬었다 가기도 해야 한다. 처음부터 완성된 작품은 없다. 작품이 마음에 안 들면 처음부터 다시 만드는 경우도 있지 않는가. 모든 것이 더 높은 완성도를 위한 과정임을 알아야 한다.

'뒷광고' 논란 후 해당 유튜버들은 저마다 행보가 달랐다. 잘못을 인정하고 유튜브를 바로 떠나 버려 시청자들이 아쉬워하기도 했다. 논란에 대한 언급 없이 멈춘 채널로 있는 경우도 있고 사과 없이 슬그머니 다시 하는 경우도 있다. 아니면 자신을 셀프 디스하며 다시 활동을 하는 유튜버도 있다. 누구나 실수와 잘못을 할 수 있다. 잘못이나 실수를 대하는 자세에서 멘탈이 드러나고 결과가 달라진다. 즉 멘탈이 강한 유튜버는 결국 다시 방송으로 복귀하는 것이다.

••• 멘탈은 강화유리로 다시 태어나게 한다

잘나가던 뷰티 유튜버에서 라이프스타일 유튜버로 나타난 '밤비걸'! 그녀는 뷰티 채널에서 잘나가던 유튜버였다. 그녀 역시 높아지는 인기만큼 지나친 관심을 넘어 악플에 시달렸다. 순수한 열정으로 시작했지만 어느 순간 유튜브가 일로 다가왔다. 처음의 열정과 다른 마음으로 방송을 이어 나가는 것이 힘이 들었다. 결국 그녀에게도 마음의 병이 찾아왔다. 그녀가 방송을 놓았을 때는 낙오자라는 느낌을 받으며 자괴감이 들고 우울했다. 다시는 방송을 하지 못할 것만 같았다.

세상에 영원한 것이 없듯, 그녀는 휴식을 하며 자신을 더 깊이 알게 되었다. 그리고 외부 조건에 흔들렸던 내면도 더 단단해지게 되었다. 유리는 깨지면 붙일 수 없지만 사람의 정신은 다르다. 얼마든지 강화유리로 재탄생이 된다. '밤비걸'은 사춘기처럼 혼돈의 경험을 책으로 내었다. 얼마나 멋진 일인가! 밤비걸은 뷰티 주제만이 아니라 라이프스타일 주제를 다룬 유튜버로 멋지게 돌아왔다. 그녀의 경험이 더 좋은 성장을 가져왔다.

••• 생존이 중요하다

많은 사람에게 영향을 주는 유튜버는 뜻하지 않은 문제에 휘말릴 수 있다. 혼자 끝내는 방송이 아니고 시청자, 광고주 또 소속사까지 여러 관계가 있기 때문이다. 중요한 것은 어떠한 문제가 생겨도 방법을 찾아야 하는 것이다. 살아남아야 방법을 찾을 수 있다.

버티면 되는 쉬운 일 같지만 쉬운 것이 아니다. 날이 갈수록 경쟁이 치열한 지금의 현실을 떠올려 보면 알 수 있다. 결국 끝까지 살아남아야 마지막 보상이 주어진다.

문제나 위기를 맞았을 때는 정신력에서 진정한 진가가 발휘된다. 누구나 실수는 할 수 있다. 실수했다고 바로 포기하면 다음이 없다. 유튜버들이 논란이 된 후 다시 카메라 앞에 선다는 게 쉽지는 않다. 하지만 '밴쯔'나 '쯔양' 그리고 '보겸'까지 자신의 잘못을 인정하고 두렵더라도 카메라 앞에 다시 섰다. 현재 그들의 영상 댓글을 보면 응원의 댓글이 더 많다. 그들이 유튜버를 그만두었더라면 지금까지 쌓아온 노력을 다 포기한 것이나 다름없다. 그들이 다시 돌아와 자신의 자리에서 노력을 하는 모습에 진심 응원하고 싶다. 포기하지 않는 것도 삶의 중요한 기술이다.

LESSON 42

밝고 긍정적인 에너지를 내뿜는다

••• 당신의 에너지를 팔아라

같은 기사를 알려주는 아나운서라도 사람마다 고유한 에너지가 다르기에 느낌도 다르다. 자신이 자주 보는 채널을 몇 개만 분석해보면 어떤 취향인지 금방 알 수 있다. 밝고 긍정적인 에너지가 있는 채널을 자주 보면 나도 모르게 닮아간다. 반대로 생각하면 유튜버의 성향이 시청자에게 그대로 전해지는 것이다. 오랫동안 사랑받는 유튜버는 대부분 밝고 긍정적인 에너지가 넘친다. 감기와 사랑은 감출 수 없듯 좋아하는 일로 에너지가 넘치는 유튜버는 구독자가 알아본다.

안인정 KNOWHOW

영업은 제품을 파는 것이지만 사실은 영업자의 매력과 에너지를 파는 것이라고 생각한다. 유튜브도 마찬가지다. 콘텐츠의 가장 큰 무기는 유튜버의 에너지다. 나 역시 에너지만 놓고 본다면 누구에게도 밀리지 않을 자신이 있다. 에너지는 사람들을 끌어당기는 힘이 있다. 그 에너지가 제품을 사게 만든다. 사람을 찾아다니지 말고 찾아오게끔 만들어라. 그 힘은 매력과 에너지에서 나온다.

••• 숨길 수 없는 에너지 소유자

유튜브에서 함께 운동하기, 공부하기 콘셉트가 크게 번지기 시작했다. '김미경TV'는 '딱 1년, 김미경 따라하기' 커리큘럼을 만들어 많은 사람이 참여하고 있다. 함께 무언가를 한다는 것은 에너지가 정말 중요하다. 한국을 대표하는 강사 김미경은 누가 봐도 언제나 에너지가 넘치고 적극적이다. 코로나19로 어떻게 살아야 할지 고민인 사람들에게 방향성을 알려주고 함께 배우자고 한다. 유튜브 영상에도 그녀가 운영하는 각종 SNS에도 긍정의 댓글이 넘친다. 김미경은 확실히 밝고 긍정적인 에너지로 많은 사람에게 좋은 영향을 주고 있다.

긍정 에너지 하면 '박막례 할머니'가 떠오른다. 70대에서 나오는 긍정 에너지는 또 다르기 때문이다. 위로와 희망 그리고 용기까지 주는 특별한 에너지다. 여전히 호기심 가득하고 도전정신이 강한 박막례 할머니는 사람들에게 좋은 에너지를 준다. 유튜브, 구글 CEO까지 박막례 할머니를 만났던 이유는 무엇일까? 한국에 유튜브 신드롬의 주인공이기도 하지만 그녀만의 특별한 긍정 에너지 때문이 아닐까? 여느 평범한 70대 할머니의 캐릭터였다면 대박 캐릭터가 되지는 않았을 것이다. 박막례 할머니는 분명 유쾌한 에너지가 있다.

전문가가 아닌데 요리로 크게 성공한 유튜버 '망치'는 유쾌한 한국 음식 요리 채널이다. 그녀의 요리도 쉽고 재밌지만 그녀만의 독특함과 긍정 에너지가 매력이다. 매번 쉽게 요리할 수 있도록 격려해주며 웃음이 넘친다. 그녀의 시청자들은 한국인보다 외국인 비중이 높다. 다소 어려울 수 있는 한식 요리 과정을 그녀만의 유쾌함으로 보여준다. 그녀의 채널은 '망치' 캐릭터 자체가 특유의 매력이고 긍정 에너지가 성장의 비결이다.

홈트 하면 빼놓을 수 없는 '땅끄부부'도 초긍정 에너지가 넘친다. 사실 운동을 정말 좋아서 하는 사람은 많지 않다. 땅끄부부는 늘 생기가 넘치고 매 순간 웃음을 잃지 않는다. 운동을 어렵지 않게 가르쳐주며 따라만 하면 원하는 몸매를 얻을 수 있다고 격려해준다. 영상 댓글에는 따라서 해 보니 운동이 제대로 된다는 후기가 넘친다. 시청자도 댓글로 서로 격려하고 자신이 매일 할 수 있게 찾아 달라는 부탁의 댓글도 있다. 땅끄부부의 긍정 에너지가 시청자에게 그대로 전달되며 서로가 응원하는 채널로 성장하고 있다.

키즈 채널은 절대적으로 긍정 마인드와 에너지가 중요하다. 유튜버가 어린이라도 늘 에너지가 넘치지는 않는다. 대부분 촬영을 기분 좋을 때 해야 재미있는 영상이 나온다. '캐리언니'처럼 어른이 하는 키즈 방송은 어떨까? 캐리 역시 마치 어린아이처럼 늘 밝고 에너지가 넘치는 목소리에 끌린다. 어린이와 같은 눈높이로 항상 긍정 에너지가 넘치니 캐리언니를 좋아할 수밖에 없다. 구독자 66만 명을 거느린 '애니한 TV'의 애니한 역시 촬영 전에 기분을 중요하게 여긴다. 그야말로 아이들과 같은 주파수를 유지하기 위해 텐션을 높여야 하기 때문이다.

긍정확언 전도사인 '잘되게 만들어주는 박시현 작가' 채널도 언제나 에너지가 넘친다. 박시현 작가 특유의 긍정 에너지는 영상 후기에서 여실히 드러난다. 그녀의 에너지처럼 긍정 댓글과 '좋아요'만이 가득하기 때문이다. 사람의 에너지는 직접 만나지 않더라도 영상으로 전달된다. 유튜브 시장에서 위로를 위한 힐링, 명상 주제의 채널이 점점 늘어가고 있다. 영상으로 얼마든지 사람들이 위로를 받고 힐링을 할 수 있기 때문이다.

••• 긍정 에너지가 중요한 이유

유튜버는 단순하게 즐기는 방송이라도 시청자에게는 많은 영향력을 준다. 우리는 살아가면서 자신도 모르게 주변의 영향을 서로 주고받는다. 유튜버라면 아무리 개인 방송이라도 조심해야 하는 이유다. 잘못된 생각과 정보로 누군가에게 피해를 줄 수도 있다. 부정적인 에너지를 주는 유튜버도 분명히 있다. 그리고 에너지는 바이러스처럼 옮기는 성향이 강하다. 선한 영향력을 주는 것은 유튜버로서 기본적으로 갖춰야 할 자세 중 하나이다.

스트레스는 감정에 가장 악영향을 끼친다. 유튜버로 활동하다 보면 갖가지 수치에서 나오는 성적에 스트레스를 받는다. 최고의 주가를 달리는 '신사임당'조차도 수치의 강박에서 벗어나기 어려웠다고 한다. 수익과 관련된 여러 수치에서 벗어나니 스트레스가 없어지고 마음이 편해졌다고 한다. 마음이 편해야 자신이 진짜 원하는 것에 집중할 수 있으며 에너지가 올라간다. 신사임당이 더 크게 성장할 수 있었던 이유 중 하나는 긍정적인 마음 자세였다.

사람에게 위로가 되는 것은 대단한 것이 아닐 수도 있다. 유튜브의 댓글을 보면 사람들이 솔직히 자신의 감정을 드러내는 것을 볼 수 있다. '덕자의 전성시대'에는 덕자가 위로와 힘을 준다는 댓글이 넘쳐난다. 한 사람의 영향력이 얼마나 큰지 보여준다. 또한 시청자는 덕자의 진솔하고 매사에 긍정적인 모습에 감동을 받는다. 소통으로 공감하고 서로 좋은 영향을 주고받으며 시너지가 상승하는 효과를 부른다. 유튜브로 성장하고 발전하는 것이 우리가 추구해야 할 방향성이기도 하다.

LESSON 43

'현타'가 찾아올 때의 해결책

••• 시련은 누구에게나 온다

좋은 일만 가득한 동화처럼 유튜버의 삶도 그렇다면 얼마나 좋을까. 꿈의 구독자 10만, 100만이 되는 유튜버를 보면 시청자는 그저 부럽기만 하다. 부와 명예를 다 가진 것만 같은 그들에게 무슨 고민이 있을까 싶다. 성공하면 모든 것이 핑크빛일 것만 같지만 현실은 또 다른 문제가 찾아온다. 누구에게나 시련은 있기 마련이다. 힘든 시기를 잘 견디면 더 큰 성장을 이루니 나쁜 일만은 아니다. 좋은 것도 힘든 것도 받아들이며 지나가는 과정을 즐겨야 한다.

••• 악플의 상처

무관심의 채널에서 사랑을 받고 구독자가 늘어나기 시작하면 꽃길에 해당된다. 꽃길만 걸으면 좋겠지만 어느 날 잡초들이 나의 길을 어지럽힐 때가 있다. 많은 사랑을 받는다는 것은 미움받을 용기를 장착해야 한다는 의미와 같다. 순진무구한 키즈 채널에도 악플이 달리는 일은 흔한 일이다. 악플러를 굳이 이해하려고 할 필요는 없다. 좋은 마음으로 이해할 수 없는 일들이 생각보다 많이 일어난다. 악플은 자신감을 떨어뜨리고 자존감마저 깎아내린다.

사람은 좋은 일보다 부정적인 일에 집중하기 쉽다. 많은 유튜버가 모든 댓글을 보고 악플까지 다 읽어보며 속상했다고 고백한다. 당연히 화도 나고 악플에 대응하기도 한다. 조언과 이유 없는 악플은 엄연히 다르다. 유튜버는 악플에 집중할수록 에너지를 뺏기게 되어 있다. 주어진 인생을 부지런히 살아가는 '강과장' 역시 악플에 마음의 상처가 컸다고 한다. 의미 없는 악플은 그냥 삭제하자. 그리고 호응을 안 하는 것이 좋다. 모든 것을 수용하는 자세가 필요하다. 사랑을 받는 것도 미움을 받는 것도 그럴 수도 있음을 인정하자. 지구에는 정말 다양한 인격체가 존재함을 잊지 말자.

안인정 KNOWHOW

나의 유튜브 영상에도 당연히 악플이 달렸다. 내가 제품을 직접 사용하고 만든 영상을 보고 자신의 경험과 다르다며 불신하는 글을 쓴 사람도 있었다. 심지어 다른 제품보다 안 좋다며 교묘하게 댓글을 달기도 했는데, 나의 지인인 것 같아서 화가 난 적도 있었다. 하지만 사람들이 모이면 누구 하나는 꼭 험담을 한다. 온라인에서는 이런 일이 너무나 쉽다. 그런 악플에 마음을 쓰지 말자.

••• 슬럼프를 이겨내는 법

많은 유튜버는 혼자 작업을 한다. 기획, 촬영, 편집조차 혼자 하다 보면 사람을 만날 일이 적어진다. 방송으로 많은 시청자와 소통하더라도 현실에서는 외로움을 느낀다. 실제로 많은 유튜버가 슬럼프가 찾아와 힘들어 하고 정신적인 고통도 참아낸다. 마음은 슬프고 힘들지만 밝은 척 방송을 하는 것은 한계가 있다. 어느 날 문득 많은 유튜버가 병원 상담과 우울증 약을 먹고 있다고 고백하고 있다. 누구나 모습만 다를 뿐 삶은 비슷하다. 좋은 날도 힘든 날도 있는 것이다.

사람에게 상처를 많이 받는다고 우리는 흔히 말하지만 치유도 사람으로 이루어진다. 자신의 감정을 지나치게 속이지 말자. 슬럼프가 찾아오면 솔직히 고백하고 잠시 쉬는 유튜버도 있다. 슬럼프가 찾아올 만큼 열심히 한 유튜버는 멈추는 것이 어려워진다. 브레이크 없는 자동차처럼 앞으로만 달리면 언젠가는 멈추게 되어 있다. 슬럼프가 왔을 때에는 과감히 휴식하는 시간이 필요하다. 친구나 지인을 만나 유튜버 이전의 나의 모습으로 어울려야 한다. 그야말로 재충전하는 시간이 필요하다.

충전하지 않은 배터리는 결국 방전된다. 충분한 휴식을 하고 나면 아이디어가 더 떠오른다. 무엇보다 쉴 새 없이 달리는 유튜버는 시청자의 눈에도 피로해 보인다. 유튜버는 밝고 긍정적인 에너지가 장착되어야 시청자에게도 전달이 된다. 자신의 내면의 소리를 알아차리도록 관심을 가져주어야 한다. 혼자 하는 작업인 만큼 자신을 스스로 제어할 줄 알아야 한다. 오래가는 유튜버가 되려면 자신을 사랑하고 관리하는 것은 필수이다.

••• 현실과 이상이 다를 때

'현타'라는 말은 '현실자각 타임'이라는 신조어다. 현실과 이상이 다를 때 누구나 찾아올 수 있다. 아무리 긍정을 외쳐도 현실은 다를 때 느끼는 현상이다. 최근 '마음공부 써니즈 채널'의 써니즈는 자신의 상황을 있는 그대로 보여주었다. 마음공부를 계속해도 현실은 생각처럼 달라지지 않는다. 그는 많은 현인을 만나보고 인터뷰하며 자신의 답을 찾는 과정을 보여주었다. 문제가 생기면 답을 찾으면 되는 것이다.

같은 유튜버끼리의 교류도 좋다. 써니즈 역시 '세정TV마음공부' 채널과 협업으로 서로에게 힘이 되어 주었다. 인간은 혼자 모든 것을 해낼 수가 없다. 위로가 필요할 때도 위로해줄 상대가 필요하다. 유튜버 역시 같은 유튜버와의 교류가 힘이 되어 준다. 모든 일이 완성을 향해 가는 과정이라고 생각하면 방황하는 것은 당연하다. 성장의 욕심이 없다면 문제도 없다. 모든 것은 더 나은 방향으로 가기 위한 고민이다.

많은 유튜버가 MCM을 추천하는 이유는 소속감이다. 문제가 생겨도 모든 것을 다 혼자 하다 보면 지치고 힘들다. 소속사가 있다면 문제가 생길 때 의논할 상대가 있어서 좋다. MCM은 많은 경험과 노하우로 유튜버의 고민과 문제를 더 빨리 해결해준다. 철저히 혼자라고 느낄 때 소속사의 매니저 등과 함께하는 스태프가 있다면 큰 힘이 된다. MCM의 관리를 받게 된다면 유튜버는 방송에만 집중하기에 더 좋은 결과가 나온다. 수익금의 일부는 나눠야 하지만 말이다.

••• 휴식은 성장의 기회

유튜버라면 방송을 기다리는 시청자를 위해 방송을 놓고 싶지는 않을 것이다. 반면에 쉬고 싶을 때도 분명히 있다. 이 둘의 간극이 벌어질수록 자신의 마음이 힘들어진다. 많은 유튜버가 실제로 우울증 약을 먹고 의사와 상담하고 있다고 고백하고 있다. 유튜브 시장이 커진 만큼 경쟁이 치열해지면서 유튜버들 역시 살아남기 위해 애쓰고 있다. 휴식을 한다고 해도 다들 방송 생각에 마음 편히 쉬지 못한다.

성공의 끝은 어디일까? 100만 유튜버가 되면 성공으로 결론 나는 것일까? 어느새 만족하지 않고 다음 200만의 목표를 위해 전진하게 된다. 풍요롭고 성취감은 높지만 내면에서는 다른 사인을 보낸다. "너 좀 쉬어야 해!" 유튜버는 극한 직업 중에 하나라고 표현하기도 한다. 우리는 지금보다 나은 내일을 위해 쉬거나 멈출 때 죄의식이 있다. 세상 그 어떤 일도 자신이 행복해지기 위해 하는 게 아닐까? 자신에게 충분히 쉴 만한 자격이 있음을 인정하자. 달콤한 휴식은 에너지 발전소에 꼭 필요한 요소니까 말이다.

유튜버는 자신의 콘텐츠를 분석하는 일보다 더 중요한 일이 있다. 그것은 자신의 마음을 분석해 보는 일이다. 고수일수록 흔들림이 없고 실수도 적은 이유는 자신을 잘 알고 있기 때문이다. 성공한 사람이 새벽에 명상을 하거나 자신의 생각을 정리하는 글을 쓰는 이유가 있다. 자신의 내면을 살펴보고 스스로 강화하는 것이다. 성공으로 향하는 마지막 문지기는 바로 정신력이다. 바쁜 하루 일정에도 자신을 위한 시간을 만들어야 한다.

누구나 흔들리고 힘든 시기는 찾아온다. 그 시기를 어떤 자세로 받아들여 위기조차 기회로 만들지는 자신에게 달려 있다. 매 순간의 선택이 현재 자신의 모습이 되어 있는 것이다. 누군가에게 도움을 구할 수는 있지만 선택은 늘 자신의 몫이다. 유튜버처럼 혼자 많은 일을 결정해야 하는 직업일수록 더욱 그렇다. 흔들릴 수 있으나 다시 제자리로 돌아올 수 있는 회복탄력성이 높아야 한다. 모든 답이 내 안에 있음을 안다면 현타가 찾아오더라도 쉽게 답을 구할 수가 있다. 자신을 믿는 만큼 길이 보인다.

LESSON 44

우리가 보고 배워야 할 성공한 유튜버들

••• 누구에게나 열려 있는 성공의 문

성공의 기준은 저마다 다르다. 처음 유튜브를 시작했다면 구독자 1,000명 돌파도 성공이다. 성공하려면 멈추지 않고 성장을 위해 노력하는 자세가 중요하다. 단기간에 구독자 10만 명이 되었다고 끝난 것이 아니라는 얘기다. 한계를 두지 않고 자신이 만든 관념을 뛰어넘는 자체가 성공이다. 유튜브에는 사회의 고정관념이 만든 나이, 직업, 학력 같은 제한이 없다. 이 모든 고정관념에서 벗어나 자신만의 성공 스토리를 쓴 유튜버들을 배워보자.

••• 유튜버의 나이는 의미 없는 숫자

유튜브의 콘텐츠는 이미 태어나기 전부터 모든 과정이 주제가 된다. 유튜브에서 적절한 나이란 없다. 하고 싶을 때가 적기인 것이다. '피키마마 PickyMama' 채널은 임신 전부터 출산 과정 그리고 현실 육아를 보여준다. 아기에게는 탄생의 역사가 고스란히 남겨지며 부모에게 큰 추억이 된다. 일상이 콘텐츠가 되는 브이로그 세계에서는 나이의 경계가 없다. 그렇다면 최고령의 유튜버는 누구일까? 인도에 요리 채널의 주인공 107세의 할머니이다. 구독자 155만 명을 거느린 'Country Foods' 채널에서 다양한 전통요리를 직접 선보인다.

0세부터 107세까지! 거의 모든 사람이 이 숫자 안에 들어와 있으니 나이는 아무런 문제가 되지 않는다. 알고리즘도 나이로 당신에게 불이익 점수를 주지 않는다. 자신이 원하는 것을 행동으로 보여주는 것이 성공의 첫걸음이다. 아직도 생각만 하고 시작을 못 했다면 행동으로 옮겨야 한다. 인도의 107세 할머니도 행동이 없었다면 유튜버가 될 수 있었을까? 유튜버로 성공하기 위해서는 실행이 가장 먼저임을 잊지 말자.

••• 농튜버를 아시나요?

농사를 떠올리면서 할머니, 할아버지의 힘겨운 밭일을 생각하면 곤란하다. 귀농이 붐이 일었을 정도로 귀촌 인구는 계속 늘고 있다. 젊은 농부들이 늘어나며 농사를 콘텐츠로 하는 '농튜버'도 증가하고 있다. 유튜브 관계자도 한국에서 농튜버의 성장을 주목했다. 구독자 6만 명인 '청도달콤한농장'은 농촌 브이로그 형식의 채널이다. 초보 농부를 위해 농사 재배에 필요한 정보도 많다. 사실 농사라는 것이 이론보다 경험으로 전수되는 것이 많다. 유튜브로 시즌별로 농사 정보를 쉽게 얻을 수 있으니 큰 장점으로 꼽을 수 있다.

농사만큼 정직한 땀방울이 있을까? 영상 그 자체가 사람들에게는 힐링이 된다. 어디에나 존재하는 악성 댓글은 찾아보기 어렵다. 악플러가 살기에는 농사라는 영역은 순수하고 정직한 영역이기 때문이 아닐까. 힘든 농사일을 묵묵히 해나가는 영상마다 응원의 댓글이 넘친다. 유튜브 세계는 직업도 아무런 한계가 되지 않음을 잘 보여주는 사례다. 꼭 돈을 많이 벌거나 명예로운 직업만이 전부는 아니다. 무엇보다 새로운 영역을 개척하고 유튜브 관계자도 주목하고 있는 농튜버! 이 자체가 성공 스토리로 충분하다.

••• 선한 영향력을 꿈꾼다

유튜버는 콘텐츠로 시청자들에게 직·간접적으로 영향을 주는 존재이다. 구독자 132만 명을 보유한 '정선호'는 요즘 20대와 사뭇 다른 기획의도로 출발했다. 엄마와의 추억을 위해 유튜브를 시작하게 되었다. 범상치 않은 엄마의 캐릭터와 함께 만든 영상은 그야말로 히트를 쳤다. 가장 큰 수혜자는 아들 정선호의 따뜻한 마음을 받는 어머니이다. 몰카 형식의 브이로그는 늘 엄마를 속이는 콘셉트로 모자의 티격태격하는 모습이 예쁘기만 하다.

정선호는 영상에 대한 철학이 확실하다. 콘텐츠로 구독자에게 선한 영향력을 주는 메시지를 던지는 것이다. 학교 폭력이나 음주운전 금지 등의 다소 무거운 메시지를 특유의 웃음으로 승화한다. 유명해지면 유명세를 자신을 위해 이용하는 사람이 많지만 정선호는 다르다. 구독자가 100만 명이 넘는 유튜버는 영향력이 실로 어마어마하다. 그는 시청자에게 좋은 영향을 주려고 노력한다. 정선호 채널이 성공한 이유는 그의 선한 의도에서 출발한 순수한 마음이 크다.

••• 진심은 통한다

유튜버로 활동하는 '박시현' 작가는 유튜브로 구독자와 소통을 활발히 하고 있다. 그동안 작가는 책을 통해 알려지고 활동이 제한적이었다. 박시현 작가는 유튜브로 구독자와 더 친밀히 소통하니 진정한 팬이 생기고 있다. 유튜브 채널을 개설한 지 4개월 만에 구독자 1,000명을 쉽게 돌파하였다. 영성 분야는 사실 구독자를 모으기 어렵다. 그녀가 유튜브를 빨리 정착시킨 이유는 무엇일까?

그녀는 채널의 목적을 긍정 확언의 힘을 많은 사람에게 전하는 것으로 잡았다. 사람들의 문제점을 해결하는 것에 포인트를 맞추어 영상을 만들었다. 영상 업로드 기간도 여러 주기로 연습해보며 자신에게 맞는 구간을 찾았다. 초반에는 사람들의 관심 키워드로 1일 1영상을 올려 구독자를 빠르게 모을 수 있었다. 그녀는 마음을 공부하는 작가답게 유튜브의 가장 큰 장점은 바로 자신의 성장이라고 말했다. 콘텐츠를 보고 배우는 사람보다 만들어 전달하는 사람이 더 성장한다.

••• 내가 잘하는 것을 꾸준히 하는 것이 최고

구독자 1만 명이 넘는 '팔방미인제이'는 패션계에서 30년이 넘는 경험으로 승부수를 던졌다. 팔방미인제이는 중년 여성 게스트와 함께 직접 방송하며 패션 고민을 해결해준다. 그녀 역시 구독자의 정확한 니즈를 파악하여 콘텐츠를 만들기에 많은 공감을 얻는다. 중년을 타깃으로 한 실용성 있는 코디는 매출과 직결된다. 그녀가 가장 보람될 때는 누군가의 숨겨진 매력을 찾아 변신시켜 줄 때이다. 성공하는 사람의 전형적인 특징이다.

그녀는 자신이 좋아하는 일에 몰입하여 큰 성취감을 느끼며 열심히 산다. 영상에서 그녀의 삶의 철학이 고스란히 묻어 나온다. 30년의 외길 인생의 노하우를 인정받을 때의 기쁨으로 새벽까지도 콘텐츠를 만든다. 더 많은 사람이 공감할 수 있는 콘텐츠를 만들며 그녀만의 영역을 넓히겠다는 포부를 가졌다. 실제 사업체를 운영하며 게스트와 함께 콘텐츠를 기획하는 것은 쉬운 일이 아니다. 유튜브를 하면서 좋아하는 일로 인정받는 그녀는 요즘 가장 행복한 유튜버 중 하나이다.

••• 두 마리 토끼를 잡는 거 어렵지 않아요!

직장인 뷰티 유튜버 '신디렐라 Cindyrella' 신디는 현재 화장품 회사에서 근무하고 있다. 어릴 적부터 뷰티에 관심이 많았던 그녀는 현재 화장품 BM으로 능력을 펼치고 있다. 그녀의 장점은 실제 화장품 회사의 경험으로 유튜브를 운영하는 것이다. 제품 개발에도 참여하며 화장품의 탄탄한 기초 지식으로 콘텐츠를 만들고 있다. 뷰티는 무엇보다 영상 기획과 연출이 중요하기에 직장에 근무하며 틈틈이 아이디어를 메모한다.

그녀는 본업에 지장이 없게 무리하지 않는 선에서 업로드를 한다. 너무 바쁠 때는 과감히 유튜브를 쉬는 시간을 가지며 자신만의 페이스를 조절한다. 압박감이 들지 않고 여유롭게 만들어야 좋은 영상을 만들 수 있으니 현명한 선택이다. 그녀 역시 영상마다 댓글을 달아주며 응원하는 팬의 힘에 감사하는 마음이 넘친다. 그녀가 유튜브를 하면서 받은 가장 큰 선물은 평범한 직장인 유튜버 신디를 좋아해주는 구독자 자체라고 한다. 앞으로 라이프스타일의 요소를 가미한 영상으로 더 많은 구독자와 소통하길 진심으로 기대해 본다.

성공한 유튜버는 구독자에게 좋은 콘텐츠를 선보이기 위해 끊임없이 연구한다. 구독자에게 감사의 보답으로 열심히 하는 자세는 기본이다. 유튜브만이 아니라 어떤 분야에서도 같은 원리다. 자신이 그 자리에 있기까지 혼자 공헌한 것이 아니므로 함께한 구독자에게 감사해야 한다. 구독자와 같은 눈높이에서 소통하며 좋은 영상을 만들고 있다면 당신은 이미 성공한 유튜버이다.

진정한 성공이란 무엇일까? 결과만 만족스러우면 될까? 성공한 유튜버는 결과에 집착하기보다 과정을 즐긴다. 지금 행복해야 내일도 행복하다는 원리를 잘 알고 있다.

Funnel Marketing

깔때기 마케팅

나는 계획보다는 먼저 실행해보면서 길을 찾는 성향이었다. 실행이 빠르면 장점이 있지만 효율적이지 못할 때도 있다. 마케팅에서는 나무만 보는 게 아니라 전체 숲을 볼 줄 아는 지혜가 필요하다. 무작정 시작하는 것도 좋으나 조금 더 멀리 보고 계획하면 더 효율적인 방법을 찾을 수 있다.

'깔때기'는 영어로 퍼널(funnel)이라고 한다. 퍼널은 마케팅에서 '소비자를 고객으로 이끌어내는 과정'을 말한다. 나는 마케팅 이론을 먼저 공부한 것이 아니라 현장에서 많은 사람에게 온라인마케팅 방법을 알려주고 강의를 하다 보니 우연히 정리가 되었다. 나는 누군가에게 배워서 알게 된 것도 많았지만 가르치면서 더 성장했던 것 같다. 더 쉽게 가르치는 방법을 연구하다 보니 깔때기 마케팅을 자연스럽게 터득했다.

내가 해왔던 방법을 한눈에 알아볼 수 있게 그림으로 그려보았다. 예전에는 최대한 많은 소비자를 만들겠다는 생각에 무조건 깔때기 입구로 잠재고객을 발굴하고 모으는 데만 신경을 썼다. 온라인 매체, 소셜미디어, 디지털미디어로 마케팅을 하는 방법을 전혀 몰랐다. 깔때기 안에서 무슨 일이 벌어지는지를 알고 먼저 큰 그림을 그리면서 시작했다면 지금보다 더 빨리 더 좋은 결과를 얻었을 수도 있다.

깔때기 마케팅을 알면 많은 소비자에게 당신을 알리고, 그들에게 유튜브 채널을 구독하게 하고, 구독자에게 꾸준히 신뢰할 만한 가치를 제공하고, 내가 판매하는 제품을 사서 훌륭한 경험을 하도록 만들 수 있다.

다음 페이지 그림을 보면 깔때기 마케팅이 한눈에 이해가 될 것이다. 이 온라인마케팅은 모든 영업과 사업에 적용할 수 있다. 특히 유튜브는 당신이 무한한 영역에 도전할 수 있는 기회를 주는 플랫폼이다. 깔때기 마케팅을 좀 더 자세히 알고 싶은 분은 나의 유튜브 콘텐츠를 참고하기 바란다.

고인 물은 썩는다. 마케팅도 마찬가지다. 중요한 것은 포기하지 않고 계속 실행하는 것이다. 이 그림을 보며 당신이 할 수 있는 방법들이 떠오르기를 기대한다. 이 마케팅은 그야말로 최적의 수익화로 가는 길을 발견할 수 있게 도움을 줄 것이다.

깔때기 온라인마케팅 시스템

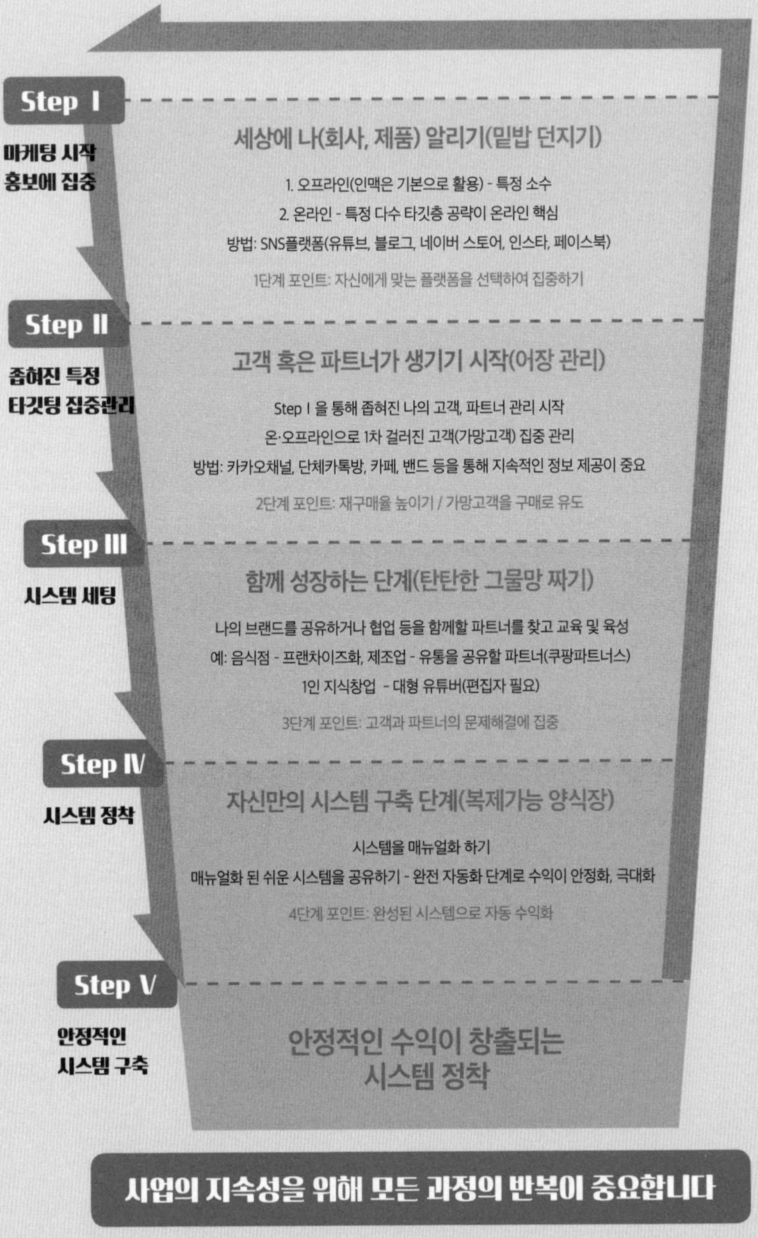

자신만의 시스템 만드는 방법

1 철저히 기록하라!

기록을 해야 내가 막연하게 했던 행동이 수치로 보이고 측정이 가능해집니다.

2 함께 성장할 파트너를 찾아라

- 혼자보다 함께할 누군가를 만들어 보세요.
- 매일 서로 힘을 주는 그룹이 있어야 오래갑니다.
- 강제성이 있어야 전진할 수 있습니다.

3 자기실천

3개월 동안 헌신을 다해 프로그램을 하신다고 스스로 다짐하세요.

습관 만들기를 해야 합니다.

4 DATA 구축

나의 매출과 사업이 성장하는 것을 데이터로 만들면

세상에 하나밖에 없는 나만의 시스템이 완성됩니다.

당신은 이제 온라인마케팅 고수입니다

이 책을 쓰며 지나온 시간을 되돌아보았다. 어쩌다 내가 디지로그가 되었을까? 한마디로 말하자면, 좋아서가 아니라 성공하고 싶어서였다. 성공하고 싶은 열망이 나를 온라인의 세계로 인도했다.

'독일피엠' 일을 하기 전에 나는 작은 숍(shop)을 운영했다. 장사가 안 되어 계속 적자에 시달렸다. 전단지도 뿌려보고 여기저기 홍보도 했지만 찾아오는 발길은 뜸했다. 텅 빈 가게에 혼자 앉아 손님이 오기만을 간절히 바랐다. 현실은 참으로 냉혹했다.

그런데 언제 문을 닫을지 모르는 상황에서도 나에게는 확신이 있었다. 분명히 나에게는 기회가 올 것이라는 확신 말이다.

그즈음 우연히 만난 한 사람이 내 인생을 바꾸어 놓았다. 무한대로 펼쳐지는 온라인 세상이 있다고 했다. 나에게 온라인마케팅을 처음 가르쳐 준 지금의 스폰서 김시온 대표님이다. 네트워크사업도 온라인마케팅으로 얼마든지 가능하다며 나에게 용기를 주었다. 나는 그분의 말을 믿고 가게를 정리했다. 그리고 그분의 노하우를 하나씩 배워 나갔다. 무작정 하는 것이 아니라 유튜브에서 말하는 일명 알고리즘을 아는 것이 중요했다. 온라인마케팅에 관한 속성 과외를 그분에게 받은 셈이다.

김시온 대표님과 나는 SNS를 적극적으로 활용하여 한국에 갓 상륙한 '독일피엠' 제품을 열심히 홍보했다. 처음 우리와 같이 시작한 사람은 많았지만 끝까지 하는 사람은 극소수였다. 여기서 늘 인생의 진리를 깨닫는다. 결국 성공하는 사람은 끝까지 자기의 일을 묵묵히 한다. 나는 그야말로 초보였기 때문에 어설프고 엉성하기 짝이 없었지만 매일 공부하면서 배웠고 콘텐츠를 쌓아 나갔다.

그렇게 3년이 지났다. 지금 김시온 대표님은 한국에서 가장 매출이 높은 그룹을 운영하고 있다. 그분의 연봉은 대기업 임원 이상이다. 김시온 대표님이 나에게 온라인마케팅의 비전과 가능성을 보여주었기 때문에 오늘의 내가 있다. 나 역시 남들 부럽지 않은 연봉을 받고 있다. 최고의 자리에 있지만 김시온 대표님은 누구보다 SNS를 적극적으로 활용하여 새로운 시도를 끊임없이 한다. 리더는 말로 하지 않고 몸소 실천한다. 김시온 대표님은 새로운 마케팅 방법을 직접 보여주고 가르쳐 주면서 늘 깨달음을 얻게 하신다.

코로나19로 모든 산업이 위축되면서 네트워크사업도 매출이 감소하고 있다. 하지만 처음부터 온라인마케팅을 적극적으로 활용한 김시온 대표님과 나는 오히려 매출이 늘어났다. 이것이 온라인마케팅의 위력이다. 좁은 타깃층을 공략하는 지인 마케팅에서 벗어나야 하는 이유다. 온라인 플랫폼에 들어서면 나의 시장이 무한대로 확장된다. 그런데도 왜 우리는 동네 상권만 생각하고 지인 명단만 작성하고 있을까.

세상에는 내가 책을 내기 부끄러울 만큼 뛰어난 전문가가 너무나 많다. 그것을 알면서도 뻔뻔하게 아니 자신 있게 내가 책을 쓴 이유는 사람들에게 진짜 알려 주고 싶은 메시지가 있었기 때문이다.

나는 빨리 성공하고 싶은 마음에 자기계발 세미나, 개인 코칭 등의 많은 프로그램에 참여했다. 하지만 오히려 자괴감이 들 때가 많았다. 교육 프로그램의 내용은 잘 파는 방법, 클로징하는 기술, 매출을 2배로 높이는 비결 등 하나 같이 배우고 싶은 것이었다. 그런데 이런 영업의 기술을 배우면서 나는 '역지사지'라는 말을 떠올렸다. 만약 상대방이 나를 판매의 대상으로만 생각한다면? 굳이 나는 필요하지 않은데 코스트코처럼 많이 사야 할인을 받는다는 말만 계속 반복한다면?

나는 그동안 성공에 가려진 내 양심과 신념이 보이기 시작했다. '꼭 그렇게 해야 성공하는 걸까? 진심으로 배려하며 사업을 할 수는 없는 걸까?' 하고 자문하게 되었다. 사람들은 영업의 기술로 자신의 양심을 팔며 매출을 올리는 것을 당연하게 여긴다. 나 역시 그런 마인드를 가진 사람을 믿은 죄로 희생양이 되었다. 그 후에 나는 사인을 강요한 보험상품을 결국 다 해지했다. 나에게 도움이 되는 조건보다 그들이 가져가는 수익이 더 큰 상품에 씁쓸해하며 그런 영업을 하지 않겠다고 결심했다. 한쪽만 이득이 되는 거래는 결국 성사되지 않는다. 성사되더라도 오래가지 못한다.

나는 누구보다 나 자신을 속일 수 없었다. 나의 진심은 블로그에 쓴 글로, 유튜브의 내 표정과 목소리로 사람들에게 전달되었다. 생면부지 한 번도 본 적 없는 사이지만 온라인플랫폼으로 연결된 소비자들은 자연스럽게 구매를 해주었다. 진심을 팔고 믿음을 주는 것이 그 어떠한 테크닉보다 강하다는 것을 깨달았다. 진실을 설명하는데 많은 미사여구는 필요 없다. 그 원리는 모든 일에 똑같이 적용된다.

온라인마케팅이라고 크게 다르지 않다. 얼마 전 내가 컨설팅을 해 드렸던 '커피키퍼' 대표님은 뒤늦게 블로그를 시작했다. 정직 모드로 자신이 하는 일을 포장하지 않고 덤덤히 글을 써서 블로그에 올렸다. 포스팅한 글을 보며 대표님 딸은 "아빠, 이런 글을 보고 누가 연락을 하겠어?" 하며 걱정 아닌 걱정을 했다고 한다. 하지만 그 포스팅을 보고 연락을 준 첫 고객이 생겼다. 글에 진정성이 보여 연락을 했다고 한다. 더군다나 그 고객은 주변 사람 10명에게 소개까지 해주었다고 한다. 커피키퍼 대표님과 이런저런 이야기를 나누던 중에 이런 말을 하셨다. "안인정 씨가 자기 손님은 다 따로 있다고 했는데, 나는 그 말에 크게 공감했어요."

온라인마케팅이라고 해서 나를 멋있게 포장하고 부풀릴 필요는 없다는 말을 해주고 싶다. 강남성형외과에 걸린 전형적인 미인 사진을 보고 누구나 결혼을 꿈꾸는 것은 아니다. 가끔 시장에 가서 허름한 옷가게에 걸린 옷을 보고 '저런 옷을 과연 누가 살까' 생각하지만, 나와 다른 취향을 가진 누군가는 그 옷을 구매하기에 그 가게는 오늘도 문을 열고 장사를 하는 것이다.

물론 시장의 니즈를 정확히 파악하고 공격적인 마케팅을 하는 대기업의 제품을 많은 소비자가 선택한다. 그러니 대기업을 상대로 싸울 수는 없다. 그들이 뛰어들지 않는 틈새시장, 더 세심한 서비스로 고객을 사로잡아야 한다.

온라인에서도 얼마든지 사람들끼리 진심은 통하고 교류가 된다. 단톡방에서도 모르는 사람과 아무렇지 않게 대화를 주고받는 세상이다. 지금 내가 함께 사업을 하는 사람의 90% 이상은 온라인에 있는 휴먼 네트워크다. 같은 일을 하는 사람도 있고 같은 관심사로 가까워진 관계도 있다.

아이러니하게도 비대면일수록 사람들은 관계에 더 집착한다. 인간은 소속감을 느끼고 싶어 하는 존재다. 지금 나의 스마트폰에는 단톡방이 셀 수 없이 많다. 끊임없이 새로운 관계를 맺고 그 안에서 또 소그룹으로 나눠지기도 한다. 스마트폰을 잘 활용하다 보면 세상의 변화가 고스란히 보인다. 부정할 수도, 거부할 수도 없는 언택트 시대다. 현재 트렌드를 무작정 따르지 말고 나에게 도움이 되는 마케팅을 활용해보자. 내가 좋아하는 말은 '최적화', '수익화'이다. 유튜브는 그것을 실현할 수 있는 유용한 플랫폼이다. 온라인 세상에서 내가 하는 사업과 삶이 더 풍성해지는 방법을 이 책에서 찾기를 기대한다.

참고 문헌

강사랑, 《따라하면 매출이 따라오는 유튜브 마케팅》, 원앤원북스, 2019

고몽(김웅현), 《내레이션 최강 영화 유튜버 고몽의 유튜브 이야기》, 성안당, 2019

김경달·씨로켓리서치랩, 《유튜브 트렌드 2020》, 이은북, 2019

김도윤, 《유튜브 젊은 부자들》, 다산북스, 2019

김미경, 《김미경의 리부트》, 웅진씽크빅, 2020

김범휴, 《유튜브 마케팅의 정석》, 더퀘스트, 2020

김용주, 《유튜브로 인생 역전》, 라디오북, 2019

김태은, 《엄마는 유튜브로 연봉 번다》, 길벗, 2019

대도서관, 《유튜브의 신》, 비즈니스북스, 2018

도리토리(심재호), 《유튜브로 월급 만들기》, 한국경제신문, 2019

문준희(수다쟁이쭌), 《왕초보 유튜브 부업왕》, 진서원, 2019

박혜정, 《엄마는 오늘도 유튜브로 출근한다》, 이봄, 2020

브렌든 버처드, 위선주 옮김, 《백만장자 메신저》, 리더스북, 2018

샌드박스 네크워크, 《나는 유튜브 크리에이터를 꿈꾼다》, 위즈덤하우스, 2018

서민재, 《유튜브는 처음입니다만》, 카시오페아, 2019

성선화, 《친절한 성 기자의 유튜브 재테크》, 한국경제신문, 2019

심정현, 《유튜브를 잠시 그만두었습니다》, 위즈덤하우스, 2020

오종현, 《유튜브 마케팅 컨설팅북》, e비즈북스, 2019

이시한, 《유튜브 지금 시작하시나요?》, 미래의창, 2020

이용태, 《돈 1도 안 쓰고 잘 나가는 유튜브를 위한 동영상편집 하루 만에 끝내기》, 힐북, 2019

전은재, 《유튜브, 이젠 나도! 유튜버》, 성안당, 2019

조관일, 《유튜브로 놀면서 매달 500만 원만 벌면 좋겠다 》, 쌤앤파커스, 2020

최재붕, 《포노 사피엔스》, 쌤앤파커스, 2019

송은경 기자, 명함·청첩장 쓸 일이 없으니... 인쇄업계도 코로나에 시름, 연합뉴스, 2020. 10. 1

안해준 기자, '유튜브 뒷광고'에 대한 5가지 포인트, THEPR, 2020. 8. 4

이재윤 기자, 소상공인 '코로나19' 피해 실태조사, 연합뉴스, 2020. 4. 10

무엇이든 물어보살, KBS Joy, 2020

MKTV 김미경TV

대학생 김머신

덕자전성시대

라이프해커 자청

리섭TV

신디렐라 Cindyrella

신사임당

써니즈: 함께 성장

이라이라경 ravely

이상한리뷰의앨리스

잘되게 만들어주는 박시현 작가

팔방미인제이